中文社会科学引文索引（CSSCI）来源集刊

产业组织与企业组织研究中心
（教育部人文社会科学重点研究基地）
中国工业经济学会

产业组织评论

—— 数字经济与数字平台

Industrial Organization Review

— Digital Economy and Digital Platforms

第18卷　第3辑（总第59辑）2024年9月

Vol. 18 No. 3 (Gen. 59) Sept. 2024

郭晓丹　主编

东北财经大学出版社 ｜ 大连

Dongbei University of Finance & Economics Press

图书在版编目（CIP）数据

产业组织评论：数字经济与数字平台 / 郭晓丹主编. —大连：东北财经大学出版社，
2025.5.—ISBN 978-7-5654-5613-8

Ⅰ.F062.9

中国国家版本馆CIP数据核字第2025FV4415号

产业组织评论 数字经济与数字平台
CHANYE ZUZHI PINGLUN SHUZI JINGJI YU SHUZI PINGTAI

东北财经大学出版社出版发行

大连市黑石礁尖山街217号　邮政编码　116025

网　　址：http://www.dufep.cn

读者信箱：dufep@dufe.edu.cn

大连图腾彩色印刷有限公司印刷

幅面尺寸：180mm×250mm　字数：307千字　印张：15.75

2025年5月第1版　　　　　　　　2025年5月第1次印刷

责任编辑：龚小晖　　　　　　　　责任校对：何　群

封面设计：原　皓　　　　　　　　版式设计：原　皓

书号：ISBN 978-7-5654-5613-8　　定价：79.00元

目　　录

CONTENTS

数字平台"杀熟"和预先承诺定价

徐 静[1] 孙可可[2]

（1. 西南财经大学财政税务学院，四川 成都 611130；
2. 东北财经大学产业组织与企业组织研究中心，辽宁 大连 116012）

[内容提要] 本文研究双边平台为忠诚消费者提供预先承诺价格而产生的基于购买历史的价格歧视对市场竞争和福利的影响。本文使用基于霍特林（Hotelling，1929）模型的两期动态博弈模型来研究具有横向差异的双寡头平台之间的市场竞争。平台为具有异质偏好的两组用户（厂商和消费者）提供服务。平台可以选择是否在第一期为下一期的忠诚消费者提供预先承诺价格。研究结果表明，两平台会在第二期为新消费者提供低于忠诚消费者预先承诺价格的均衡价格，从而对消费者实行基于购买历史的价格歧视。相对于统一定价策略，预先承诺定价会在第一期提高消费者均衡价格，而在第二期降低消费者均衡价格；对厂商而言，预先承诺定价不会影响第一期的厂商均衡价格，却会提高第二期的均衡价格。这种形式的基于购买历史的价格歧视策略会降低平台总利润和社会福利，但会增加消费者剩余。本文还比较了预先承诺定价和在第二期为具有不同购买历史的消费者提供不同当期价格两种形式的基于购买历史的价格歧视策略对市场竞争和福利的影响。

[关键词] 双边平台；基于购买历史的价格歧视；预先承诺定价

一、引 言

　　数字经济时代，消费者在数字平台上的搜索、浏览和购买等活动都会为数字平台提供关于消费者的一些信息。平台收集和分析这些信息，一方面可以为消费者提供个性化推荐等服务，减少消费者的搜寻成本从而增加消费者

　　[基金项目] 辽宁省社科规划基金一般项目"转换成本视角下的双边市场价格歧视研究"（L20BJL011）。

　　[作者简介] 徐静，女，1986年出生，四川成都人，西南财经大学财政税务学院副教授；孙可可（通讯作者），女，1984年出生，浙江杭州人，东北财经大学产业组织与企业组织研究中心助理研究员。

效用，另一方面可以对消费者采用基于一些特征的歧视性定价，损害消费者利益。大数据"杀熟"这一歧视性定价策略，就是数字经济时代受到全社会广泛关注的重要问题（王世强等，2020）。大数据"杀熟"可能采取不同的形式。数字平台如果拥有大量的消费者信息，可以对消费者采取"一人一价"的个性化定价策略，但更为常见的价格歧视策略是基于消费者购买历史的歧视性定价策略。对于采用订阅模式的数字平台，比如流媒体平台，一种常见的定价模式是连续包月或连续包年模式。以爱奇艺为例，在连续包月模式下，平台每月收取15元，新用户特惠为首月8元。腾讯视频也在连续包月价格的基础上为新用户提供优惠：在连续包月模式下，平台向老用户每月收取25元，而新用户享受前三个月每月16元的优惠价格。这样的连续包月模式实质上是向忠诚消费者提供预先承诺价格的定价模式，即在消费者初始购买时就提供重复购买的价格承诺（蒋传海、周天一，2017）。采用预先承诺定价模式意味着平台同时有针对忠诚消费者和针对新用户的不同价格，因此，预先承诺定价是基于购买历史的价格歧视策略的一种形式。

向忠诚消费者提供预先承诺价格这一形式的基于购买历史的价格歧视策略如何影响平台市场竞争和社会福利？本文考察为忠诚消费者提供预先承诺价格对平台竞争和社会福利的影响。本文以霍特林（Hotelling，1929）模型为基础建立了一个横向差异化的双寡头竞争两期动态博弈模型。在此模型中，平台为厂商和消费者提供服务，这两组平台用户对平台服务都具有异质偏好。两期动态博弈的时间序如下：在第一期，两平台同时决定当期的消费者价格和厂商价格，并决定是否为忠诚消费者提供下一期适用的预先承诺价格；消费者和厂商观察到平台的价格后选择加入其中一个平台。在第二期，两平台决定当期的双边价格，消费者和厂商观察到平台的价格后选择加入平台。

本文的研究表明，双寡头平台通过为忠诚消费者提供预先承诺价格而在第二期对消费者实行基于购买历史的价格歧视：忠诚消费者面对的预先承诺价格高于新消费者的均衡价格。预先承诺定价导致消费者均衡价格在第一期高于统一定价策略下的消费者均衡价格，而在第二期则低于统一定价策略下的消费者均衡价格。厂商均衡价格在第一期不受影响，而在第二期则高于统一定价策略下的厂商均衡价格。相较于统一定价策略，为忠诚消费者提供预先承诺价格会降低平台利润和社会福利，但会增加消费者剩余。本文还比较了两种形式的基于购买历史的价格歧视策略对平台竞争和社会福利的影响：①为忠诚消费者提供预先承诺价格；②在第二期为忠诚消费者和新消费者设定不同的当期价格。研究发现，这两种形式的基于购买历史的价格歧视策略都会降低平台利润和社会福利而增加消费者剩余。但是，两者相较而言，为忠诚消费者提供预先承诺价格会导致平台利润更低。这主要是因为预先承诺定价会导致两平台在消费者市场进行更加激烈的价格竞争，即两期的消费者均衡价格都更低。在第二期，忠诚消费者和新消费者所面临的均衡价格的差异更小，因此，较少的消费者转换平台。由于转换平台的消费者选择的是与其偏好相差较大的平台，因此会增加交通总成本。相比较而言，为忠诚消费者提供预先承诺价格会导致更高的消费者剩余和社会福利。

二、文献综述

本文的研究主要与一些研究双边平台价格歧视和预先承诺定价的文献相关。

罗切特和梯若尔（Rochet and Tirole，2003）强调双边平台通过设计针对双边用户的价格结构来平衡双边的市场需求。他们指出，平台的双边价格结构上的任何变动都会对平台的双边用户需求产生影响，从而影响到平台的交易总量。阿姆斯特朗（Armstrong，2006）则强调双边平台的交叉网络外部性，指出平台任意一边用户的效用取决于另一边用户的数量。凯劳德和朱利安（Caillaud and Jullien，2003）以及朱利安等（Jullien et al.，2021）都指出，双边平台的关键定价策略具有"分而治之"（divide-and-conquer）的特性，即平台可能会向一边的用户收取低于边际成本的价格，然后以高于边际成本的价格从另一边用户处得到补偿。平台对双边用户具有区别定价的能力是由于平台的双边用户在需求弹性、交叉网络外部性和平台提供服务的边际成本等方面有所区别。近年来，一些文献研究了双边平台对同一边用户采取不同定价的价格歧视问题。在实证研究方面，安吉卢奇和卡吉（Angelucci and Cage，2019）研究法国报纸行业的二级价格歧视现象，即报纸为偶尔的读者和日常订阅者设置不同的价格。该研究发现较低的广告收入扩大了两种用户的价格差异。而在理论研究方面，蒋传海（2010）研究在具有网络效应和转移成本的市场环境中企业的基于购买历史的价格歧视策略，研究结果表明企业会为了市场份额在第一期进行激烈的价格竞争，然后在第二期使用优惠价格从竞争对手处"挖角"。刘和瑟弗斯（Liu and Serfes，2013）考虑了平台可能对双边用户都进行价格歧视的策略，而小寺（Kodera，2015）则研究平台对广告商的价格歧视策略。这两项研究都表明价格歧视可能会提高平台的利润。卡若尼（Carroni，2018）在霍特林（1929）模型的基础上建立两期动态博弈模型来研究平台对消费者进行基于购买历史的价格歧视的问题，并假设平台在第二期对老用户和新用户分别设定不同的当期价格。卡若尼（Carroni，2018）的研究结论表明，相较于统一定价策略，基于购买历史的价格歧视策略降低平台利润，对消费者福利和社会总福利的影响则取决于消费者对未来效用的贴现因子。而在本文中，双边平台为忠诚消费者提供预先承诺价格，因此在第二期实际形成基于消费者购买历史的价格歧视。因此，本文是对卡若尼（Carroni，2018）研究的补充。

本文的研究也与预先承诺定价的文献密切相关。卡米纳尔和马图特斯（Caminal and Matutes，1990）研究双寡头竞争场景下的预先承诺定价模式。

研究结果表明，厂商可以通过预先承诺定价对消费者产生内生性的转移成本：厂商在第一期选择高于边际成本的价格，并向忠诚消费者提供低于边际成本的预先承诺价格；而在第二期向更换厂商的消费者收取高价。布若科索娃等（Brokesova et al.，2014）的实验研究结果支持卡米纳尔和马图特斯（1990）的大部分结论。实验研究表明，如果消费者偏好不随时间而改变，厂商会为忠诚消费者提供预先承诺定价形式的忠诚折扣，而向新消费者收取较高的价格。沈铁松和熊中楷（2010）使用静态博弈模型研究信息不对称条件下厂商的预先承诺行为对产品延伸服务市场结构的影响。蒋传海和周天一（2017）使用两阶段动态博弈模型研究消费者多样化购买行为对厂商预先承诺定价和福利的影响。与以上论文不同，本文将平台为忠诚消费者提供的预先承诺价格作为基于购买历史的价格歧视的一种形式，研究这种特定形式的价格歧视策略对平台竞争和福利的影响。

三、基本模型

本文在霍特林（1929）横向差异化模型的基础上，建立双寡头竞争场景下的两期动态模型。假设由数字平台 A 和 B 所构建的市场，两平台分别位于长度为 1 的线性城市的两端。不失一般性地，假设平台 A 位于线性城市最左端（$l^A = 0$），而平台 B 则位于线性城市最右端（$l^B = 1$）。平台为消费者（consumers）和厂商（firms）提供服务，将服务这两组用户的边际成本标准化为 0。本文分别用 $p^i_{k,t}$ 和 $n^i_{k,t}$ 标记平台 i 在第 t 期的 k 组用户价格和需求，其中 $i \in \{A, B\}$，$t \in \{1, 2\}$，$k \in \{c, f\}$。市场中消费者和厂商的数量分别标准化为 1，分别均匀地分布在线性城市 $[0, 1]$ 上。假设消费者和厂商的偏好在两期内保持不变。假设平台用户去到任意一个平台会产生单位成本为 1 的交通成本。用户到各平台的交通成本代表该用户偏好与各平台的差异而产生的效用损失。消费者和厂商至多只能选择加入一个平台。使用平台服务为双边用户产生保留效用 $v > 0$。假设 v 足够大，使得市场上的所有用户在每一期都愿意加入其中一个平台。假设平台双边用户的边际网络效用均为 $\alpha > 0$。如果平台 i 在第 t 期的消费者需求为 $n^i_{c,t}$，那么加入该平台的每个厂商可以得到额外收益 $\alpha n^i_{c,t}$；如果该平台在第 t 期的厂商需求为 $n^i_{f,t}$，那么加入该平台的每个消费者都可以获得额外效用 $\alpha n^i_{f,t}$。以 x_k 来标记某一 k 组用户在线性城市上的位置。在第 t 期，位于 x_k 的用户加入平台 i 的效用为 $U^i_{k,t}(x_k) = v + \alpha n^i_{k',t} - p^i_{k,t} - |x_k - l^i|$，其中 $i \in \{A, B\}$，$t \in \{1, 2\}$，$k, k' \in \{c, f\}$ 并且 $k \neq k'$。假设平台、厂商和消费者都完全具有前瞻性，即未来利润和未来效用的贴现因子均为 1。本文中假设 $\alpha < \dfrac{1}{5}$。此假设保证利润最大化问题表现规范并且所有的均衡价格都为正。

考虑以下两期动态博弈的时间序：第一期，平台 A 和 B 选择当期的双边价格，并决定是否为下一期的忠诚消费者提供预先承诺价格，消费者和厂商观察到平台的价格后选择加入其中一个平台；第二期，平台 A 和 B 选择当期的双边价格，消费者和厂商观察到平台的价格后选择加入其中一个平台。本文只考虑对称的子博弈纳什均衡的结果，用逆向归纳法解析。

四、均衡求解

（一）统一定价

如果两平台决定不为忠诚消费者提供预先承诺价格，则第一期和第二期之间不存在跨期效应。在每一期，两平台同时选择当期的双边价格 $p_{k,t}^i$；消费者和厂商用户观察到当期价格后选择加入其中一个平台。本文中的统一定价子博弈即为卡若尼（2018）中统一定价子博弈的一种特殊情况[①]。为方便与预先承诺定价子博弈作对照，以下简要呈现统一定价子博弈均衡结果。

用 x_{tk} 标记第 t 期两平台之间效用无差异的 k 组平台用户在线性城市上的位置，则 x_{tk} 满足 $v + \alpha n_{k',t}^{i'} - p_{k,t}^i - x_{tk} = v + \alpha n_{k',t}^{i'} - p_{k,t}^{i'} - (1 - x_{tk})$，由此可得平台 i 的 k 侧市场需求为 $n_{k,t}^i = \frac{1}{2} + \frac{p_{k,t}^{i'} - p_{k,t}^i}{2} + \frac{\alpha n_{k',t}^i - \alpha n_{k',t}^{i'}}{2}$，其中 i，$i' \in \{A, B\}$ 并且 $i \neq i'$，k'，$k \in \{c, f\}$ 并且 $k \neq k'$，$t \in \{1, 2\}$。第 t 期，平台 i 选择双边价格 $p_{c,t}^i$ 和 $p_{f,t}^i$ 来实现当期利润 $\pi_t^i = p_{c,t}^i n_{c,t}^i + p_{f,t}^i n_{f,t}^i$ 最大化。当两期之间不存在跨期效应时，每一期都存在唯一的对称均衡。每一期平台 i 对 k 组用户收取的均衡价格为 $p_{k,t}^i = 1 - \alpha$，均衡市场需求为 $n_{k,t}^i = \frac{1}{2}$，当期平台利润为 $\pi_t^i = 1 - \alpha$，各平台总利润为 $\prod^i = 2 - 2\alpha$。统一定价策略下，第二期没有消费者转换平台。消费者剩余为 $W_c = \sum_{t=1}^{2} [\int_0^{x_{tc}} (v + \alpha n_{f,t}^A - p_{c,t}^A - x) dx + \int_{x_{tc}}^1 [(v + \alpha n_{f,t}^B - p_{c,t}^B - (1 - x))] dx = 2v + 3\alpha - \frac{5}{2}$。

（二）预先承诺定价

考虑两平台为忠诚消费者提供预先承诺价格子博弈。在 $t = 1$ 时，两平台同时选择当期的双边价格 $p_{c,1}^i$ 和 $p_{f,1}^i$ 以及为忠诚消费者提供的预先承诺价格 p^i，双边用户观察到平台的价格后选择加入其中一个平台。在 $t = 2$ 时，平

[①] 本文中的统一定价子博弈即对卡若尼（2018）中统一定价子博弈取值 $\alpha_S = \alpha_F = \alpha$。卡若尼（2018）假设平台和厂商的未来利润贴现因子为 1，而消费者的未来效用贴现因子为 $\delta \in [0, 1]$。在统一定价子博弈中，由于不存在跨期效应，消费者的未来效用贴现因子对均衡结果不产生影响。

台同时选择当期的双边价格 $p_{c,2}^{i}$ 和 $p_{f,2}^{i}$，双边用户观察到当期的平台价格后选择加入其中一个平台。

根据逆向归纳法，首先考虑第二期的平台竞争。x_{1c} 标记第一期对两平台效用无差异的消费者在线性城市上的位置，参照弗登博格和梯若尔（Fudenberg and Tirole，2000），假设 x_{1c} 足够接近线性城市的中点①。位于 x_{1c} 左侧的消费者在第一期选择加入平台 A，而位于 x_{1c} 右侧的消费者则选择加入平台 B，则第一期两平台的消费者需求分别为 $n_{c,1}^{A}=x_{1c}$ 和 $n_{c,1}^{B}=1-x_{1c}$。在 x_{1c} 的左侧，用 x_{2c}^{A} 标记第二期对继续选择平台 A 还是转换到平台 B 效用无差异的消费者的位置，$x_{2c}^{A}=\dfrac{1}{2}+\dfrac{\alpha n_{f,2}^{A}-\alpha n_{f,2}^{B}}{2}+\dfrac{p_{c,2}^{B}-p^{A}}{2}$。在 x_{1c} 的右侧，用 x_{2c}^{B} 标记第二期对继续选择平台 B 还是转换到平台 A 效用无差异的消费者的位置，$x_{2c}^{B}=\dfrac{1}{2}+\dfrac{\alpha n_{f,2}^{A}-\alpha n_{f,2}^{B}}{2}+\dfrac{p^{B}-p_{c,2}^{A}}{2}$。位于 x_{2c}^{A} 左侧的消费者选择继续加入平台 A 并支付预先承诺价格 p^{A}；位于 x_{2c}^{A} 和 x_{1c} 之间的消费者从平台 A 转换到平台 B，支付的价格为 $p_{c,2}^{B}$；位于 x_{1c} 和 x_{2c}^{B} 之间的消费者从平台 B 转换到平台 A，支付的价格为 $p_{c,2}^{A}$；位于 x_{2c}^{B} 右侧的消费者为平台 B 的忠诚用户，并支付预先承诺价格 p^{B}。图 1 反映了第二期无差别消费者在线性城市上的位置以及每一类消费者实际支付的第二期价格。第二期两平台的消费者需求为 $n_{c,2}^{A}=x_{2c}^{A}+x_{2c}^{B}-x_{1c}$ 和 $n_{c,2}^{B}=x_{1c}-x_{2c}^{A}+1-x_{2c}^{B}$，其中 $n_{2c}^{Ao}=x_{2c}^{A}$ 和 $n_{2c}^{Bo}=1-x_{2c}^{B}$ 分别代表平台 A 和 B 的忠诚消费者需求，$n_{2c}^{An}=x_{2c}^{B}-x_{1c}$ 和 $n_{c,2}^{Bn}=x_{1c}-x_{2c}^{A}$ 分别代表平台 A 和 B 的新消费者需求。

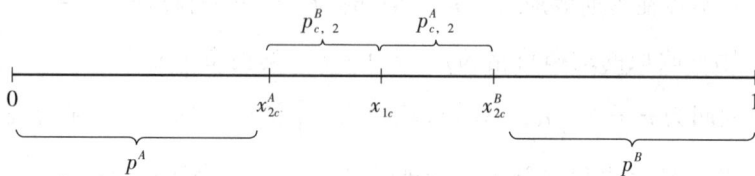

图 1　第二期边际消费者示意图

平台对厂商不进行基于购买历史的价格歧视，因此，厂商根据观察到的当期平台价格，基于对消费者需求的理性预期，选择加入任意一个平台。两平台的厂商需求分别为 $n_{f,2}^{A}=\dfrac{1}{2}+\dfrac{p_{f,2}^{B}-p_{f,2}^{A}}{2}+\dfrac{\alpha n_{c,2}^{A}-\alpha n_{c,2}^{B}}{2}$ 和 $n_{f,2}^{2}=\dfrac{1}{2}+\dfrac{p_{f,2}^{A}-p_{f,2}^{B}}{2}+\dfrac{\alpha n_{c,2}^{B}-\alpha n_{c,2}^{A}}{2}$。

给定两平台为忠诚消费者提供的预先承诺价格 p^{A} 和 p^{B}，以及第一期无差别消费者在线性城市上的位置 x_{1c}，平台 i 选择第二期的双边价格 $p_{c,2}^{i}$ 和 $p_{f,2}^{i}$

---

① 这一假设允许本文只考虑对称的消费者转换平台的情形。

来实现当期利润最大化，平台 i 第二期利润函数为 $\pi_2^i = p^i n_{c,2}^{io} + p_{c,2}^i n_{c,2}^{in} + p_{f,2}^i n_{f,2}^i$。以下引理总结第二期的均衡价格。

引理：给定预先承诺价格 p^A 和 p^B，以及第一期无差别消费者的位置 x_{1c}，第二期的均衡消费者价格为 $p_{c,2}^A = -x_{1c} - \dfrac{\alpha}{2} + \dfrac{p^B}{2} + \dfrac{1}{2}$ 和 $p_{c,2}^B = x_{1c} - \dfrac{\alpha}{2} + \dfrac{p^A}{2} - \dfrac{1}{2}$，均衡厂商价格为 $p_{f,2}^A = \dfrac{2}{3}x_{1c} - \dfrac{\alpha}{6} - \dfrac{3}{2}\alpha^2 - \alpha p^A - \dfrac{\alpha}{2}p^B + 1$ 和 $p_{f,2}^B = \dfrac{\alpha}{6} - \dfrac{\alpha}{3}x_{1c} - \dfrac{3}{2}\alpha^2 - \dfrac{\alpha}{2}p^A - \alpha p^B + 1$。

证明：给定预先承诺价格 p^A 和 p^B，以及第一期无差别消费者的位置 x_{1c}，第二期的无差别消费者位于 $x_{2c}^A = \dfrac{1}{2} + \dfrac{\alpha n_{f,2}^A - \alpha n_{f,2}^B}{2} + \dfrac{p_{c,2}^B - p^A}{2}$ 和 $x_{2c}^B = \dfrac{1}{2} + \dfrac{\alpha n_{f,2}^A - \alpha n_{f,2}^B}{2} + \dfrac{p^B - p_{c,2}^A}{2}$。

两平台的消费者需求为 $n_{c,2}^A = x_{2c}^A + x_{2c}^B - x_{1c}$ 和 $n_{c,2}^B = x_{1c} - x_{2c}^A + 1 - x_{2c}^B$，平台 i 的厂商需求为 $n_{f,2}^i = \dfrac{1}{2} + \dfrac{p_{f,2}^{i'} - p_{f,2}^i}{2} + \dfrac{\alpha n_{c,2}^i - \alpha n_{c,2}^{i'}}{2}$，其中 $i, i' \in \{A, B\}$ 并且 $i \neq i'$。可得忠诚消费者需求分别为 $n_{c,2}^{Ao} = \dfrac{1 - \alpha^2 - 2\alpha^2 x_{1c} - p^A + p_{c,2}^B + \alpha(p_{f,2}^B - p_{f,2}^A) + \alpha^2(p^A + p^B - p_{c,2}^A - p_{c,2}^B)}{2 - 4\alpha^2}$ 和 $n_{c,2}^{Bo} = \dfrac{1 - 3\alpha^2 + 2\alpha^2 x_{1c} - p^B + p_{c,2}^A + \alpha(p_{f,2}^A - p_{f,2}^B) + \alpha^2(p^A + p^B - p_{c,2}^A - p_{c,2}^B)}{2 - 4\alpha^2}$；新消费者需求为 $n_{c,2}^{An} = \dfrac{(1 - \alpha^2)(1 - 2x_{1c}) + p^B - p_{c,2}^A + \alpha(p_{f,2}^B - p_{f,2}^A) + \alpha^2(p_{c,2}^A + p_{c,2}^B - p^A - p^B)}{2 - 4\alpha^2}$ 和 $n_{c,2}^{Bn} = \dfrac{(1 - \alpha^2)(2x_{1c} - 1) + p^A - p_{c,2}^B + \alpha(p_{f,2}^A - p_{f,2}^B) + \alpha^2(p_{c,2}^A + p_{c,2}^B - p^A - p^B)}{2 - 4\alpha^2}$。

而两平台的厂商需求则为 $n_{f,2}^A = \dfrac{1}{2} + \dfrac{\alpha - 2\alpha x_{1c}}{2 - 4\alpha^2} + \dfrac{p_{f,2}^B - p_{f,2}^A}{2 - 4\alpha^2} + \dfrac{\alpha p_{c,2}^B - \alpha p_{c,2}^A}{2 - 4\alpha^2} + \dfrac{\alpha p^B - \alpha p^A}{2 - 4\alpha^2}$ 和 $n_{f,2}^B = \dfrac{1}{2} + \dfrac{2\alpha x_{1c} - \alpha}{2 - 4\alpha^2} + \dfrac{p_{f,2}^A - p_{f,2}^B}{2 - 4\alpha^2} + \dfrac{\alpha p_{c,2}^A - \alpha p_{c,2}^B}{2 - 4\alpha^2} + \dfrac{\alpha p^A - \alpha p^B}{2 - 4\alpha^2}$。以 $p_{c,2}^i$ 和 $p_{f,2}^i$ 为变量求解平台 i 在第二期的利润最大化问题 $\pi_2^i = p^i n_{c,2}^{io} + p_{c,2}^i n_{c,2}^{in} + p_{f,2}^i n_{f,2}^i$，即可得引理。引理证毕。

由引理可知，平台第一期的消费者市场份额对第二期的消费者价格有负面影响，对第二期的厂商价格有正面影响。竞争平台的预先承诺价格对第二期的平台消费者价格有正面影响，而两平台的预先承诺价格则对第二期的厂商价格有负面影响。以平台 A 为例，平台 A 在第一期的消费者市场份额越大，则第二期的新消费者在线性城市上的位置离平台 A 就越远，到平台 A 的交通成本也越高。因此，平台 A 需要设定较低的第二期消费者价格以吸引这部分消费者转换平台。对厂商而言，平台 A 第一期的消费者市场份额越大，那么平台 A 在第二期对厂商的价值就越高，平台 A 第二期的厂商价格也越高。考虑预先承诺价格对第二期价格的影响，如果平台 B 对忠诚消费者的预先承诺价格较高，平台 A 就有空间向转换而来的新消费者收取较高价格。因此，竞争对手的预先承诺价格对第二期的消费者价格有正面影响。两平台的预先承诺价格都对平台 A 的第二期厂商价格有负面影响。这是因为两平台对忠诚消费者预先承诺低价意味着牺牲了下一期对部分消费者的定价权，因此需要通过交叉网络外部性从厂商处得到补偿。由引理可得第二期的平台利润为 $\pi_2^i(p^A, p^B, x_{1c})$。

然后考虑第一期的平台竞争。在观察到两平台的当期价格以及为忠诚消费者提供的预先承诺价格后，消费者考虑当期加入平台的效用，并预测下一期的效用，根据两期总效用选择加入其中一个平台。位于 x_{1c} 的消费者在第一期加入任意一个平台然后转换到另一个平台的总效用无差别，即 $U_{c,1}^A(x_{1c}) = U_{c,1}^B(x_{1c})$。其中，无差别消费者先加入平台 A 再转换到平台 B 的总效用为 $U_{c,1}^A(x_{1c}) = v + \alpha n_{f,1}^A - p_{c,1}^A - x_{1c} + v + \alpha n_{f,2}^B - p_{c,2}^B - (1 - x_{1c})$，而先加入平台 B 再转换到平台 A 的总效用为 $U_{c,1}^B(x_{1c}) = v + \alpha n_{f,1}^B - p_{c,1}^B - (1 - x_{1c}) + v + \alpha n_{f,2}^A - p_{c,2}^A - x_{1c}$。两平台在第一期的消费者需求为 $n_{c,1}^A = x_{1c}$ 和 $n_{c,1}^B = 1 - x_{1c}$，厂商需求为 $n_{f,1}^i = \frac{1}{2} + \frac{p_{f,1}^{i'} - p_{f,1}^i}{2} + \frac{\alpha n_{c,1}^i - \alpha n_{c,1}^{i'}}{2}$，$i, i' \in \{A, B\}$。平台 i 选择当期双边价格 $p_{c,1}^i$、$p_{f,1}^i$ 和为忠诚消费者提供的预先承诺价格 p^i 实现总利润最大化，平台 i 的总利润为 $\prod^i = p_{c,1}^i s_{c,1}^i + p_{f,1}^i n_{f,1}^i + \pi_2^i(p^A, p^B, x_{1c})$。命题1总结预先承诺定价子博弈的均衡结果。

命题1：考虑两平台在第一期为忠诚消费者提供预先承诺价格。第一期的双边均衡价格为 $p_{c,1}^i = 1 - \alpha + \frac{\alpha(1 - 2\alpha - 2\alpha^2)}{6(1 - 2\alpha^2)}$ 和 $p_{f,1}^i = 1 - \alpha$，为忠诚消费者提供的预先承诺价格为 $p^i = \frac{1}{2} - \frac{3}{2}\alpha$，双边均衡需求为 $n_{k,1}^i = \frac{1}{2}$；第二期的双边均衡价格为 $p_{c,2}^i = \frac{1}{4} - \frac{5}{4}\alpha$ 和 $p_{f,2}^i = 1 - \frac{3}{4}\alpha + \frac{3}{4}\alpha^2$，双边均衡需求为 $n_{c,2}^{io} = \frac{3}{8} + \frac{1}{8}\alpha$，$n_{c,2}^{in} = \frac{1}{8} - \frac{1}{8}\alpha$ 和 $n_{f,2}^i = \frac{1}{2}$；两期的平台总利润为 $\prod^i = 2 - 2\alpha - \frac{66\alpha^4 + 4\alpha^3 - 71\alpha^2 - 2\alpha + 27}{96(1 - 2\alpha^2)}$，$i \in \{A, B\}$。

证明：由引理已知平台 i 在第二期的利润为 $\pi_2^i(p^A, p^B, x_{1c})$。由 $U_{c,1}^A(x_{1c}) = U_{c,1}^B(x_{1c})$ 可得 $x_{1c} = \frac{1}{2} + \frac{3(1 - 2\alpha^2)(4\alpha x_{1f} - 2\alpha + 2p_{c,1}^B - 2p_{c,1}^A + p^B - p^A)}{4(3 - 7\alpha^2)}$，其中第一期无差异厂商在线性城市上的位置为 $x_{1f} = \frac{1 - \alpha}{2} + \alpha x_{1c} + \frac{p_{f,1}^B - p_{f,1}^A}{2}$。第一期两平台消费者需求为 $n_{c,1}^A = x_{1c}$ 和 $n_{c,1}^B = 1 - x_{1c}$，两平台厂商需求

分别为 $n_{f,1}^A = x_{1f}$ 和 $n_{f,1}^B = 1 - x_{1f}$。通过联立 x_{1c} 和 x_{1f}，可得 $n_{c,1}^i = \frac{1}{2} +$ $\dfrac{(3-6\alpha^2)(2p_{c,1}^{i'} - 2p_{c,1}^i + p^{i'} - p^i + 2\alpha p_{f,1}^{i'} - 2\alpha p_{f,1}^i)}{4(3+6\alpha^4-10\alpha^2)}$ 作为第一期双边价格和预先承诺价格的函数。将 $n_{1c}^A = x_{1c}$ 代入 x_{1f}，可得 $n_{k,1}^i = f(p_{c,1}^i, p_{c,1}^{i'}, p_{f,1}^i, p_{f,1}^{i'}, p^i, p^{i'})$，进而而可得 $\pi_2^i = f(p_{c,1}^i, p_{c,1}^{i'}, p_{f,1}^i, p_{f,1}^{i'}, p^i, p^{i'})$，其中 $i, i' \in \{A, B\}$ 并且 $i \ne i'$。平台 i 选择 $p_{c,1}^i$、$p_{f,1}^i$ 和 p^i 实现两期的总利润最大化 $\prod^i = p_{c,1}^i s_{c,1}^i + p_{f,1}^i n_{f,1}^i + \pi_2^i(p^A, p^B, x_{1c})$。以 $p_{c,1}^i$、$p_{f,1}^i$ 和 p^i 为变量求解平台 i 的利润最大化问题，即可得命题1。命题1证毕。

命题1表明，在均衡中，平台通过为忠诚消费者提供预先承诺价格在第二期对消费者实行基于购买历史的价格歧视：两平台为新消费者设定的均衡价格低于为忠诚消费者设定的预先承诺价格。与统一定价策略相比，这一基于购买历史的价格歧视策略降低了平台总利润。在第一期，消费者均衡价格高于统一定价策略下的消费者均衡价格；在第二期，忠诚消费者和转换消费者支付的均衡价格都低于统一定价策略下的消费者均衡价格。因此，所有消费者都面对下降的均衡价格序列。第二期，无差别消费者分别位于 $x_{2c}^A = \frac{3}{8} + \frac{1}{8}\alpha$ 和 $x_{2c}^B = \frac{5}{8} - \frac{1}{8}\alpha$。

第一期的厂商均衡价格不受预先承诺定价策略的影响，即第一期的厂商均衡价格与统一定价策略下的厂商均衡价格相同。但在第二期，厂商均衡价格高于统一定价策略下的厂商均衡价格。这是由于两平台在第二期的消费者价格竞争更为激烈，通过向厂商收取更高的费用进行利润补偿。均衡中的消费者剩余为 $W_c = 2v + 3\alpha - \frac{5}{2} + \dfrac{51 + 26\alpha - 67\alpha^2 - 52\alpha^3 - 6\alpha^4}{96(1-2\alpha^2)}$。命题2总结平台为忠诚消费者提供预先承诺价格对消费者剩余和社会福利的影响。

命题2：如果两平台为忠诚消费者提供预先承诺价格，这一基于购买历史的价格歧视策略增加消费者剩余但减少社会福利。

平台为忠诚消费者提供预先承诺价格通过两个渠道影响消费者剩余：每一期的消费者价格和第二期的消费者需求构成。相较于统一定价策略，消费者均衡价格在第一期提高而在第二期下降，对消费者剩余有相反的作用。在第二期，转换平台的消费者选择的是与自身偏好差距较大的平台，即在线性城市上离自己位置距离较远的平台，从而导致交通成本增加，减少消费者剩余。但总的来说，第二期消费者均衡价格下降对消费者剩余的正面影响占主导地位。因此，为忠诚消费者提供预先承诺价格增加消费者剩余。由于社会福利包括平台和厂商利润以及消费者剩余，价格变化只影响社会福利在平台及其用户之间的分配，但不影响总福利水平。但是，增加的交通成本是消费者效用的净损失，因此会导致社会福利的减少。

（三）不同形式的基于购买历史的价格歧视策略比较

卡若尼（2018）同样构建了基于霍特林（1929）模型的两期动态博弈模型，不同之处在于卡若尼（2018）假设双边平台在第二期为忠诚消费者和新消费者设定不同的当期价格，以此实现基于购买历史的价格歧视。在卡若尼（2018）的设定中，假设平台双边用户具有相同的边际网络外部性且消费者的未来效用贴现因子 $\delta = 1$[①]，即可比较两种形式的基于购买历史的价格歧视策略对平台市场竞争和社会福利的影响。

与统一定价策略相比，两种形式的基于购买历史的价格歧视策略都会导致平台总利润和社会福利减少，而消费者剩余增加。两种形式的基于购买历史的价格歧视在第一期都弱化消费者市场价格竞争，而在第二期强化消费者市场价格竞争。在消费者行为方面，两种形式的基于购买历史的价格歧视策略都会导致部分消费者在第二期转换到与自身偏好相差较大的平台，因此消费者的交通总成本高于统一定价策略下的交通总成本。因此，两种形式的基于购买历史的价格歧视策略都会降低社会福利。

但是两种形式的基于购买历史的价格歧视策略对均衡价格有不同的影响。预先承诺定价会导致两平台在消费者市场的价格竞争更激烈，即两期的消费者均衡价格都更低。尽管第二期的新消费者价格不会影响平台对忠诚消费者的预先承诺价格，但平台会积极争取竞争平台的消费者，因此，忠诚消费者和新消费者的均衡价格都很低。这也导致预先承诺定价情形下的平台总利润更低。预先承诺定价会造成忠诚消费者与新消费者之间均衡价格的差异较小，因此，在第二期转换平台的消费者更少。更激烈的消费者价格竞争和更低的交通总成本导致更高的消费者剩余。由于平台和消费者偏好之间的不匹配造成的效用损失更小，因此预先承诺定价情形下的社会福利也更高。

在平台为忠诚消费者和新消费者设定不同当期价格的情形下，对消费者进行基于购买历史的价格歧视不会影响平台在厂商市场中的竞争。这是因为这一策略只会影响第二期消费者需求的构成而不会影响消费者需求在两平台之间的分布，而厂商只关心消费者需求在两平台之间的分布。相比之下，在预先承诺定价的情形下，第二期的厂商均衡价格更高。

五、结论与启示

预先承诺定价是以流媒体平台为代表的采用订阅模式的数字平台常用的一种收费模式。通过为忠诚消费者提供预先承诺价格，数字平台对消费者实

---

① 对卡若尼（2018）的价格歧视子博弈取值 $\alpha_S = \alpha_F = \alpha$ 且消费者的未来效用贴现因子 $\delta = 1$。

行基于购买历史的价格歧视。本文以霍特林（1929）模型为基础构建了一个横向差异化的双寡头竞争两期动态博弈模型。本文考察采用预先承诺定价形式的基于购买历史的价格歧视策略对平台竞争和社会福利的影响。本文的研究发现，第二期的新消费者均衡价格低于忠诚消费者的预先承诺均衡价格，平台因此对消费者实行基于购买历史的价格歧视。为忠诚消费者提供预先承诺价格会导致消费者均衡价格在第一期高于统一定价策略下的消费者均衡价格，而在第二期低于统一定价策略下的消费者均衡价格；厂商均衡价格在第一期不受影响，而在第二期则高于统一定价策略下的厂商均衡价格。相较于统一定价策略，为忠诚消费者提供预先承诺价格会降低平台总利润和社会福利，但会增加消费者剩余。

　　本文还比较了两种形式的基于购买历史的价格歧视对平台竞争和社会福利的影响：①为忠诚消费者提供预先承诺价格；②在第二期为忠诚消费者和新消费者设定不同的当期价格。研究发现，两种形式的基于购买历史的价格歧视策略都会降低平台利润和社会总福利，提高消费者剩余。但是，两者相比较而言，为忠诚消费者提供预先承诺价格会导致平台利润更低。这主要是因为预先承诺定价会导致两平台在消费者市场的价格竞争更为激烈。在第二期，忠诚消费者和新消费者均衡价格的差异也更小，导致较少的消费者转换平台。因此，消费者剩余和社会福利都更高。本文的研究揭示了数字平台对消费者的基于购买历史的价格歧视策略不仅有价格这一维度，还可以结合时间这一维度。本文的研究结论也揭示了平台监管的复杂性。仅关注传统的价格歧视策略在数字平台市场可能并不完全适用，有效的监管应该涵盖更广泛的定价工具，才能更好地在数字经济时代保护消费者权益。

　　与大部分研究基于购买历史的价格歧视问题的文献相同，本文使用的是基于霍特林（1929）模型的两期动态博弈模型，并假设消费者市场全覆盖，即所有的消费者在每一期都会选择加入其中一个平台。在第二期，平台的新消费者，即在该平台没有购买历史的消费者，和转换平台的转换消费者完全重合。但是如果构建多期（多于两期）动态博弈模型，即使保留消费者市场全覆盖的假设，新消费者和转换消费者并不完全重合，研究结论也可能会有很大不同。以三期动态博弈模型为例，在第二期，平台的新消费者和转换消费者仍然完全重合，但在第三期，平台的新消费者是转换消费者的真子集。基于购买历史的价格歧视子博弈可能有不止一个均衡。一种可能性是，平台的子博弈均衡可能是本文结论在时间维度上的扩展。而另一种可能性是，平台会避免在第二期以低价吸引竞争平台的消费者转换平台，但会在第三期为这部分消费者提供低价，这一子博弈均衡在平台的未来利润贴现因子较小时比较可能发生。因此，采用多期动态博弈模型来研究基于购买历史的价格歧视问题是本文可以进一步拓展的一个方向。

参考文献

［1］蒋传海. 网络效应、转移成本和竞争性价格歧视［J］. 经济研究，2010，45（9）：55-66.

［2］蒋传海，周天一. 消费者寻求多样化购买和厂商预先承诺定价［J］. 中国管理科学，2017，25（3）：85-92.

［3］沈铁松，熊中楷. 考虑厂商承诺行为的产品延伸服务市场竞争分析［J］. 中国管理科学，2010，18（4）：93-100.

［4］王世强，陈逸豪，叶光亮. 数字经济中企业歧视性定价与质量竞争［J］. 经济研究，2020，55（12）：115-131.

［5］ANGELUCCI C，CAGE J.Newspapers in Times of Low Advertising Revenues［J］. American Economic Journal：Microeconomics，2019，11（3）：319-364.

［6］ARMSTRONG M. Competition in Two-sided Markets［J］. RAND Journal of Economics，2006，37（3）：668-691.

［7］BROKESOVA Z，DECK C，PELIOVA J.Experimenting with Purchase History Based Price Discrimination［J］. International Journal of Industrial Organization，2014（37）：229-237.

［8］CAILLAUD B，JULLIEN B. Chicken & Egg： Competition among Intermediation Service Providers［J］. RAND Journal of Economics，2003，34（2）：309-328.

［9］CAMINAL R，MATUTES C.Endogenous Switching Costs in A Duopoly Model［J］. International Journal of Industrial Organization，1990，8（3）：353-373.

［10］CARRONI E.Behaviour-based Price Discrimination with Cross-group Externalities［J］. Journal of Economics，2018，125（2）：137-157.

［11］FUDENBERG D，TIROLE J.Customer Poaching and Brand Switching［J］. RAND Journal of Economics，2000，31（4）：634-657.

［12］HOTELLING H. Stability in Competition［J］. Economic Journal，1929，39（153）：41-57.

［13］JULLIEN B，PAVAN A，RYSMAN M.Two-sided Markets，Pricing，and Network Effects［C］. Handbook of Industrial Organization.Elsevier，2021，4（1）：485-592.

［14］KODERA T. Discriminatory Pricing and Spatial Competition in Two-sided Media Markets［J］. The B.E.Journal of Economic Analysis & Policy，2015，15（2）：891-926.

［15］LIU Q，SERFES K.Price Discrimination in Two-sided Markets［J］. Journal of Economics & Management Strategy，2013，22（4）：768-786.

［16］ROCHET J C，TIROLE J.Platform Competition in Two-sided Markets［J］. Journal of the European Economic Association，2003，1（4）：990-1029.

Behavior−based Price Discrimination by Digital Platforms and Precommitment of Prices

XU Jing[1]　SUN Keke[2]

（1. School of Public Finance and Taxation of Southwestern University of Finance and Economics, Sichuan, Chengdu, 611130;

2. Center for Industrial and Business Organization of Dongbei University of Finance and Economics, Liaoning, Dalian, 116012）

Abstract: This paper studies the effects of behavior−based price discrimination （BBPD） in the form of precommitted prices for loyal consumers on platform competition and welfare. We use a two−period dynamic model based on Hotelling （1929） to study the competition between two horizontally differentiated platforms. The platforms provide services to two groups of users （firms and consumers） with heterogeneous preferences. In the first period, the platforms can choose whether to precommit to prices for loyal consumers to be effective in the second period. We find that, in the second period, the equilibrium price for switching consumers is lower than the precommitted price for loyal consumers. That is, the platforms adopt a strategy of BBPD. Compared to a uniform pricing scheme, precommitting prices for loyal consumers results in a higher equilibrium price in the first period and a lower one in the second period on consumers'side. Although precommitting prices for loyal consumers does not affect the equilibrium price for firms in the first period, it increases the price in the second period. This form of BBPD reduces platform profits and social welfare while increasing consumer surplus. This paper also compares the effects of two forms of BBPD, namely, precommitting prices for loyal consumers and setting different prices to consumers with different purchase histories in the second period, on platform competition and welfare.

Key Words: two−sided platforms; behavior−based price discrimination; precommitment of prices

JEL Classification: D4, L1

人才补贴能否缓解实体企业"脱实向虚"？

——基于政策信号效应的视角

王伊攀　王丽颖　何　圆

（山东工商学院金融学院，山东　烟台　264005）

[内容提要] 实体经济作为国家经济高质量发展的基石面临着"脱实向虚"的严峻挑战，而人才作为企业从事实体生产最稀缺的要素，被视为实体经济发展的核心驱动力。党的二十届三中全会提出，实施更加积极、更加开放、更加有效的人才政策。本文以人才补贴政策信号效应为切入点，考察了人才补贴政策对治理"脱实向虚"现象的政策功能。研究结果表明，人才补贴政策有效吸引了人才聚集，通过助力企业树立产品优势、获得信贷支持和稳定未来预期，显著降低了企业金融化程度，并推动实体企业"脱虚"后"向实"发展。特别是对处于制度环境较好区域、中心城市且成长能力较弱的企业，人才补贴政策的金融化抑制作用更强。进一步分析发现，实施人才补贴政策与放松户籍门槛政策对于治理企业金融化具有交互增强作用，两者的协同能够显著提升政策效果。本文揭示了人才补贴政策信号效应影响实体企业金融化的内在机理及经济后果，这不仅有助于推进人才强国战略的深入实施，也为完善企业金融化治理政策体系提供了重要的参考。

[关键词] 人才补贴政策；企业金融化；信号效应；户籍门槛

一、引　言

实体经济是一国经济的立身之本、财富之源。党的二十大报告明确提

[基金项目] 国家社会科学基金青年项目"区域政策协同效应影响企业转型升级机制创新研究"（17CJY027）；山东省高等学校青年创新团队发展计划"政企互动视角下制造企业数字化转型的协同推进机制研究"（2022RW086）。

[作者简介] 王伊攀，男，1988年生，山东枣庄人，山东工商学院金融学院副教授；王丽颖，女，1998年生，河北衡水人，山东工商学院金融学院硕士研究生；何圆（通讯作者），女，1986年生，吉林通化人，山东工商学院金融学院副教授。

出，要将发展经济的重点放在实体经济上。2023年中央金融工作会议也提出："要处理好虚拟经济与实体经济的关系，防止资本脱实向虚""始终稳固实体经济基础地位，遏制虚拟经济无序扩张和泡沫化"。实体经济是我国经济发展的重要支柱，然而目前以制造业为主的实体经济领域盈利模式面临较大的挑战，金融行业的盈利水平则持续上升，这使得越来越多的实体企业将更多的资源配置到盈利能力较强的金融行业，以致经济过度金融化、虚拟化。万德Wind数据显示，截至2023年7月，我国共有708家上市公司投资理财产品，累计投资规模约为4 549.85亿元。"脱实向虚"现象不仅对实体经济形成严重冲击，削弱其发展基础，同时也导致虚拟经济过度扩张。这一现象已经成为中国经济运行中的重大结构性问题，严重影响经济高质量发展，加剧了国家经济未来发展的不确定性及脆弱性（谢富胜、匡晓璐，2020）。因此，治理脱实向虚问题已成当务之急，亟须探索更为有效的治理策略。

人才是构成企业核心竞争力的根本源泉，被视为"关键性稀缺要素"，人才的强力支撑对实业发展的稳健推进至关重要。相较于产业规划、研发补贴等其他政策工具主要关注"产业"或"项目"，人才补贴政策径直针对"人"这一关键要素，核心目标在于吸引、汇聚并保留人才（罗勇根等，2019）。各级政府给予了人才强国战略高度重视，2010年，我国正式颁布了《国家中长期人才发展规划纲要（2010—2020年）》，进一步强调了人才发展的重要性。全国各地区积极响应并依据该纲要制定实施了人才补贴政策。现有文献也充分认识到人才补贴政策对企业的重要影响，比如人才补贴政策显著改善了当地公司的人力资本水平（金智、彭辽，2022），削弱了企业的策略性行为倾向，显著促进了企业实质性创新活动（Branstetter and Sakakibara，1998）。然而，对于人才补贴政策如何影响实体企业金融化研究尚不充分。当前，人才战略正处于国家前所未有的高度，人才补贴政策能否通过提供坚实的人才保障强化实体经济发展，并为实体企业金融化治理探索出新的解决方案，这一问题值得深入探讨。重新审视人才补贴政策在实体经济发展中的职能发挥机制，对于缓解企业过度金融化、促进实体经济高质量发展具有重要意义。

基于上述研究背景，本文使用国泰安数据CSMAR实证检验了人才补贴政策对企业金融化的影响及背后的机理。可能的边际贡献在于：一是为企业金融化治理提供了新的治理工具。现有研究主要从宏观层面的政策不确定性和微观层面的企业特质探讨企业"脱实向虚"的动机（步晓宁等，2020；谭德凯、田利辉，2021），但对人才补贴政策是否影响企业"脱虚向实"缺乏探讨。本文验证了人才补贴政策从逐利动机和预防动机来抑制企业"脱虚"并通过提高业务生产效率和提升企业主营业务能力，推动实体企业"向实"回归本源。二是揭示了人才补贴政策影响企业金融化的内在逻辑，验证了人才补贴政策的信号传递效应。研究结果显示，人才补贴政策的信号作用有助于企业树立产品竞争优势、获得信用支持以及稳定未来预期，进而有效抑制企业"脱实向虚"。三是从政策组合的整体视角考察了户籍门槛和人才补贴两类政策的协同性问题，探索了叠加户籍门槛政策后政策"组合拳"的治理效果。在人才补贴政策成为国家政策的背景下，研究结论不仅能够丰富企业金融化治理工具，还能更全面地评价人才补贴政策的经济后果，促进人才强国战略的贯彻落实，并为制订有效的政策方案治理企业脱实向虚问题提供经验依据。

二、理论分析与研究假设

（一）人才政策内涵的界定及制度背景

人才政策是指国家或地方政府为引进、培养和留住人才而制定的一项重要政策工具。其主要分为以下两种：一种是现金奖励和住房补贴等类型的人才补贴奖励政策；另一种是家属子女保障和落户优惠等类型的人才优惠保障政策。在已发布的人才政策中，补贴奖励类人才政策占比最高，而相比于优惠保障类政策，人才补贴类政策通过直接发放补贴资金更能有效缓解实体企业融资约束问题，促进企业发展。

自2002年中共中央和国务院发布的《2002—2005年全国人才队伍建设规划纲要》中首次明确提出"实施人才强国战略"以来，人才补贴政策持续演进，科学性和专业性日益凸显，更加注重人才的全面发展，设计理念已从"知识分子参与现代化建设"上升到"战略性人才资源驱动创新"。2010年我国首个中长期人才发展规划《国家中长期人才发展规划纲要（2010—2020年）》的发布，为各级地方政府制定全面、系统的人才发展计划提供了清晰明确的指导方向。此后，2010—2024年人才补贴政策体系日臻完善，政策实施主体由政府个体到政府、市场等多方面协同作用，政策关注点覆盖全面且呈现出从中央到地方政府"自上而下"的扩散趋势，地方政府基于中央政策的纲领制定和实施人才补贴政策，共计发布超过21 042项相关政策[①]，其间我国人才政策数量的演进趋势呈现出快速上升然后缓慢下降的阶段性特征，政策数量分布呈现出"倒U字"型特点，整体分布情况见图1，其中中央政府和地方政府制定的政策在形式方面有所不同，前者主要侧重于纲领性文件和指导性意见，为地方政府提供明确的政策导向，后者则依据纲领性文

---

① 资料来源：数据参考刘春玲（2021）对人才政策数量的整理汇总方式，中央和地方的相关人才政策数据通过"北大法宝"数据平台检索获得。

件进一步细化并制定出具体的政策措施。在政策选拔准则上，人才补贴政策往往有较高的门槛，需要历经严格的筛选流程和较高的人才选拔标准，这向社会彰显了入选企业在人才资源方面的显著优势。

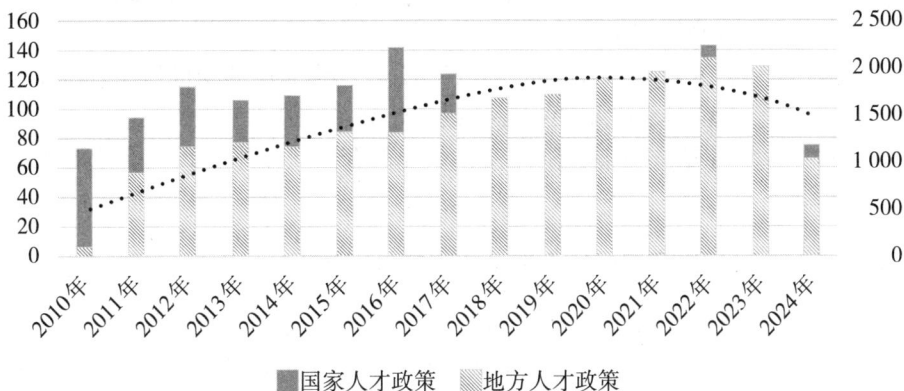

图1 2010—2024年中国人才政策分布情况

（二）人才补贴政策对企业金融化的影响研究

较多文献考察了人才补贴政策对企业创新的影响。盛明泉等（2022）研究发现人才补贴政策的实施对企业的研发效率，创新投入及产出都有显著的积极影响，同时受到人才政策补贴的企业，其研发人员数量也显著增加。刘春林和田玲（2021）研究表明人才补贴政策不仅为企业搭建了获取政府资源的桥梁，还切实增强了企业的商业信用，对企业创新具有显著的正面推动作用。然而，直接考察人才补贴政策对企业金融化的影响鲜见于文献。

本文认为人才补贴政策可以促使企业"脱虚向实"，主要基于以下两方面原因：一方面，人才补贴政策具备明确的导向性，能够有效引导企业积极贯彻国家大力发展实体经济的战略部署，激励企业不断提高自主创新能力心无旁骛做实业，进而削弱企业金融化的动机。政策补贴作为政府实施的关键治理手段，具备显著的信号传递效应，可向广大投资者释放出积极的信号，彰显企业发展的优势与潜力，有助于降低企业的融资成本，形成一种隐性的担保机制，进而吸引实体企业加大实体投入力度。已有研究表明政府补贴能有效降低企业金融资产配置比例（陈冉等，2020）。另一方面，人才补贴政策的实施能激励企业产品创新，通过提升企业自身的行业地位和树立其产品竞争优势来削弱逐利性动机，从而有效治理实体企业金融化。鉴于政府在选择补贴对象时，需对企业的人才优势、发展前景以及其他多方面能力进行全面且综合的评估，因此，企业若能获得人才政策的扶持，则标志着该企业已具备显著的人才竞争优势。这种人才补贴政策的信号效应能显著缓解企业与投资者之间的信息不对称程度，有助于实体企业获得政府资源和市场资源，推动企业专注于提升主业业绩。人才补贴政策本质上是对企业信用的"背书"（刘春林、田玲，2021）。此外，企业与政府良好的互动关系有助于减少企业受到竞争威胁和利润最大化动机的影响，增强了投资实体的信心，降低企业金融化的预防性动机和对未来的不确定性感知，从而减少金融资产的持有，使企业更容易规划未来的实体生产。

综上所述，人才补贴可以向外界传递企业经营状况的积极信号，从而拓宽融资渠道，为实体企业回归本源创造良好条件。因此，提出假说：

H1：人才补贴政策能够削弱实体企业的金融化水平，促使企业心无旁骛做实业。

（三）人才补贴政策影响企业金融化的机制分析

人才是实现民族振兴的关键要素，也是实体企业在竞争中获取优势的重要稀缺资源。因此，探究人才补贴政策对企业"脱实向虚"的影响是新环境下亟待研究的问题。人才补贴政策影响企业金融化的作用机制如图2所示。

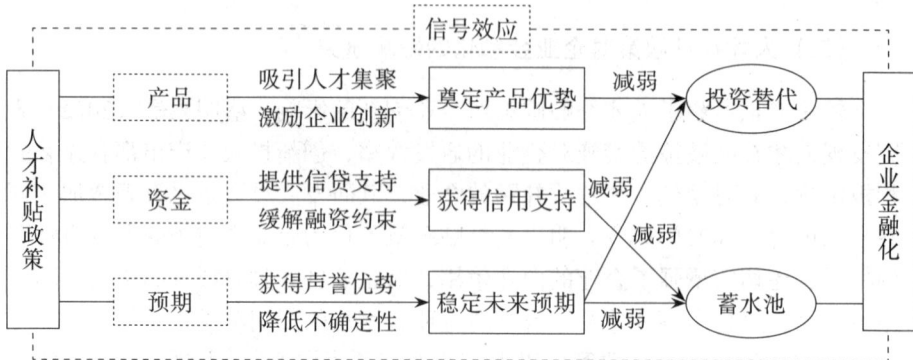

图2 人才补贴政策影响企业金融化的作用机制

以下将从产品、资金以及未来预期三个方面进行影响机制的讨论。

1.激励企业创新，奠定产品优势

一方面，人才补贴政策信号可以引发企业高端人才的聚集效应。政府可以通过制定和实施一系列的人才补贴政策促进高端人才集聚，研发人员的学历整体提升，这在一定程度上能够提高企业的创新能力，进一步加强企业在行业内的竞争力。另一方面，获得政府的人才补贴支持，不仅体现了企业对相关政策的积极响应，更是政企建立良好关系的重要标志，这种关系有助于政府对企业形成更高层次的信任，为其投入更多的创新资源，这不仅能够降低政府在前期审查、中期监督和后期考核的成本，更能够推动企业持续创新，实现更高效的发展（刘春林、田玲，2021）。研发创新是企业发展的核心驱动力。通过研发创新，企业可以降低生产成本并获得市场上的竞争优势，进一步增强产品盈利能力。因此，人才补贴政策为企业带来实体经济收益率的上升会减弱企业的"投资替代"动机。而且获得政府人才补贴的企业，其机会主义行为动机明显较弱（Raman and Shahrur，2008），更加倾向于响应政府政策。面对国家振兴实体经济的发展战略，企业积极契合政府的政策目标，削弱金融化动机，心无旁骛做实业。故提出以下假说：

H2：人才补贴政策通过激励企业创新，树立产品优势赢得更高收益，抑制了企业金融化。

2.获得信用支持，缓解融资约束

政府人才补贴政策构建的政企关系有助于企业树立一定的声誉优势，使其获得更多的信用支持。本文认为人才补贴政策能提升商业信用和银行信用以获得资金支持。其原因如下：商业信用融资主要是指通过上游供应商延迟支付、下游投资者预付货款等手段来获得资金支持。然而，供应商面临的最大风险在于，信息不对称问题导致下游企业可能无法按时足额偿还其"信用负债"，所以在融资过程中需要通过考察和监督企业来降低违约风险（郑军等，2013）。人才补贴政策的支持是对企业能力的认可，在评估和选拔企业人才项目时，政府通常会全面审核企业的实力，人才资源丰富的企业才能获得政府资金支持。获得人才政策补贴的企业展现出显著的人才优势。作为企业核心竞争力的重要组成部分，这种人才优势向供应商传递了公司实力雄厚的信号，这样具备高度的公信力的企业极大地降低了违约风险，并确保了稳定的现金流，从而有效避免了财务困境（Goldman，2020）。因此，人才补贴政策的信号效应表明企业具备一定的发展实力且信誉水平高。信用水平较差的企业在融资方面面临较大困境，而人才补贴的实施向外界投资者展示了这些企业具备实力和发展潜力，这种积极信号能够提高企业在商业和银行领域的信用评级，这有利于提升企业商业信用和银行信用，能够使企业具有"信贷光环"，在银行贷款收紧的情况下，依然能够获得尽可能多的贷款，有效缓解企业的融资约束（武威、刘玉廷，2020），提升资金流动性，使企业有足够的资金投入到主业中。综上，人才补贴政策通过为企业提供信誉优势担保，有效缓解企业的融资压力，降低了其对流动性储备资产的需求，从而促使企业专注于实业发展。故提出以下假说：

H3：人才补贴政策通过提升企业的商业信用和银行信用有效缓解融资约束，抑制了企业金融化水平。

3.稳定未来预期，降低不确定性

在面临高度不确定性的经营环境时，企业的生产与经营活动可能因各种内外部因素遭受冲击，从而直接影响到企业的业绩表现和竞争优势。特别是当企业面临外部因素（如经济政策）的不确定性时，可能会导致企业"脱实向虚"，加大金融资产的配置比例，从而加大"投资替代"动机，目的就是当经济情况有所好转时，能迅速将金融资产变现为资金或获取更多利润（王伊攀、朱晓满，2022）。人才补贴政策信号有助于企业从能力和偏好信任度两方面获得合作伙伴认可，从而降低企业的不确定性感知。

一方面，拥有强大实力和良好发展潜力的企业，更容易获得合作伙伴的肯定，而且此类企业更加注重实体生产的未来规划，从而降低了对金融化获利的依赖。因为人才补贴政策本质上是政府给予相关企业一定的人才补贴，这一决策体现了政府对受补贴企业的重视和偏好，供应商可以由此对企业负债的偿还性有更好的预期，降低了企业对未来不确定性的感知。另一方面，企业积极响应政策，接受政府人才补贴这一行为体现了政企之间良好的合作关系，这种合作关系体现了政府对目标企业具有较高的信任度，进一步增强了企业在政策变动风险中的应对能力，使其在投资实体时更有信心，有效缓解"蓄水池效应"，从而减少持有金融资产，降低了企业偿还能力的不确定性。综上所述，人才补贴政策的稳定预期机制同时减弱了企业金融化的逐利性动机和预防性动机，有效降低了企业对未来的不确定性感知。故本文提出如下假说：

H4：人才补贴政策通过声誉优势获得合作伙伴的认可，降低企业不确定性感知，抑制了企业金融化水平。

三、研究设计

（一）数据来源

由于2007年开始实施新会计准则，本文选取2007—2022年沪深A股上市公司作为研究对象，并进行了如下处理：剔除金融类上市公司和ST类、PT类、数据缺失和异常的上市公司，企业层面的原始数据来源于国泰安数据库（CSMAR）。同时为了剔除异常值和极端值对回归结果的影响，对所有变量进行1%水平的缩尾处理。为了缓解可能的内生性问题，对所有自变量都滞后一期。本文最终获得观测值为31 698个，其中受人才政策补贴、未受人才政策补贴的观测值分别为5 440个和26 258个，人才补贴政策的相关数据是从样本企业财务报告中的政府补贴项目里筛选出属于人才补贴的信息。

（二）计量模型与变量设定

为了检验人才补贴对企业金融化的影响，在回归模型中采用公司层面聚类的稳健标准误估计（魏志华、夏太彪，2020；Lennox et al.，2018），本文构建基准模型如式（1）：

$$Fin_{i,t} = \alpha_1 + \beta_1 Policy_{i,t-1} + \sum \gamma Controls_{i,t-1} + Id/Ind + Year + \varepsilon_{i,t} \quad (1)$$

Year、*Id*、*Industry* 分别为年份、个体、行业固定效应。根据假设，自变量 *Policy* 的回归系数 β_1 应显著为负。

1. 被解释变量：企业金融化

企业金融化是经济"脱实向虚"的微观表现形式，参考彭俞超等（2018），被解释变量 Fin 以企业金融资产持有量与总资产的比值衡量，该比值越大，企业金融化水平越高。借鉴张成思和张步昙（2016）定义的金融资产概念，金融资产总额=（交易性金融资产+可供出售金融资产净额+持有至到期投资净额+发放贷款及垫款净额+衍生金融资产+长期股权投资+投资性房地产净额）/资产总额。需要说明的是，虽然投资性房地产不是传统意义的金融资产，但近年来中国房价的快速上升使其具备一定的投机属性，并且本文样本不包含房地产企业，因此将其作为一种特殊的金融资产（张成思、郑宁，2019）。

2. 解释变量：人才补贴政策

人才补贴政策在已有研究中的衡量方式大致分为两类：一类采用的是企业注册地所在城市当年是否已经发布人才引进政策（陈宁、方军雄，2022），另一类采用企业受到的政府人才项目资助作为测量指标（刘春林、田玲，2021）。前者更侧重于个体人才层面，未必能直接关联并作用于企业主体；后者聚焦于企业受到的补贴，能更有力地表现出人才补贴政策和企业之间的关联。鉴于本文旨在探讨人才补贴政策对企业自身的效应，因此采用刘春林和田玲（2021）的做法，将样本企业受到的人才项目补助作为人才补贴政策的衡量指标。具体地，借鉴陈宁和方军雄（2022）、郭玥（2018）、周燕和潘遥（2019）和 Chen 等（2018），利用"人才""院士""博士""专家""教授""千人计划""万人计划""英才""引智""领军""研究生"等一系列关键词进行系统性检索，从样本企业所获得的超过 38 万条政府补贴记录中，识别出与人才相关的补贴项目，并通过人工比对的方式，进一步确认这些补贴项目是否确实属于人才补贴的范畴。最终，将这些经过确认的人才补贴项目合并至样本企业中生成解释变量。人才补贴政策 *Policy* 采用以下两种方式衡量：*Policy_Sum* 表示 ln（1+样本企业当年接受的人才补贴金额），如果没有受到人才补贴则为 0；*Policy_Dum* 表示样本企业当年是否受到人才补贴，接受补贴为 1，否则为 0。

3.控制变量

参考杜勇和眭鑫（2021）、张沁琳和沈洪涛（2020），本文控制了与企业财务特征、企业性质相关的变量，具体变量的定义如表1所示。

表1　　　　　　　　　　　　　变量定义

变量类型	变量名称	变量符号	变量说明
被解释变量	企业金融化	Fin	根据前文公式计算得到 Fin
解释变量	人才补助	Policy_Sum Policy_Dum	公司当年受到人才补贴政策的总金额取对数，否则为0 公司当年受到人才补贴政策赋值为1，否则为0
控制变量	资产净利润率	ROA	净利润/总资产平均余额
	公司规模	Size	年总资产的自然对数
	资产负债率	Lev	年末总负债/年末总资产
	是否是国有企业	SOE	国有控股企业取值为1，其他为0
	第一大股东持股比例	TOP1	第一大股东持股数量/总股数
	上市年限	ListAge	Ln（当年年份－上市年份+1）
	股权制衡度	Balance	第二到第五位大股东持股比例和/第一大股东持股比例
	机构投资者持股比例	INST	机构投资者持股总数/流通股本
	管理层持股比例	Mshare	管理层持股数据/总股本
	托宾Q值A	TobinQA	（流通股市值+非流通股股份数×每股净资产+负债账面值）/总资产

（三）变量描述性统计

表2为本文主要变量的描述性统计结果。结果显示，企业金融化 Fin 均值为7.4300，标准差为10.4848，说明样本公司的金融化水平存在较大的差异。人才补贴政策变量 Policy_Sum 的均值和标准差为2.0407和4.6003。全部样本中，企业金融化 Fin 的均值7.4300超过中位数3.3328，这表明部分样本企业配置了较多金融资产。

表2　　　　　　　　　　　　　描述性统计

变量符号	观测值	平均值	标准差	最小值	中位数	最大值
Fin	31 698	7.4300	10.4848	0.0000	3.3328	55.2925
Policy_Sum	31 698	2.0407	4.6003	0.0000	0.0000	14.7026
Policy_Dum	31 698	0.1716	0.3771	0.0000	0.0000	1.0000
ROA	31 698	0.0386	0.0637	−0.3397	0.0388	0.2144
Size	31 698	9.7109	2.4810	1.9508	2.7509	1.9111
Lev	31 698	0.4262	0.2077	0.0509	0.4202	1.0340
SOE	31 698	0.3953	0.4889	0.0000	0.0000	1.0000
TOP1	31 698	35.0002	14.9024	8.7600	33.0000	75.2600
ListAge	31 698	2.0075	0.9035	0.0000	2.1972	3.2958
Balance	31 698	0.7127	0.6057	0.0250	0.5445	2.7705
INST	31 698	46.7518	25.3159	0.3961	48.6445	98.1908
Mshare	31 698	12.7140	19.7401	0.0000	0.1812	70.6143
TobinQA	31 698	2.0131	1.3062	0.8686	1.6017	9.6141

资料来源：统计结果来自作者计算。

四、实证结果

（一）基准回归结果

本文主要研究人才补贴政策是否可以促进企业"脱虚向实"，从人才补贴支持对应的补助金额 *Policy_Sum* 以及企业是否接受人才补贴政策补助 *Policy_Dum* 两个角度进行回归。表3报告了人才补贴政策对企业金融化的影响结果。

表3第（1）列显示，在控制年份和个体固定效应情形下，核心解释变量 *Policy_Sum* 在10%的统计水平上负显著。这表明政府发布的人才补贴政策对企业金融化起到抑制作用。列（2）为加入控制变量、年份和行业固定效应的回归结果。列（3）和列（4）分别为变量 *Policy_Dum* 加入控制变量、年份、个体和行业固定效应后的回归结果。其中，列（3）人才补贴

的系数在10%水平上显著为负，说明人才补贴政策具有促进企业"脱虚向实"的作用。表3第（5）~（7）列为分位数回归结果。基准回归结果显示，平均意义上人才补贴政策有效抑制了企业金融资产配置，而分位数回归结果显示，随着企业金融资产配置规模的增大，人才补贴政策对企业金融化的作用存在明显的逆转效应。当企业金融化程度逐渐由25%上升至50%分位点时，人才补贴显著为负，其系数由正变为负且绝对值逐渐增加；企业金融化程度处于75%分位点水平时，人才补贴的系数亦是显著为负且逐渐增高，表现为不断增强的抑制效应。上述结果充分支撑了本文假设：随着企业金融化程度的增加，人才补贴的抑制作用逐渐增强，表明人才补贴对金融化程度高的企业抑制作用效果更显著。

表3 基准回归结果

变量	（1） Fin	（2） Fin	（3） Fin	（4） Fin	（5） QR_25%	（6） QR_50%	（7） QR_75%
Policy_Sum	−0.0185*	−0.1012***			0.0042	−0.0144*	−0.1109***
	(−1.72)	(−9.13)			(1.02)	(−1.71)	(−6.44)
Policy_Dum			−0.2256*	−1.2558***			
			(−1.72)	(−9.18)			
ROA	−4.5941***	0.1752	−4.5972***	0.1400	1.2592***	2.3796**	1.0412
	(−3.77)	(0.15)	(−3.77)	(0.12)	(3.77)	(2.28)	(0.41)
Size	4.5312	1.6411***	4.5312	1.6311***	1.7311***	1.8611**	1.3511
	(0.75)	(8.18)	(0.75)	(8.14)	(4.21)	(2.57)	(0.83)
Lev	−7.0907***	−10.0734***	−7.0921***	−10.0797***	−0.6296***	−3.3951**	−9.5517***
	(−9.07)	(−27.33)	(−9.07)	(−27.35)	(−3.28)	(−6.08)	(−9.10)
SOE	−0.2436	−0.2813*	−0.2438	−0.2803*	−0.0437	−0.1918	−0.5389
	(−0.43)	(−1.84)	(−0.43)	(−1.83)	(−0.27)	(−0.51)	(−0.47)
TOP1	0.0125	0.0174**	0.0125	0.0177**	−0.0103**	−0.0020	0.0369
	(0.71)	(2.32)	(0.71)	(2.35)	(−2.35)	(−0.16)	(1.50)
ListAge	3.1487***	2.7940***	3.1483***	2.7909***	0.4724***	1.6539***	3.6001***
	(15.13)	(33.24)	(15.13)	(33.22)	(8.92)	(14.13)	(17.52)

变量	(1)	(2)	(3)	(4)	(5)	(6)	(7)
	Fin	Fin	Fin	Fin	QR_25%	QR_50%	QR_75%
Balance	−0.3053	0.2479	−0.3059	0.2509	−0.1207	0.0625	0.8374
	(−0.97)	(1.56)	(−0.97)	(1.58)	(−1.32)	(0.26)	(1.41)
INST	−0.0356***	−0.0315***	−0.036***	−0.0316***	−0.0031*	−0.0169**	−0.0449***
	(−5.16)	(−7.72)	(−5.16)	(−7.74)	(−1.75)	(−4.02)	(−4.26)
Mshare	−0.0296***	−0.0425***	−0.0296***	−0.0425***	−0.0039*	−0.0135**	−0.0355***
	(−3.09)	(−8.59)	(−3.09)	(−8.60)	(−1.72)	(−2.98)	(−3.15)
TobinQA	0.2016***	0.0095	0.2019***	0.098	−0.0473*	−0.0449	0.4292***
	(2.70)	(0.16)	(2.70)	(0.17)	(−1.86)	(−0.72)	(3.27)
Year	Yes	Yes	Yes	Yes	Yes	Yes	Yes
Industry	No	Yes	No	Yes	Yes	Yes	Yes
Id	Yes	No	Yes	No	Yes	Yes	Yes
Province	Yes	Yes	Yes	Yes	Yes	Yes	Yes
N	31 698	32 094	31 698	32 094	32 094	32 094	32 094
Adj.R²	0.6564	0.0732	0.6564	0.0732			

注：（1）括号中为t值，采用企业聚类标准误。（2）***、**和*分别表示在1%、5%和10%水平下显著，以下各表同。

资料来源：回归结果来自作者计算。

（二）实体企业的"脱虚"动机与"向实"发展

1. 人才补贴能否抑制企业"过度金融化"?

企业"脱实向虚"的现象，是企业基于自身利益考量所作出的理性选择，其是否带来负面影响，关键在于此行为是否演变成"过度金融化"。因此，本文更为关键的研究议题在于探讨人才补贴措施能否有效阻止"过度金融化"的趋势。为此，本文运用三种方法构建了"过度金融化"的衡量指标，并以此作为被解释变量进行了检验。一是参考徐朝辉和王满四（2023）对企业过度金融化的刻画方式，用实体上市公司金融化水平减去同年度、同行业企业金融化平均水平的差作为过度金融化程度的测度，记为 *Overfin1*，其值越大表明实体企业过度金融化程度越高。$Overfin1$ 大于 0 表示该实体企业存在过度金融化，否则表示不存在过度金融化。二是借鉴于连超等（2022）和张世兴等（2024），构建模型（2）对各个非金融类上市企业的金融化程度进行拟合，并求出实际金融化与测算金融化程度之间的差距，当实际金融化程度大于测算金融化程度时为过度金融化。设置变量 $Overfin2$，当残差为正时取残差值，残差小于 0 则赋值为 0。三是设置虚拟变量 $Overfin3$，模型（2）残差大于 0 时取值为 1；否则为 0。

$$Fin_{i,t} = \beta_0 + \beta_1 ROA_{i,t-1} + \beta_2 Size_{i,t-1} + \beta_3 Lev_{i,t-1} + \beta_4 SOE_{i,t-1} +$$
$$\beta_5 TOP1_{i,t-1} + \beta_6 ListAge_{i,t-1} + \beta_7 Balance_{i,t-1} + \beta_8 INST_{i,t-1} + \quad (2)$$
$$\beta_9 Fin_{i,t-1} + Ind + Year + \varepsilon_{i,t}$$

表 4 为过度金融化的回归结果，第一种刻画方式中 $Policy\_Sum$ 和 $Policy\_Dum$ 的回归系数在 10% 的水平上显著为负；第二种和第三种刻画方式中均在 1% 的水平上负显著。由此可见，人才补贴政策显著抑制了实体企业过度金融化。

表4　　　　　　　　　　　　　　企业是否过度金融化

变量	(1)	(2)	(3)	(4)	(5)	(6)
	$Overfin1$	$Overfin1$	$Overfin2$	$Overfin2$	$Overfin3$	$Overfin3$
$Policy\_Sum$	−0.0017* (−3.18)		−0.0863*** (−10.01)		−0.0033*** (−5.87)	
$Policy\_Dum$		−0.0124* (−1.79)		−1.2501*** (−12.15)		−0.0553*** (−8.21)
$Controls$	Yes	Yes	Yes	Yes	Yes	Yes
$year$	Yes	Yes	Yes	Yes	Yes	Yes
$Industry$	Yes	Yes	Yes	Yes	Yes	Yes
N	32 094	32 094	32 094	32 094	32 094	32 094
R^2	0.0440	0.0438	0.0205	0.0215	0.0017	0.0027

资料来源：回归结果来自作者计算。

2. 人才补贴政策影响实体企业金融化的动机：逐利性动机还是预防性动机？

现有文献已经证实影响企业"脱实向虚"的两大动机是逐利性动机和预

防性动机（胡奕明等，2017），而这两个动机产生的后果存在很大差异，如果企业配置金融资产是以预防和储备为目的的"蓄水池"动机，则不会对实体经济产生挤出效应。反之，追逐金融利润的"投资替代"动机就会产生挤出效应。前文基准分析虽然证实了人才补贴政策能够显著抑制企业金融化，但是人才补贴政策影响实体企业是以何种动机抑制了企业金融化并不明确，厘清企业究竟是出于逐利性动机还是出于预防性动机而产生的挤出效应能更明晰人才补贴政策影响实体企业金融化的作用机制。

　　一方面，在实体企业中，代理问题导致企业更加注重短期利润而忽视实业发展，从而使其出于逐利性动机过度金融化（Demir，2009；Duchin et al.，2017）。本文衡量企业的代理成本采用管理费用率（MER）=管理费用/营业收入，资产周转率（AT）=营业收入/期末总资产，以此衡量企业"脱实向虚"的逐利性动机（王蕾等，2024）。若管理费用率 MER 和资产周转率 AT 分别大于行业年度中位数，则取值为1，否则为0。结果如表5列（1）～（2）所示，人才补贴政策的实施显著减少了代理成本较高企业的金融资产配置，这表明政策的实施对实体企业"脱实向虚"的逐利性动机产生了显著的挤出效应。另一方面，实体企业出于预防性动机采取"脱实向虚"的行为很大原因是其面临融资约束问题，借鉴王蕾等（2024）、盛明泉等（2022），企业"脱实向虚"的预防性动机采用融资约束程度 KZ 指数和 SA 指数表示。其中，根据实体企业的经营性净现金流、资产负债率以及托宾 Q 值等财务指标构建 KZ 指数；SA 指数=$-0.737 \times Size + 0.043 \times Size^2 - 0.04 \times Age$。若融资约束 KZ 指数和 SA 指数大于行业年度中位数，则取值为1，否则为0。表5中列（3）～（4）显示，$Policy\_Sum \times KZ$ 和 $Policy\_Sum \times SA$ 均在1%的水平上显著为负，说明人才补贴政策的实施对实体企业"脱实向虚"的预防性动机也产生了挤出效应。综上所述，人才补贴政策的实施会显著抑制实体企业出于逐利性动机和预防性动机而配置的金融资产。

表5 　　　　　　　　　　实体企业"脱虚"动机与"向实"效应分析

变量	(1)	(2)	(3)	(4)	(5)	(6)
	Fin	*Fin*	*Fin*	*Fin*	*Perform*	*TFP_OLS*
*Policy_Sum*MER*	−0.1391*** (−8.21)					
*Policy_Sum*AT*		−0.1431*** (−7.93)				
*Policy_Sum*KZ*			−0.1033*** (−7.41)			

续表

变量	(1)	(2)	(3)	(4)	(5)	(6)
	Fin	Fin	Fin	Fin	Perform	TFP_OLS
Policy_Sum*SA				−0.1021***		
				(−6.26)		
Policy_Sum*Fin					0.0007***	0.0008***
					(2.23)	(9.19)
Controls	Yes	Yes	Yes	Yes	Yes	Yes
Year	Yes	Yes	Yes	Yes	Yes	Yes
Industry	Yes	Yes	Yes	Yes	Yes	Yes
N	32 094	32 094	32 092	32 093	31 493	27 723
R^2	0.0811	0.0865	0.0755	0.0741	0.0998	0.8400

资料来源：表中结果来自作者计算。

3.人才补贴政策抑制实体企业"脱虚"后是否促进了"向实"?

人才补贴政策能否使得实体企业减少金融化活动"脱虚"后进一步"向实"专注主业发展，这对企业能否真正回归实业本源和树立核心竞争力具有重要意义。本文从企业主营业务能力和主营业务生产效率两个方面考察人才补贴政策对企业"向实"的作用。

第一，实体企业的主营业务能力。本文以企业主营业务收益率衡量企业主营业务能力，参考张成思和张步昙（2016）的研究，企业主营业务收益率＝（营业收入−营业成本−营业税金及附加−销售费用−管理费用−财务费用−资产减值损失）/经营资产。表5中列（5）显示，Policy_Sum×Fin 与企业主营业务能力在1%的水平上显著正相关，说明人才补贴政策能够提升金融化程度较高企业的主营业务收益率，激励企业全身心投入实业，集中精力发展实体经济。第二，实体企业的经营业务生产效率。企业经营业务全要素生产率是衡量经营业务生产效率的关键指标（戚聿东、张任之，2018），借鉴张沁琳等（2020）使用 OLS 方法对上市公司的经营业务全要素生产率进行估计①，表5中列（6）显示，Policy_Sum×Fin 与企业全要素生产率在1%的水平上显著正相关，说明人才补贴政策有助于推动金融资产配置比例较高的企业提高主业生产效率。这表明，人才补贴政策能够促使企业回归本源心无旁

---

① 关于全要素生产率的测量方法有 OP、LP、OLS、FE、DEA 等，具体见鲁晓东和连玉君（2012）。

骛做实业,引导实体企业先"脱虚"后"向实"。

(三)稳健性检验

1.工具变量检验

基准回归结果可能存在互为因果的内生性问题,即人才补贴政策对企业金融化的抑制作用可能不是因为人才补贴政策的实施对企业金融资产配置具有治理效应,而是因为人才补贴政策的实施本身的信号效应有助于其寻找那些金融化水平较低的上市公司,因而可能出现"低金融化的上市公司吸引了人才补贴政策的实施倾向,而不是人才补贴政策抑制了企业金融化"。为排除这种可能性,参考宋科等(2022),选择以本年度除企业本身外的"年份—行业人才补贴年度均值"(IV_S)作为人才补贴的工具变量,使用两阶段最小二乘法(2SLS)进行实证分析。同一行业其他企业获得的人才补贴均值与企业获得的人才补贴高度相关,但对企业人才补贴不构成直接影响,满足工具变量的相关性和外生性。工具变量回归中第一阶段的F值检验表明满足相关性条件,不可识别检验的 Anderson LM 统计量均在1% 显著性水平下拒绝"工具变量识别不足"的原假设;弱工具变量检验的 Cragg-Donald Wald F 统计量的值全部大于经验10,且都大于弱识别检验 *Stock-Yogo*10% 的阈值16.38,通过弱工具识别检验,表明工具变量合理可靠。表6回归结果显示,第一阶段 IV_S 显著为正,说明"年份—行业人才补贴均值"会影响企业人才补贴政策情况。第二阶段,人才补贴政策的实施对企业金融化的影响系数在1% 的水平上负显著,这表明在排除因果倒置导致的内生性问题后,基准回归结论依然成立。

2.Heckman 两阶段检验

人才补贴政策的出台可能使结果存在样本选择偏误。基于此,本文使用 Heckman 两阶段回归处理该问题,首先,取虚拟变量企业是否受到人才补贴,若接受补贴,取值为1;反之则取值为0。其次,根据工具变量"年份—行业人才补贴年度均值"(IV_S)估计出逆米尔斯比率。Heckman 一阶段结果说明工具变量 IV_S 对 $Policy\_Sum$ 产生了显著影响,存在相关性;Heckman 二阶段回归结果如表6列(6)所示,加入逆米尔斯比率(IMR)后 $Policy\_Sum$ 的回归系数显著为负,表明在控制样本选择问题后研究结论具有较强的稳健性,与基准结论相同。

3.DID 双重差分和平行趋势检验

在进行 DID 回归前,采用面板事件研究法对平行趋势假设进行了验证。作为国家级重大人才工程,国家高层次人才特殊支持计划(又称"万人计划")

表6 工具变量法和Heckman检验

变量	人才补贴数额		是否接受人才补贴		Heckman检验	
	(1)	(2)	(3)	(4)	(5)	(6)
	第一阶段	第二阶段	第一阶段	第二阶段		
	Policy_Sum	Policy_Sum	Policy_Dum	Policy_Dum	Policy_Sum	Fin
工具变量 IV_S	0.2806*** (8.66)		0.0180*** (6.76)		0.2151*** (32.63)	
Policy_Sum		−0.8114*** (−3.97)		−12.6397*** (−3.75)		−5.3363*** (−6.48)
Controls	Yes	Yes	Yes	Yes	Yes	Yes
Industry	Yes	Yes	Yes	Yes	Yes	Yes
Id	Yes	Yes	Yes	Yes	Yes	Yes
N	32 017	32 017	32 017	32 017	32 017	32 017
Adj.R^2	0.0452		0.032		0.0590	
F统计量	74.96***		35.85***			
Anderson LM		1 440.1360***		1 038.5435***		
Cragg−Donald Wald F		1 507.4000		1 072.9573		−

注：弱识别检验 Cragg−Donald Wald F 的检验结果大于 Stock−Yogo 弱识别检验的阈值则检验通过。

资料来源：检验结果来自作者计算。

在2012年9月正式启动实施。为避免多重共线性问题,将政策出台前一年(2011年)作为基期,借鉴 Krieger and Zipper(2022)对实验组和对照组的分类思路,用 *Before1*、*Before2*、*Before3* 表示政策出台前1年、2年、3年,*After1*、*After2*、*After3* 表示政策出台后1年、2年、3年。参考谭伟杰等(2024)和李娟(2022)的研究方法,具体设定如下双重差分模型(3):

$$Fin_{i,t} = \beta_0 + \beta_1 DID_{i,t} + \beta_2 Control_{i,t} + Year_t + Ind_i + \varepsilon_{i,t} \qquad (3)$$

其中,*DID* 表示人才补贴政策实施这一事件,为政策虚拟变量;t_0 表示企业 i 接受人才补贴政策的第一年,即政策实施当年;研究样本的时间跨度涉及政策实施前后6年,由图3可知,在政策实施前,β_1 的系数估计值并未显著异于零,说明在各城市人才补贴政策出台之前,处理组与对照组样本的企业金融化水平并不存在显著差异。而在政策实施后,β_1 的系数估计值显著异于零且小于零。样本满足平行趋势假设。双重差分回归结果如表7列(1)所示,人才补贴政策对企业金融化水平在1%的水平上仍显著负相关,结论稳健。

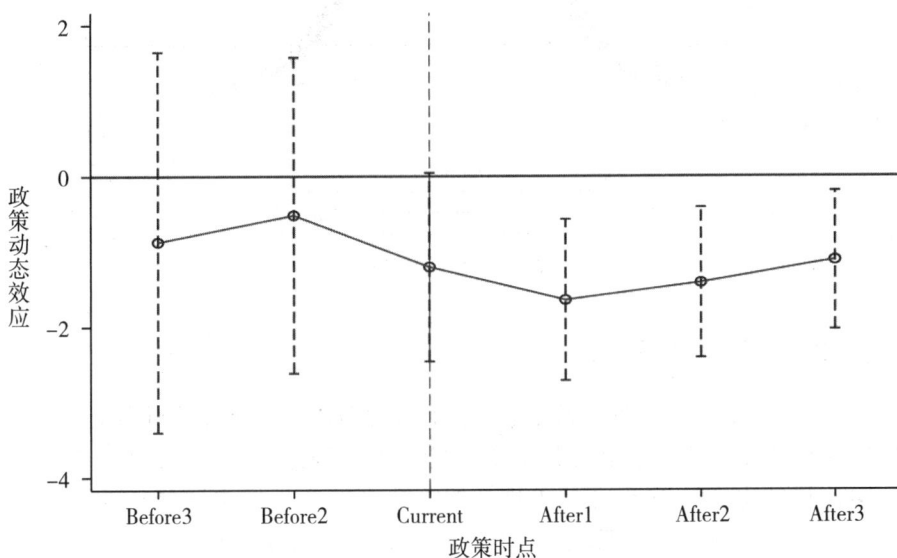

图3　平行趋势检验

注:中心纵向虚线和横向实线分别代表参照的基准年份和0值。其余虚线为每年交乘项95%置信区间。

4.安慰剂检验

由于企业金融化水平的变动可能受到随机因素或其他政策的影响,为了证明基准回归结果并非偶然因素导致,采用随机生成实验组的安慰剂检验以评估研究结果的稳健性。对交互项随机抽取 500 次，并绘制出人才补贴政策的估计系数和 P 值的分布情况，查看系数是否与基准估计结果存在显著差异，结果如图 4 所示，整体上随机抽样系数在零的附近分布且近似服从正态分布，达到安慰剂检验的假设预期。因此，排除了本文的基准结果是由于某些随机因素诱发的，其他变量不会显著威胁本文因果关系的成立。

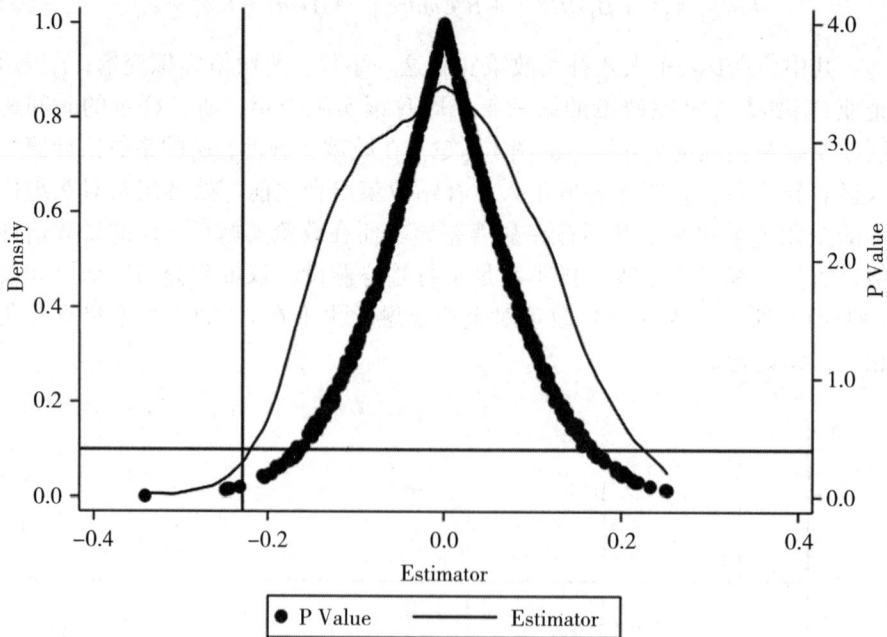

图 4　安慰剂检验

5.PSM 倾向匹配得分法

由于人才补贴政策的受益企业是少数经过政府严格选择的目标企业，所以这些企业在人才吸引和任用方面可能具有"筛选效应"。因此，企业的金融化可能也会影响政府人才政策的筛选倾向产生样本选择偏误，基于此，本文采用倾向得分匹配（PSM）的一对一的最近邻匹配法探究可能因样本选择带来的内生性问题，缓解自选择问题给本文结论带来的干扰，将样本分为处理组（获得政府人才政策补贴的企业）与控制组（未获得过政府人才政策补贴的企业），以企业金融化水平为因变量，将两组进行 1∶1 最近邻无放回地匹配，一共获得 10 974 个样本。实证结果见表 7 列（2），*Policy_Sum* 的系数在 5% 水平上负显著，表明了受到人才补贴政策越多的公司，其抑制金融化水平越强。在缓解内生性后，本文的结论依然成立，即人才补贴政策能够降低企业金融化水平。

6.替代指标刻画

鉴于本文采用变量测算方法的单一性可能产生偶然性和一定的误差,因此对被解释变量的衡量方法进行替换。回归结果如表7所示。企业金融化存在着很多测量方式,本文采用替代性测量 *Fin1*=(交易性金融资产+可供出售金融资产净额+持有至到期投资净额+发放贷款及垫款净额+衍生金融资产+长期股权投资+投资性房地产净额+货币资金)/资产总额。结果如表7列(3)显示,人才补贴政策对企业金融化的抑制作用在1%的水平上负显著。更换变量衡量方法后,基准结论稳健。

表7   DID、PSM与替代指标刻画

变量	（1）	（2）	（3）
	Fin	*Fin*	*Fin1*
Policy_Sum		−0.0324**	−0.0476***
		（−2.25）	（−2.85）
DID	−0.4284***		
	（−3.16）		
Controls	Yes	Yes	Yes
Year	Yes	Yes	Yes
Industry	Yes	Yes	Yes
id	Yes	Yes	Yes
N	31 698	10 974	31 698
R^2	0.6944	0.1637	0.6373
Adj.R^2	0.6566	0.1644	0.5924

资料来源:表中结果来自作者计算。

7.人才补贴政策效应的持续性分析

本文进一步考虑到处于不同时间维度下的人才补贴政策对企业金融化可

能存在的影响，以此识别人才补贴政策对企业金融化的长期效应。其具体做法为，将人才补贴政策分别滞后一至三期探讨其对企业金融资产配置的影响。结果如表8所示，在人才补贴政策滞后一至三期的条件下，人才补贴政策对企业金融化的抑制作用仍有效果。可见，人才补贴政策对企业金融化的影响具有长效性，能够持续地抑制企业金融化。以下检验探讨了人才补贴政策是否会对未来企业"脱实向虚"产生抑制作用。结果如表8所示，自变量系数在t+1期、t+2期、t+3期均显著为负，说明人才补贴政策能够有效减少企业在未来三期的金融资产配置。这一发现表明，人才补贴政策对实体企业金融化的影响具有可持续性。

表8 滞后解释与被解释变量

变量	（1）	（2）	（3）	（4）	（5）	（6）
	Fin	*Fin*	*Fin*	*F.Fin*	*F2.Fin*	*F3.Fin*
Policy_Sum				−0.0847***	−0.0795***	−0.0766***
				(−4.27)	(−3.73)	(−3.30)
L.Policy_Sum	−0.0782***					
	(−3.98)					
L2.Policy_Sum		−0.0706***				
		(−3.36)				
L3.Policy_Sum			−0.0680***			
			(−2.99)			
Controls	Yes	Yes	Yes	Yes	Yes	Yes
Year	Yes	Yes	Yes	Yes	Yes	Yes
Id	Yes	Yes	Yes	Yes	Yes	Yes
N	28 891	25 681	22 674	28 491	25 226	22 100
R^2	0.0733	0.0716	0.0710	0.0690	0.0637	0.059

资料来源：表中结果来自作者计算。

五、机制检验与异质性分析

（一）机制检验

如前文所述，人才补贴政策能够抑制对实体企业的逐利性动机和预防性动机，因此，削弱这两种动机的提升产品竞争力、获得信用支持与稳定未来预期是影响企业金融化的作用机制。本部分检验这三个机制是否成立。

1.产品市场竞争地位提升效应

人才资源是促进企业发展进步的核心动力，拥有人才优势也意味着企业具有一定的核心竞争力。首先，人才补贴政策的信号效应有助于推动企业高端人才资源的集聚，参考刘春林和田玲（2021）、盛明泉等（2022）的做法，以高管团队中拥有硕士及以上学位的人数衡量企业人才集聚效应（*Master TMT*）。表9第（1）列 *Policy_Sum* 的回归系数在1%水平上正显著，说明人才补贴政策的信号效应可以吸引人才聚集，进而提升企业研发竞争力，采用企业研发人员数量（*RD*）和企业员工硕士及以上学位的人数（*Master HR*）来衡量研发能力，回归结果如表9中第（2）、（3）列所示，人才补贴政策的估计系数在1%和10%的水平上显著为正，明显改善了企业研发能力，这为产品质量及其市场竞争力的提升提供支撑，依靠实业就能获取高收益，其逐利动机会有所降低（张军等，2021）。人才补贴政策通过提升企业的创新研发能力进而对企业金融化产生负向溢出效应，从而帮助企业"脱虚向实"回归实业本源，减少企业进行金融资产配置。其次，从产品优势方面来看，采用产品市场竞争力（*PMC*）和主营业务贡献率（*Cr*）两个指标来衡量。构造变量企业主营业务占行业所有主营业务的比重来代表企业产品市场竞争力，即产品市场竞争力=主营业务收入/同一行业大类中所有企业主营业务收入之和；主营业务贡献率=（主营营业收入−主营营业成本）/利润总额，主营业务贡献率指标高，说明企业盈利主要来源于主营业务，有效提高企业的产品附加值。据表9列（2）和列（3）可知，人才补贴政策的实施促进了产品市场竞争力的提高，人才补贴越多，越能够改善企业产品的市场地位，凸显其竞争优势，提升企业自身的未来发展潜力，使得企业在实体赛道上就能赢得较高收益，降低企业金融化水平。最后，从企业的竞争力方面来看，采用赫芬达尔指数─赫希曼指数（*HHI*）和勒纳指数（*Rpcm*）来衡量其行业集中度，其中，*HHI* 采用为各行业中企业披露的营业收入与行业营业收入的比值再平方累加计算，*Rpcm* 采用行业中每个企业的营业收入与其所在行业的营业收入的比值，再进行加权得到。表9列（4）和列（5）表明人才补贴政策的实施显著增强了相应企业的行业垄断程度，其行业集中度不断上升，能够有效提升企业核心竞争力实现高质量发展，促使企业心无旁骛做实业。

表9 产品竞争力和研发水平分析

变量	(1) Master TMT	(2) RD	(3) Master HR	(4) PMC	(5) Cr	(6) HHI	(7) Rpcm
Policy_Sum	0.0153***	0.0189***	0.7271*	0.0002***	0.0017*	0.0002**	0.0009**
	(5.86)	(13.48)	(1.67)	(2.78)	(1.69)	(2.45)	(2.03)
Controls	Yes	Yes	Yes	Yes	Yes	Yes	Yes
Year	Yes	Yes	Yes	Yes	Yes	Yes	Yes
Industry	Yes	Yes	Yes	Yes	Yes	Yes	Yes
N	22 797	17 282	20 391	31 442	29 954	31 692	31 045
R^2	0.1474	0.4512	0.5702	0.5117	0.0761	0.8429	0.7725
$Adj.R^2$	0.1434	0.4479	0.5679	0.5100	0.0728	0.8424	0.7717

资料来源：表中结果来自作者计算。

2.信用支持获得效应

本文认为，实施人才补贴政策能够有效提升企业获得商业信用及银行信用的支持力度。一方面，人才补贴政策构建的政企关系有助于企业塑造良好的声誉优势，从而使其获得更多的信用支持缓解融资约束。另一方面，人才优势作为企业核心竞争力的关键要素，能够向供应商传递出公司实力强大的信号。获得人才政策补贴企业的公信力显著高于普通企业。人才补贴对企业金融化的抑制效果可能因企业信用水平而异。借鉴管考磊和张蕊（2019），本文通过构建声誉评价体系的方法衡量企业信用水平（REP），采用因子分析方法计算出企业声誉得分。按照企业声誉均值进行分样本分析：企业声誉高于均值为信用水平高的企业，否则为信用水平低的企业，表10第（1）~（2）列列示了企业信用水平的分组分析结果均显著为负，组间系数差异检验显示两组系数有显著差异且信用水平较差企业的系数较大，说明人才补贴政策对信用水平差企业的金融化抑制程度更强。可能原因在于，在实施人才补贴政策之前，信用水平较差企业在融资方面面临较大困境，而人才补贴政策的实施可以向外界投资者传递这些企业是具备实力和发展潜力的积极信号，能够提高企业在商业和银行领域的信用评级，使其更容易筹集资金开展生产活动，增强了企业投资实体的信心，能够有效缓解"蓄水池效应"，从而减少企业持有金融资产。

由于信用水平的提升，人才补贴政策可以通过商业信用和银行信用的支持效应缓解企业融资约束进而影响企业金融化。企业获得的商业信用支持 *Bus Credit* 采用其当年应付账款与总资产的比值来衡量（刘行等，2017；Ge and Qiu，2007）；银行信用支持 *Bank Credit* 采用企业向银行的信用借款衡量；融资约束采用了盛明泉等（2022）的方法，融资约束 *FC* 越大，表示企业的融资约束问题越严重，反之 *FC* 越小表明其融资约束越少。表10中列（3）和列（4）表明人才补贴政策对商业信用和银行信贷支持的回归系数分别在10%和1%的水平上正显著，这说明人才补贴政策对提升企业的商业信用和银行信用产生了积极影响；从列（5）可以看出，人才补贴政策的估计系数在1%水平上负显著。综上所述，获得人才补贴政策的企业会传递积极信号，这些积极信号有助于交易伙伴提升对企业项目前景的认可和降低对企业违约风险的担忧，从而显著提高了企业的商业信用和银行信用可得性，有效缓解了企业融资约束，削弱了实体企业的预防性动机。

表10 信用水平和未来预期分析

变量	（1）	（2）	（3）	（4）	（5）	（6）	（7）
	REPH	*REPL*	*BusCredit*	*BankCredit*	*FC 指数*	*Tone*	*Pos*
Policy_Sum	−0.0396***	−0.1062***	0.0192*	0.0105***	−0.0013***	0.0065***	0.0011***
	(−2.90)	(−4.72)	(1.71)	(3.72)	(−5.86)	(7.88)	(4.07)
Controls	Yes	Yes	Yes	Yes	Yes	Yes	Yes
Year	Yes	Yes	Yes	Yes	Yes	Yes	Yes
Industry	Yes	Yes	Yes	Yes	Yes	Yes	Yes
N	16 192	15 616	32 047	18 255	31 083	24 800	31 425
R^2	0.0631	0.0954	0.3742	0.4355	0.5866	0.1472	0.0822
Adj.R^2			0.3721	0.4323	0.5852	0.1436	0.0791
经验P值	−0.067***						

资料来源：表中结果来自作者计算。

3.未来不确定性降低效应

企业未来预期从企业自身的不确定性感知和投资者对企业预期两个角度进行分析。在面临不确定性时，企业通常会调整其投资策略，增加金融投资并减少实体投资，这样当外部环境有所改善时，金融资产能够迅速转化为流动资金或获得更高的收益（盛明泉等，2022）。参照曾庆生等（2018）对企业不确定性感知的衡量，基于 *LM* 词典计算年报文本中的积极词汇数计算得到企业不确定性感知 *Tone=LM* 词典积极词汇数/年报词汇数×100，其中 *Tone*

数值与企业对未来的预期乐观程度成正比,预期乐观程度越高则企业不确定性感知越弱。由表10列(6)结果可知,人才补贴政策能够有效提升乐观预期并降低企业的不确定性感知程度,削弱了预防性动机,促使企业"脱虚向实"回归本源。投资者对目标企业的估值和对其未来盈利能力的评估很大程度上取决于媒体报道的内容,因此,媒体语气采用媒体报道中对相关企业的正面词汇占总词汇的比例来衡量(汪昌云、武佳薇,2015)。正面媒体语气指数度量为Pos=文章正面词汇总数/文章总词汇数×100%。结果如表10列(7)所示,人才补贴政策对企业的报道有显著的正向作用,这种积极信号可以在一定程度上降低外部投资者对企业未来预期不确定性的担忧,防止了投资者的短视行为导致企业注重短期利益配置较多金融资产。

(二)异质性分析

1.基于地区差异的异质性分析

人才补贴政策对于企业金融化的影响可能因地区的差异而不同。因此本文从人才供给、制度环境和发展能力三个角度刻画地区之间的差异进行分析。

第一,从地区人才供给层面来看,分样本研究根据样本企业所在省份211高校数量高于均值来划分"多",否则为"少"。结果如表11列(1)和列(2)所示,组间系数差异检验显示分组存在差异,人才补贴政策对拥有211高校较多省份的企业金融化作用更强,可能是人才资源充足的地区能够利用人才资源优势更好地发挥人才集聚效应,通过机制灵活、高薪等条件吸引和留住人才,有利于获取更多创新资源、信用资源,进而有效降低企业金融化动机,促使企业专心于实业发展;相反,在人才供给匮乏的区域中,人才供应条件的不足加大了人才汇集的难度,人才资源倾向于向供给充足的区域汇集形成"马太效应",高端人才资源供给不足区域的人才引进愈加艰难。

表11　　　　　　　　　　地方层面的异质性检验

变量	人才供给		制度环境		城市级别	
	(1) School_211多	(2) School_211少	(3) 低市场化	(4) 高市场化	(5) 外围城市	(6) 中心城市
Policy_Sum	−0.1260*** (−5.25)	−0.0857*** (−5.98)	−0.0667*** (−4.07)	−0.115*** (−6.10)	−0.0808*** (−3.97)	−0.1071*** (−6.70)
经验P值	−0.0400**		0.0490**		0.0490**	
Controls	Yes	Yes	Yes	Yes	Yes	Yes

变量	人才供给		制度环境		城市级别	
	(1)	(2)	(3)	(4)	(5)	(6)
	*School_211*多	*School_211*少	低市场化	高市场化	外围城市	中心城市
Year/Industry	Yes	Yes	Yes	Yes	Yes	Yes
N	11 108	20 986	15 846	15 378	13 540	18 554
R^2	0.0787	0.0725	0.0707	0.0843	0.0643	0.0817

注：①经验P值用于检验组间人才补贴政策 *Policy_Sum* 系数差异的显著性，通过 *Bootstrap* 自抽样1 000次得到。

资料来源：表中结果来自作者计算。

第二，从地区制度环境层面来看，各地区的市场化改革进程不一，而政策实施效果可能会因不同地区的发展程度及其制度环境而异。基于此，参考刘春林和田玲（2021）、盛明泉等（2022）采用市场化指数来衡量地区制度环境，根据均值将其划分为高市场化水平与低市场化水平。表11列（3）和列（4）显示了制度环境的异质性分析结果，两列 *Policy_Sum* 的系数均在1%的水平上显著，进行组间差异检验的P值在5%的水平上显著且高市场化程度的影响系数更高，这表明高市场化更能够使得人才补贴政策发挥效力，有效抑制所在地区企业金融化程度。

第三，从地区发展能力层面来看，由于中心城市与外围城市之间存在市场规模、科研人才和资源设施等方面的巨大差异，这种发展势能差可能使得政府的政策效应产生不同的效果。因此，本文按照样本企业的注册地划分为两组，其中直辖市、副省级城市和省会城市划分为中心城市，其余地级市划分为外围城市进行检验。表11列（5）和列（6）的检验结果表明，人才补贴政策显著抑制了中心城市和外围城市的企业金融化程度，组间系数有差异且对中心城市的抑制作用更强。可能的原因在于，中心城市的金融产业规模更大，金融产品和服务的需求较外围城市更旺盛，出现金融风险的可能性更高，从而使人才补贴政策对企业金融化能够发挥出更有效的作用。

2.基于企业层面的异质性分析

从企业高科技化程度来看，根据《上市公司行业统计分类与代码》和统计局公布的高技术产业目录将样本企业分为高科技企业和非高科技企业两大类。表12列（1）和列（2）显示了人才补贴政策对两类企业金融化的实施效果。结果表明，人才补贴政策对非高科技企业金融化的回归在1%的水平上显著为负；对于高科技企业的影响结果并不显著。存在该异质性影响的原因可能在于，在当前日益激烈的市场竞争和经济环境下，非高科技企业面临着生存压力和挑战。实施人才补贴政策可以激励企业进行创新，使企业心无旁骛做实业。对于高技术公司而言，研发创新是其未来能够在市场中立足的极为重要的投资活动，没有足够的研发投入就可能会被市场淘汰，因此，即使未受到人才补贴政策支持，高技术行业的公司也会将大量的资金和人力投入到研发活动中，所以对该类企业金融化没有显著影响。综上所述，人才补贴政策对非高科技企业金融化具有更为显著的抑制作用。

表12	企业层面的异质性					
变量	科技化程度		成长能力		产权性质	
	（1）	（2）	（3）	（4）	（5）	（6）
	非高科技企业	高科技企业	成长差	成长好	非国有企业	国有企业
Policy_Sum	−0.1242***	−0.0087	−0.1140***	−0.0803***	−0.0634***	−0.1710***
	（−8.00）	（0.43）	（−5.89）	（−5.15）	（−4.25）	（−7.88）
经验P值	−0.115***		−0.034*		0.108***	
Controls	Yes	Yes	Yes	Yes	Yes	Yes
Year/Industry	Yes	Yes	Yes	Yes	Yes	Yes
N	23 913	8 170	16 098	15 396	17 375	14 719
R²	0.0860	0.0538	0.0909	0.0509	0.0693	0.0828

注：①经验P值用于检验组间人才补贴 Policy_Sum 系数差异的显著性，通过 Bootstrap 自抽样1 000次得到。

资料来源：表中结果来自作者计算。

从企业成长能力来看，有较为完善的组织结构并拥有一定的企业声誉优势（盛明泉等，2022），衡量方式采用企业成长性=（企业当期营业收入－前一期营业收入）/前一期营业收入，将小于均值的样本划入成长性差的组，将大于均值的样本划入成长性强的组。结果如表12列（3）和列（4）所示，Policy_Sum 的系数在1%的水平上都显著为负，组间系数差异检验表明两者有差异且对成长性较差企业的金融化抑制效果更强，这可能是由于成长性较差的企业通常需要树立良好的企业形象以获得较好的声誉进而改善未来的发展前景。

从企业产权性质来看，人才补贴政策对企业金融化的抑制效果也可能会因产权性质而异。不同所有制企业的经营目标和环境不同会对企业金融化程度产生不同影响，国有企业更加积极响应国家最新人才补贴政策，因此，本文根据企业控股股东产权属性，将样本分为国有企业和非国有企业两组，表12第（5）和第（6）列列示了相应的检验结果，组间系数差异检验显示，相比于非国有企业组，国有企业组的估计系数更大且显著为负。可能的原因在于，相对于非国有企业，国有企业承担着解决就业、维护社会稳定以及稳定国有经济基础性地位等社会责任。在当前国家政策高度重视人才发展的背景下，人才补贴政策激活了国有企业在人才就业和制度合法性等方面的优势，使其更多地承担起当前社会亟需的人才培养任务，故而人才补贴政策产生的信号效应相较非国有企业更强一些。

六、人才补贴政策与其他政策的协同性分析

本部分进一步讨论人才补贴政策与其他政策的协同是否会对企业金融化发挥作用。前文已经探讨了人才补贴政策如何促进企业发展实业，这属于从供给侧支持政策进行分析的结果。需求侧的户籍门槛政策与人才补贴政策之间是否存在互补或者替代效应？降低落户门槛是否也会间接影响企业金融化？中国城市落户门槛指数为检验提供了基础，该数据通过收集中国地级市2000年至2017年年底的全部户籍政策文件构造出中国120个城市的落户门槛指数，其指数越大则落户门槛越高。

（一）户籍门槛分组异质性

根据不同城市户籍门槛指数的均值匹配企业注册地所在城市，将样本企业划分为户籍门槛高和户籍门槛低两组，表13列（1）和列（2）的检验结果显示，两组样本的系数均显著为负，但组间系数差异检验显示，人才补贴政策对企业所在地为低户籍门槛的企业金融化抑制效果更强，可能的原因在于，落户门槛低的地区通过放宽户籍政策来吸引更多人才流入，高门槛或将带来一定的人才流失问题，由于落户门槛变化引起人才数量发生变化，人才与创新往往紧密相连，研发创新有助于企业实体产品盈利状况得到改善，从而促使企业专注于实业。表13列（3）进一步比较了人才补贴政策和户籍门槛政策的影响差异，系数差异比较$Test$检验结果表明，相较于户籍门槛政策（$HouseHold$），人才补贴政策（$Policy\_Sum$）抑制企业金融化的作用更显著。这说明促进企业发展实业主要是由人才补贴政策驱动的，进一步支持了人才补贴政策对企业金融化的治理效应。

表13   人才补贴政策和户籍门槛政策的协同性

变量	（1）	（2）	（3）	（4）	（5）	（6）
	户籍门槛			单独户籍政策	双策同时实施	双策全样本
	门槛高	门槛低	Fin	Fin	Fin	Fin
$Policy\_Sum$ $[\beta_1]$	−0.0412***	−0.166***	−0.0542***			
	(−2.94)	(−7.72)	(−4.30)			

续表

变量	(1)	(2)	(3)	(4)	(5)	(6)
	户籍门槛			单独户籍政策	双策同时实施	双策全样本
	门槛高	门槛低	Fin	Fin	Fin	Fin
$HouseHold\ [\beta_2]$			0.890			
			(0.94)			
$Policy\_Sum^*House$ Hold			-0.0501^{***}			
			(-8.10)			
$Housefirst$				0.6798^{***}		
				(3.68)		
$Sametime$					-0.3494^{**}	
					(-2.04)	
$Sametime\ all$						-1.5224^{***}
						(-10.68)
$Controls$	Yes	Yes	Yes	Yes	Yes	Yes
$Year$	Yes	Yes	Yes	Yes	Yes	Yes
$Industry$	Yes	Yes	Yes	Yes	Yes	Yes
N	14 767	17 327	32 094	23 192	16 197	32 094
R^2	0.0453	0.0810	0.0746	0.0803	0.0799	0.0746
经验P值	-0.1250^{***}					
$Tests: \beta_1 - \beta_2 = 0$			-0.1424^{***}			
$F-statistics$			122.85			

资料来源：表中结果来自作者计算。

（二）户籍门槛与人才补贴：互补还是替代

政府宏观政策可从供给侧和需求侧分为两类，在此背景下，部分企业获得两类政策叠加支持，但是两类政策叠加实施效果在企业内部特征以及外界因素的影响下并不一定是两者"合力"的结果。因此，进一步分析两类政策对企业"脱实向虚"问题产生了怎样的"合力"效果是有必要的，构建回归模型式（4）如下：

$$Fin_{i,\ t} = \beta_0 + \beta_1 Policy\_Sum_{i,\ t} + \beta_2 Policy\_Sum_{i,\ t} \times T_{i,\ t} + \beta_3 T_{i,\ t} + \beta_4 Control_{i,\ t} + Ind_i + Year_t + \varepsilon_{i,\ t} \tag{4}$$

表13第（3）列列示了供给侧人才补贴政策与需求侧户籍门槛政策的协同性回归结果。$Policy\_Sum_{i,t} \times HouseHold_{i,t}$ 的回归系数在1%的水平上负显著，这说明"双侧"政策的实施实现了加速引进人才和留住人才的"双效合一"，能实现优势互补，因此对企业金融化产生了相互抑制的协同效应。考虑到单纯使用户籍门槛指数来检验两种政策的协同效果可能存在将同一年份同时实施两种政策再次放入交互项进行回归的情况，导致不能明确户籍门槛政策的实际治理效果，本文进一步考察"单独实施落户政策"（$Housefirst$）和"人才补贴与放宽落户同时实施"（$Sametime$）的效果，构建如下模型式（5）：

$$Fin_{i,t} = \phi_0 + \phi_1 Policy_{i,t} + \phi_2 Control_{i,t} + Ind_i + Year_t + \varepsilon_{i,t} \qquad (5)$$

式（5）的$Policy$包括两种不同的政策实施组合。识别这两种策略的步骤如下：首先，筛选出样本企业最早获得供给侧人才补贴与需求侧放宽落户的年份；其次，根据获得的年份识别出同时实施的年份。考虑到"双侧"政策形成的"合力"可能存在一定的时滞，所以借鉴孙薇和叶初升（2023）的做法，从企业 i 最早获得第二类政策的下一年开始，将$policy_{i,t}$设定为1，否则为0。其对照组设为全样本"在户籍制度基础上叠加人才补贴政策"（$Sametime\ all$）。表13第（4）~（6）列结果显示，在实施户籍门槛政策的基础上叠加人才补贴政策这一"政策组合拳"能够有效抑制企业金融化，而"单独实施落户政策"并无该效果。

七、结论与政策启示

人才作为经济社会发展的第一资源和关键驱动力，是国家治理体系中需要优先关注的重点领域，经济的高质量发展受实体企业过度金融化问题所制约，但是现有产业政策和市场力量难以有效改善金融化现象，而人才作为企业最稀缺的生产要素，能够从本质上触及实体企业"脱实向虚"的逐利动机。本文利用企业受到的政府人才项目补贴，检验了人才补贴政策对企业金融化影响及机制。结果表明，人才补贴政策能够有效抑制企业金融化，人才补贴政策的实施增加了主业业绩和提升主业生产效率，有助于实体企业"向实"。从机制上看，人才补贴政策的信号作用有利于激励企业投入创新资源，树立产品竞争优势，提升企业在同行业的垄断程度；缓解融资约束及减弱企业不确定性感知，这些机制有效减弱了实体企业的逐利动机和预防动机，对出于这两大动机配置的金融资产产生了挤出效应。进一步研究发现，从人才资源集聚效应来看，人才补贴政策信号不仅可以引发企业高端人才的聚集效应，且不因地区高端人才供应能力低而减弱；从政策协同性来看，户籍门槛政策与人才补贴政策之间存在互补效应，在共同治理企业金融化的过程中需要彼此的支持与配合；异质性分析发现，当中心城市市场化程度较高，企业成长能力较差时，有助于人才补贴政策抑制企业金融化效应的发挥。本文通过对政府人才补贴政策治理手段对企业微观治理效应的深入研究，证实了"人才补贴政策具有资源嫁接的信号功能"的观点，为政府充分发挥引导作用，实现政府与市场配置的协同效应提供了有力支持。基于研究结论，提出如下三点政策建议：

第一，人才补贴政策通过发挥信号传递作用，促进了市场资源向企业集聚，提高企业创新实力，从产品优势、信用支持和稳定预期三个路径抑制实体企业的金融化行为。决策部门应该增加实体经济的利润空间，引导社会资本流向实体经济，促进实体经济持续健康发展。从人才集聚效应来看，人才补贴政策的实施有助于高端人才集聚，从而有效降低企业金融化程度；在人才供给匮乏的区域中，人才供应条件的不足加大了人才汇集的难度，人才资源倾向于向供给充足的区域汇集，形成"马太效应"，高端人才资源供给不足区域的人才引进愈加艰难。因此，对于地处人才资源相对稀缺地区的企业，政府应当加大人才政策补贴力度以及加强人才补贴政策的宣传工作，为获得人才补贴政策的企业间接引入市场资源，从而进一步强化其积极作用，并能够形成政策支持、竞争优势、资源集聚的良性循环，强化政策信号释放作用，将人才补贴政策置于更为重要的地位。

第二，未来人才补贴政策应秉持分类施策的工作思路，适时调整人才筛选标准，针对不同性质的企业调整人才政策补贴力度。在人才筛选标准上，政府在深入企业详细了解各领域对人才数量和素质的需求基础上，统计分析现有人才信息及人才缺口的动态变化，增加企业作为评价方提升人才政策相关的评估和甄选过程的透明度，确保吸引的人才能够与当地的发展需求相匹配，实现人才与企业之间的有效衔接。异质性分析发现在区域制度环境较完善、处于中心城市的国有企业中，人才补贴政策的金融化抑制程度更强，因此政府在实施人才引进时要注意向此类企业倾斜，兼顾政策和营商环境等要素的结合，因地制宜地实现人才政策效果的最大化。在补贴力度调整上，针对各企业的发展水平、人力资本水平等情况建立人才补贴动态调整机制。在企业发展初始阶段或创新项目启动阶段，给予企业较高的相关财政补贴。随着企业进入发展成熟阶段和平稳运行阶段，政府可降低相关财政补贴力度。

第三，注重推动不同类型政策的协同性发展。扩展性分析表明户籍门槛政策和人才补贴政策二者形成优势互补，在共同治理企业金融化的过程中需要彼此的支持与配合，有效促进劳动力流动，提升公司人力资本水平和全要素生产率，进而在一定程度上提升资本的盈利能力。由于"双侧"政策的结合在总体上能够实现优势互补、产生相互促进的协同效应，因此政府应加强对这两类政策工具的综合运用、分类实施，适当放低政策适用门槛。针对其他政策之间可能存在的协同性，可以通过实地走访企业、电话交流、组织活动等方式与人才保持密切联系，也可以通过定期开展问卷调查、设立开放性留言板等方式广泛征求人才对政策的反馈意见与建议，基于人才的实际需求优化政策的配套措施，充分发挥人才政策在企业金融化进程中的治理效能，进而推动经济实现高质量发展。

参考文献

［1］步晓宁，赵丽华，刘磊．产业政策与企业资产金融化［J］．财经研究，2020，46（11）：78-92.

［2］陈宁，方军雄．池水微澜：地区人才政策对高管薪酬契约的影响［J］．外国经济与管理，2022，44（11）：93-107.

［3］陈冉，黄送钦，干胜道．政府补贴、地方经济波动与实体企业金融化［J］．重庆大学学报（社会科学版），2020，26（5）：14-29.

［4］杜勇，眭鑫．控股股东股权质押与实体企业金融化——基于"掏空"与控制权转移的视角［J］．会计研究，2021（2）：102-119.

［5］管考磊，张蕊．企业声誉与盈余管理：有效契约观还是寻租观［J］．会计研究，2019（1）：59-64.

［6］郭玥．政府创新补助的信号传递机制与企业创新［J］．中国工业经济，2018（9）：98-116.

［7］胡奕明，王雪婷，张瑾．金融资产配置动机："蓄水池"或"替代"？——来自中国上市公司的证据［J］．经济研究，2017，52（1）：181-194.

［8］金智，彭辽．地方人才引进政策与公司人力资本［J］．金融研究，2022（10）：117-134.

［9］刘春林，田玲．人才政策"背书"能否促进企业创新［J］．中国工业经济，2021（3）：156-173.

［10］刘行，赵健宇，叶康涛．企业避税、债务融资与债务融资来源——基于所得税征管体制改革的断点回归分析［J］．管理世界，2017（10）：113-129.

［11］罗勇根，杨金玉，陈世强．空气污染、人力资本流动与创新活力——基于个体专利发明的经验证据［J］．中国工业经济，2019（10）：99-117.

［12］彭俞超，韩珣，李建军．经济政策不确定性与企业金融化［J］．中国工业经济，2018（1）：137-155.

［13］戚聿东，张任之．金融资产配置对企业价值影响的实证研究［J］．财贸经济，2018，39（5）：38-52.

［14］盛明泉，项春艳，盛安琪．人才政策支持与企业全要素生产率［J］．财经问题研究，2022（12）：104-116.

［15］宋科，徐蕾，李振，等．Esg投资能够促进银行创造流动性吗？——兼论经济政策不确定性的调节效应［J］．金融研究，2022（2）：61-79.

［16］孙薇，叶初升．政府采购何以牵动企业创新——兼论需求侧政策"拉力"与供给侧政策"推力"的协同［J］．中国工业经济，2023（1）：95-113.

［17］谭德凯，田利辉．民间金融发展与企业金融化［J］．世界经济，2021，44

（3）：61-85.

［18］谭伟杰，刘奕岍，申明浩．"扶持之手"：政府数字采购与企业数字技术创新［J］．上海财经大学学报，2024，26（3）：18-32；48.

［19］汪昌云，武佳薇．媒体语气、投资者情绪与 Ipo 定价［J］．金融研究，2015（9）：174-189.

［20］王蕾，陈靖，何婧．地方金融监管改革与实体企业回归本源——基于地方金融"办升局"的准自然实验［J］．财经研究，2024，50（1）：19-33.

［21］王伊攀，朱晓满．政府采购对企业"脱实向虚"的治理效应研究［J］．财政研究，2022（1）：94-109.

［22］魏志华，夏太彪．社会保险缴费负担、财务压力与企业避税［J］．中国工业经济，2020（7）：136-154.

［23］武威，刘玉廷．政府采购与企业创新：保护效应和溢出效应［J］．财经研究，2020，46（5）：17-36.

［24］谢富胜，匡晓璐．制造业企业扩大金融活动能够提升利润率吗——以中国 a 股上市制造业企业为例［J］．管理世界，2020（12）.

［25］徐朝辉，王满四．财政补贴、企业家信心与实体企业过度金融化［J］．会计研究，2023，（1）：149-163.

［26］于连超，董晋亭，毕茜．主业亏损企业更倾向于过度金融化吗？［J］．经济与管理研究，2022，43（11）：32-53.

［27］曾庆生，周波，张程，等．年报语调与内部人交易："表里如一"还是"口是心非"？［J］．管理世界，2018，34（9）：143-160.

［28］张成思，张步昙．中国实业投资率下降之谜：经济金融化视角［J］．经济研究，2016，51（12）：32-46.

［29］张成思，郑宁．中国实业部门金融化的异质性［J］．金融研究，2019，（7）：1-18.

［30］张军，周亚虹，于晓宇．企业金融化的同伴效应与实体部门经营风险［J］．财贸经济，2021，42（8）：67-80.

［31］张沁琳，沈洪涛．政府大客户能提高企业全要素生产率吗？［J］．财经研究，2020，46（11）：34-48.

［32］张世兴，刘旭原，万琳．过度金融化对实体经济财务业绩的影响研究［J］．会计之友，2024，（20）：43-49.

［33］郑军，林钟高，彭琳．高质量的内部控制能增加商业信用融资吗？——基于货币政策变更视角的检验［J］．会计研究，2013（6）：62-68.

［34］周燕，潘遥．财政补贴与税收减免——交易费用视角下的新能源汽车产业政策分析［J］．管理世界，2019，35（10）：133-149.

［35］BRANSTETTER L，SAKAKIBARA M. Japanese Research Consortia: A Microeconometric Analysis of Industrial Policy［J］. The Journal of Industrial Economics，1998，46（2）：207-233.

［36］CHEN J，HENG C S，TAN B C，et al. The Distinct Signaling Effects of R&D Subsidy and Non-R&D Subsidy On Ipo Performance of IT Entrepreneurial Firms in China［J］.

Research Policy, 2018, 47（1）: 108-120.

［37］ DEMIR F. Financial Liberalization, Private Investment and Portfolio Choice: Financialization of Real Sectors in Emerging Markets ［J］. Journal of Development Economics, 2009, 88（2）: 314-324.

［38］ DUCHIN R, GILBERT T, HARFORD J, et al.Precautionary Savings with Risky Assets: When Cash is Not Cash ［J］. The Journal of Finance, 2017, 72（2）: 793-852.

［39］ GE Y, QIU J.Financial Development, Bank Discrimination and Trade Credit ［J］. Journal of Banking & Finance, 2007, 31（2）: 513-530.

［40］ GOLDMAN J.Government as Customer of Last Resort: The Stabilizing Effects of Government Purchases On Firms ［J］. The Review of Financial Studies, 2020, 33（2）: 610-643.

［41］ KRIEGER B, ZIPPERER V.Does Green Public Procurement Trigger Environmental Innovations? ［J］. Research Policy, 2022, 51（6）: 104516.

［42］ LENNOX C, WANG Z, WU X.Earnings Management, Audit Adjustments, and the Financing of Corporate Acquisitions: Evidence From China ［J］. Journal of Accounting & Economics, 2018, 65（1）: 21-40.

［43］ RAMAN K, SHAHRUR H. Relationship-Specific Investments and Earnings Management: Evidence On Corporate Suppliers and Customers ［J］. The Accounting Review, 2008, 83（4）: 1041—1081.

Can Talent Subsidies Alleviate the Real Enterprise's "Departure from the Real to the Virtual"?

——Based on the Perspective of Policy Signaling Effect

WANG Yipan   WANG Liying   HE Yuan

（School of Finance, Shandong Technology and Business University, Shandong, Yantai, 264005）

Abstract: As the cornerstone of the high-quality development of a country's economy, the real economy is facing severe challenges of transitioning from real to fictitious. Talent is the most scarce element for enterprises engaged in real production and is regarded as the core driving force for the development of the real economy.This article takes talent subsidy policy signaling effect as a starting point to examine the policy functions of talent subsidy policies in addressing the phenomenon of transitioning from real to fictitious. Research has found that talent subsidy policies significantly curb the level of financialization in enterprises and promote the transition from Fictitious to real by attracting talent, establishing product advantages, obtaining credit support, and stabilizing future expectations. In enterprises located in regions with a higher institutional environment, lower growth capability, and central cities, the implementation of talent subsidy policies has a stronger inhibitory effect on their financialization. Further analysis reveals that the simultaneous implementation of talent subsidy policies and the relaxation of household registration requirements is more effective in curbing enterprise financialization. The synergistic complementarity between these two types of policies significantly enhances policy effectiveness. This paper reveals the internal mechanism and economic consequences of the signal effect of talent subsidy policy affecting the financialization of real enterprises, which not only helps to promote the in-depth implementation of the strategy of strengthening the country with talents, but also provides an important reference for improving the governance policy system of enterprise financialization.

Key Words: talent subsidy policy; corporate financialization; signal effect; household registration threshod

JEL Classification: G38, L60

数字金融是否促进了资本的跨区域流动？

——基于企业异地投资的视角

张继彤　徐慧敏　闫志俊

（南京师范大学商学院，江苏　南京　210023）

[内容提要] 本文基于2011—2021年A股上市公司及其投资设立的子公司数据，实证分析数字金融对企业异地投资的影响及其传导机制。研究发现：①数字金融的发展促进了上市公司的异地投资，该结论在进行一系列稳健性检验和内生性处理后仍然成立。②数字金融对中西部地区、跨省投资、制造业企业、非国有企业和高新技术企业异地投资的促进作用更为明显。③数字金融通过融资约束缓解效应、数字技术赋能效应和地理限制弱化效应，促进企业的异地投资。④城市企业异地投资增长的主要来源是样本期间的在位企业，即存在投资的集约边际效应，而进入退出企业间的资源再配置效应对数字金融促进企业异地投资的影响较小。本研究基于企业的微观投资决策为数字金融发展促进资本跨区域流动提供了新的视角和证据。

[关键词] 数字金融；资本跨区域流动；数字化转型；融资约束

一、引言与文献综述

党的二十大报告明确提出"构建全国统一大市场，深化要素市场化改革，建设高标准市场体系"的要求，其本质是要破除目前我国市场运行中存在的制度规则不统一、地方保护主义等诸多问题，形成商品和要素自由流动的现代化市场体系。在过去计划经济体制下产生的市场分割问题至今仍然是

[基金项目] 国家社会科学基金青年项目"数字经济赋能全球价值链韧性提升的理论机制与实现路径研究"（22CJY016）；国家自然科学基金面上项目"数字经济与实体经济融合驱动中国城市体系演化的理论机制和经济福利效应研究"（72373073）。

[作者简介] 张继彤，男，1972年出生，江苏连云港人，南京师范大学商学院教授；徐慧敏，女，2000年出生，江苏连云港人，南京师范大学商学院硕士研究生；闫志俊（通讯作者）女，1989年出生，山西平遥人，南京师范大学商学院副教授。

阻碍我国要素资源自主有序流动、提升市场资源配置效率的主要因素。在地理上山川河流的阻隔（范欣，2017）和制度上地方赶超增长战略（白重恩等，2004；周黎安，2004）的双重作用下，市场分割呈现出不断加剧的趋势，特别是资本要素市场的分割程度不断加大，甚至出现"翘尾"现象（刘志彪、孔令池，2021），这导致企业跨区域经营要承担高昂的交易成本（Boisot and Meyer，2008）。作为重要的市场交易主体，企业的跨区域投资意味着资本的跨区域流动，而资本跨区域流动作为市场化配置资源的方式，反映着要素的市场化程度，同时也是影响区域经济发展的关键因素（王凤荣、苗妙，2015）。因此，打破区域间市场分割的局面，促进生产要素在区域间更加高效地流动是当前深化经济体制改革过程中亟待解决的重大问题。《中共中央国务院关于加快建设全国统一大市场的意见》中指出，建设国内统一大市场是构建新发展格局的基础支撑和内在要求；同时，党的二十大报告中也提出要"以国内大循环吸引全球资源要素"。建设全国统一大市场、畅通国内大循环，不仅是我国实现经济高质量发展的必经之路，而且能够"增强国内国际市场的资源联动效应"，是推进高水平对外开放的重要依托。

打破区域间资本要素市场分割的局面，需要优化传统的资源要素配置方式。数字技术与经济发展的深度融合优化了产品市场和要素市场的供需匹配，由此兴起的数字化平台提供了新的资源配置方式，此外数字经济的超地理特征也提高了要素市场配置资源的效率（郭峰等，2023）。进入数字经济时代，数据作为新型生产要素正在改变传统的资源要素配置方式，促使生产要素实现创新性配置。而数字金融作为数字经济发展的重要支撑和驱动力，是数字技术向金融领域持续渗透而形成的新的金融业态。目前，我国数字金融的发展成果已经十分显著，其中多个业务领域已经走在世界前列——两大移动支付平台用户超过10亿，移动支付普及率达到86%，居全球首位；数字信贷规模全球最大；金融科技专利申请量占比位列全球第一，是金融科技行业技术创新的重要引领国家。习近平总书记指出，"数字技术、数字经济是世界科技革命和产业变革的先机"。抓住这一先机、抢占发展的制高点至关重要，为此政府相继发布了一系列政策文件，不断丰富和拓宽我国数字金融的内涵和实践道路。2023年10月召开的中央金融工作会议明确提出了要做好科技金融、绿色金融、普惠金融、养老金融、数字金融五篇大文章，彰显数字金融作为"压轴之作"在建设金融强国中的重要意义，为数字金融的发展从顶层设计的高度提供了保障。在2024年3月的政府工作报告中，数字金融作为"五篇大文章"之一再次被提及，为数字金融赋能我国经济高质量发展指明了方向。在此期间，国家数据局等十七部门联合印发的《"数据要素×"三年行动计划（2024—2026年）》中，提出了十二项"数据要素×"场景，其中之一就是数据要素×金融服务。作为金融与数字技术的有机融合，数字金融兼具了数字和金融的双重属性，以数字技术为引擎加速了资金、信息等要素的自由流动与有效配置，矫正了传统金融体系下存在的资本市场分割问题。

与本文主题密切相关的文献包括三方面，一是资本市场分割的影响因素，二是数字金融对资本跨区域流动的影响，三是数字金融的经济效应。

首先，影响资本市场分割的主要因素是地理壁垒（范欣，2017）和制度限制（Young，2000；银温泉、才婉茹，2001）。从2008年第一条京津城际高铁开通后，中国迅速发展为世界上高速铁路网规模最大的国家。高铁开通压缩了区域之间的时空距离和经济成本（Yin et al.，2015），重塑了中国区域经济增长格局。交通基础设施完善引发的经济活动空间分布的改变开始引起学者们的广泛关注。马光荣等（2020）基于高铁开通和上市公司异地投资数据研究发现高铁开通显著促进了资本的跨区域流动，且这种促进作用具有方向上的不对称性，主要表现为资本从中小城市流向大城市，因为规模报酬递增效应、产业集聚和技术溢出使大城市具有更高的生产率。潘爽和叶德珠（2021）基于高铁开通和上市公司异地并购的证据研究发现高铁开通发挥了"润滑剂"作用，使得并购双方能够有效率地进行实地考察交流，从而显著提高了企业跨市并购和跨省并购的发生概率，降低了市场分割对资源流动的阻碍作用。

随着制度经济学的兴起，部分学者开始关注地区制度因素对企业异地投资的影响，包括央地财政分权（范子英、周小昶，2022；谢贞发等，2023）、地方税收政策（王凤荣、苗妙，2015；马光荣、程小萌，2022；赵仁杰、周小昶，2022）和法律制度（宋小宁等，2023；刘慧等，2023）。改革开放初期实行的"大包干"财政体制改革形成了我国区域经济的分割特征。建设国内统一大市场需要通过对中央和地方间的财政分权进行改革，从根本上转变地方政府的财政激励（范子英、周小昶，2022）。谢贞发等（2023）的研究发现，当地方财政的支出分权大于收入分权时，较低的收益分享权和较大的财政支出能动空间可能会使地方政府将财政支出投入到政府消费中而偏离有效的市场建设，恶化地方市场环境，驱使企业进行跨区域的投资。与此同时，在这一分权改革时期建立的以地方GDP为核心的绩效考核模式引发了地方政府间的税收竞争（王凤荣、苗妙，2015），税收优惠作为地方政府拉拢外来资金和企业、促进本地经济增长的重要手段，为企业避税提供了可能（马光荣、程小萌，2022）。在避税效应的作用下企业就更有可能跨地区投资税收优惠大的地区（赵仁杰、周小昶，2022）。这种地方税收政策差异虽然引致了资本的跨区域流动，但是这样的流动是不充分、不合理的。为了避免地方政府间以地方保护为目的的恶性竞争和垄断行为，充分发挥市场在资源配置中的决定性作用，我国采用法律手段建立全国层面的公平竞争审查制度，从一定程度上促进了区域间的贸易投资活动（刘慧等，2023）。此外，在司法环节，为破除地方以司法保护为手段设立的地方保护政策条款，我国设立了国家最高人民法院巡回法庭，这一制度的实施有效提升了地方司法质量，增加了企业向巡回地区的投资（宋小宁等，2023）。

其次是关于数字经济影响资本跨区域流动的文献。近年来，以5G、大数据、云计算等为代表的新一代信息技术的快速发展为地区经济增长注入了新动能。互联网的普及为经济地理格局的重塑提供可能（Tranos and Ioannides，2020；Zhang et al.，2022），通过对资本要素流动性的提升，互联网的发展提高了资本市场一体化程度，从而改善了要素配置扭曲的情况（白俊红等，2022）。信息技术的应用改变了知识传播的方式，通过降低空间阻碍对传播过程的影响，缩短了知识传播的时空距离，最终对企业的区位选择产生影响（宋周莺、刘卫东，2012）。在数字经济的现实背景下，为实现自身的可持续发展，企业必须利用数字技术优化自身管理模式、运营流程，创新业务模式（张欣、董竹，2023）。数字化转型作为企业创新发展的必然选择，缓解了企业面临的信息不对称问题，提高企业专业化分工水平，促进了企业的异地投资，从而畅通资本要素在区域间的流动（马为彪、吴玉鸣，2023）。

资本要素在地区间自由流通需要克服高昂的交易成本和地理障碍因素等多重阻碍，而数字金融所具有的共享、便捷、低成本、低门槛的特点（孙玉环，2018）弥补了传统金融在覆盖范围、服务群体等多个领域的缺失，借助数字技术建立了跨区域、跨部门的网络平台，有效打通了制约资本要素流动的堵点，为企业的跨区域投资提供了良好基础和投资环境。

最后，数字金融所产生的经济效应相关研究主要聚焦在宏观和微观两个层面。宏观层面，数字金融的经济增长效应（张勋等，2019；钱海章等，2020）、收入分配效应（张贺、白钦先，2018；Bauer，2018；周利等，2020）和内需扩大效应（Grossman and Tarazi，2014；易行健、周利，2018；张勋等，2020）为区域协调发展和地区经济高质量发展注入了动力。微观层面，数字金融存在促进居民创业（Beck et al.，2018；谢绚丽等，2018；Yin et al.，2019；田鸽等，2023）、缓解企业融资约束（王馨，2015）和促进企业创新（唐松等，2020）三方面的作用。此外，亦有学者关注到数字金融在促进要素流动、提升要素市场一体化方面可能存在的经济影响。在劳动力要素市场上，马述忠和胡增玺（2022）基于流动人口的微观视角的研究表明，城市数字金融发展水平的提高能够为本地提供更多就业机会，增加劳动者的预期收入，从而吸引了劳动力的流入。在资本要素市场上，作为数字技术向金融领域渗透而形成的新的金融业态，数字金融利用其技术优势打破了金融服务的地域约束，拓宽金融服务的覆盖面，高效连结、双向匹配区域间的资本要素需求，加速跨区域资本整合效力，显著减少了本地金融市场摩擦，改善资源要素的错配（张宗新、张帅，2022）。同时，借助金融科技的发展，企业提高了自身的信贷资金配置效率和其所在地区的投资效率，从而降低资本市场分割程度（薛启航等，2022）。基于以上背景，研究数字金融对企业开展跨地区投资的影响机制，对于打通资本要素流动的堵点、促进资本的跨区域流动、畅通我国资本市场的内循环具有重要意义。

通过对已有文献的回顾，我们发现，目前对数字金融的经济效应研究分别聚焦在微观（如居民消费）和宏观（如经济增长）两个层面，而促进资本流动的相关研究多数聚焦于交通基础设施和制度性因素的影响。因此，相比于现有研究，本文可能的边际贡献在于以下三点：①本文从微观视角探究数字金融的使用主体之一——企业如何利用数字金融开展异地投资从而对宏观层面的资本跨区域流动产生影响。由微观个体到宏观区域，既使本研究具有扎实的微观基础，也将数字金融的微观与宏观经济效应结合起来，丰富了当前对数字金融经济效应和资本跨区域流动影响因素的相关研究。②本文以数据要素对传统生产要素的带动作用、协同作用为切入点，探究数字金融在促进资本跨区域流动中发挥的重要作用。以往研究主要关注数字金融在金融发展维度的改进，而忽视了其所依赖的数字技术本身。数据要素的流动性远高于传统生产要素，以数据流引领资金流为加速资本要素在全国范围内的高效配置提供了可能。从二者结合所产生的效应出发，本文提出了融资约束缓解效应、数字技术赋能效应和地理限制弱化效应三条影响机制，增强了"数据要素×"应用场景构建和拓展的理论支撑。③本文为全国统一大市场的建设和区域协调发展战略的实施提供了一定的政策启示。本文的研究结论为加速推进数字金融发展以打通国内大循环中要素流动的堵点提供了实证支持。异质性分析的结果表明数字金融对资本流动的促进作用在中西部地区更为显著，同时，进一步分析的结果也为数字金融的资源配置优化效应提供了经验证据。这为中西部企业和产业"走出去"贡献了新的思路，也为当前我国区域协调发展政策的制定提供了一定的启示。

二、理论机制与研究假说

（一）融资约束缓解效应

数字金融缓解了企业面临的融资约束，为企业开展异地投资提供充足的资金支持。企业向异地发展时面临高昂的市场进入成本，仅依靠内源融资难以满足跨地区投资所需，因此外源融资成为企业重要的融资方式。然而，在实际融资过程中，由于信息不对称的存在，多数企业面临着较强的融资约束。商业银行等金融机构更偏向为国有企业或大型民营企业提供信贷支持，因为这些企业具有完整的经营状况和财务报表等结构性信息，商业银行能够据此建立起有效的风险评估模型，确保信贷资金可按期收回。中小型企业或技术研发型企业则缺少这类信息，金融机构难以对其进行风险评估，因此这类企业面临"融资难、融资贵"的问题。作为新的金融模式，数字金融的发展有效弥补了传统金融体系在覆盖范围、服务群体方面的缺失，为企业跨区域投资提供了有力支持。

一方面，数字金融拓宽融资渠道，提高了企业资金可得性。数字信贷可以利用企业在互联网上的资金往来、履约情况以及用户评价等数字足迹评估企业信用状况（田鸽等，2023），对于中小型企业和研发型企业来说能够接受更加全面的风险评估，增加了企业获得贷款的机会。由数字金融催生的智能投顾、供应链金融等多样化的融资方式丰富了企业的融资选择，增加了企业获取资金的途径（唐松等，2020）。另一方面，数字金融有助于缓解信息不对称问题，提高了企业融资效率。在"数据要素×金融服务"的场景下，借助数字技术，不同市场主体之间的信息和数据可以实现互联互通，金融、商业信用数据等信息可以实现在企业与金融机构、金融机构与金融机构之间的共享共用。以中国人民银行开发的"全国中小微企业资金流信用信息共享平台"为例，在一个平台建立企业专属数据账户，全生命周期地记录其经营状况、履约行为等信用信息，各大金融机构有序接入平台使用信息。这既使金融机构能够全方位地了解、评估企业的风险承受能力，又实现了信用信息在全国范围内的跨行共享。与此同时，借助大数据、人工智能算法等数字技术，金融机构内部可以融合分析信贷资产、风险核查等多维数据，优化信贷业务流程，提高业务办理效率。

进一步地说，在融资约束得以缓解的基础上，数字金融的发展也间接地降低了政府限制资本流动的可能性。在传统金融体系下，政府补贴在企业的外源融资中扮演着重要角色，对企业的生产投资决策产生较大约束，而当企业可以从金融机构获取到足够的资金支持时，对政府补贴的依赖程度会随之降低（Chen et al.，2022；Sun et al.，2024）。如此一来，本地政府也难以通过财政补贴等手段干预企业的投资决策，这极大地降低了政府为保护地方经济发展而限制资本流动的可能性，此时企业投资行为由政府主导转向市场主导。

基于以上分析，本文提出如下研究假设：

H1：数字金融缓解了企业面临的融资约束，从而促进企业进行异地投资。

（二）数字技术赋能效应

数字金融促进企业进行数字化转型，提高了企业的数字化水平，为企业开展异地投资提供了良好的技术支撑。利用数字技术强大的信息处理能力，面对海量的外部市场信息，能够及时、准确地识别其中潜在的投资机会与风险，降低了企业异地投资过程中的交易成本。将数字技术嵌入到企业的交易全流程，串联起不同的业务流程及供应链各环节，通过对全链条进行智能化分析，辅助企业作出投资决策。

　　从生产的角度来看，数字金融为企业进行数字化转型创造了基础条件。企业在数字化转型过程中主要面临两方面难题，一是缺资金，二是缺技术。相比于传统投资项目，企业对数字化项目的投资往往投入高、周期长、见效慢（李辉、梁丹丹，2020）。本着信贷的效益性与安全性原则，金融机构对这些企业"不愿贷""不敢贷"。数字金融发挥其融资约束缓解效应为企业的数字化转型解决了资金难题，推动企业数字化转型的进程。企业数字化转型本质上是企业的技术创新活动。众多学者的研究表明数字金融对企业技术创新具有推动作用（唐松，2020；贾俊生、刘玉婷，2021）。数字金融产生的技术溢出效应一方面表现在本地数字金融发展带给企业的"干中学"效应（诸竹君等，2024），另一方面表现在产业链上下游金融部门间的知识传递和知识产权信息的共享（Matray，2021）。本地数字金融的发展为企业提供了数字基础设施使用上的便利，产业链上下游间知识的传递则加速了企业数字技术知识的积累。此外，企业管理者的决策在企业数字化转型过程中起到至关重要的作用。数字化转型作为有利于企业未来长远发展的高风险项目，需要企业管理者在进行投资决策时有承担风险的积极性，避免决策者的短视行为。数字金融的信息耦合作用能够减少信息的损失（吴非等，2020），有助于管理层掌握投资的相关信息，其处理海量信息的功能降低了管理层对大量决策信息的处理与获取成本。在资金充足、信息获取渠道通畅的情况下，企业管理层的风险规避倾向会降低，能够更好地把握高风险、高回报项目的投资机会（马连福、杜善重，2021），进一步增强投资数字化转型的倾向。

　　从消费的角度来看，数字金融引起的消费习惯和商业模式的转变是企业进行数字化转型的动力所在。在数字中国建设的宏观背景下，数字化是企业遵循经济发展规律的必然选择。居民的日常消费已经由传统模式转向移动支付模式，而移动支付作为中国最突出的数字金融业务不仅改变了消费习惯，而且催生了新的商业模式和产业链条（黄益平、陶坤玉，2019）。消费习惯的转变主要表现为消费结构的数字化（田鸽等，2023），即消费者更加偏好数字化的产品。围绕数字支付平台（如支付宝、微信等）打造了覆盖教育、医疗、交通、旅游、零售等多个生活消费领域的商业生态圈，衍生了共享经济、数字医疗、线上教学、直播旅游等多个新兴商业模式。在数字金融和移动支付所构建的商业模式下，企业可以通过大数据、云计算等数字技术捕捉市场需求、定位消费者个人偏好、描绘消费者的能力画像，为企业进行产品研发与设计、市场定向投放提供强有力的支撑。利用数字技术改进服务交付能力和客户群体整合，在帮助企业增加产品和服务价值的同时提高了企业的盈利能力（Kuzmina-Merlin and Saksonova，2018；Laidroo et al.，2021）。数实融合成为经济增长的关键引擎，行业内的竞争和供应链上下游促使企业转向数字技术驱动的发展模式，倒逼企业进行数字化转型。从企业自身利润最大化的角度出发，企业有动力去进行数字化转型。因此，在数字技术广泛应用的现实情况下，企业为了迎合市场需求必须加速转型以适应数字化的商业运营环境，这是企业进行业务创新和实现可持续发展的必经之路。

基于以上分析，本文提出如下研究假设：

H2：数字金融通过加速企业数字化转型而促进企业的异地投资。

（三）地理限制弱化效应

数字金融突破了资本要素流动的空间限制，弱化了地理因素对企业开展异地投资的限制，为企业开展异地投资提供了更广泛的区位选择。企业向异地扩张时存在天然的"外来者劣势"（Zaheer，1995），这使得企业在整合和利用异地资源时面临着巨大障碍。由地理距离导致的信息不对称是外来者劣势的主要成因之一，这是因为企业在跨地区经营过程中需要承担额外的交通运输成本和信息成本，且这些成本随着距离和地理障碍的增加而增长，因此企业的异地区位选择十分受限。

在"数字要素×金融服务"场景下，数字金融有效发挥了数据要素对资本要素的带动作用、协同作用和乘数作用，以数据要素的高流动性加速资本要素在全国范围内的流动。一方面，数字金融推动的数字化转型降低了企业内部的信息沟通成本。数字化程度高的企业可以利用大数据等数字技术处理海量信息，包括信息的收集、传播、储存以及分析全过程，这种信息收集和处理能力能够使企业不受地理障碍的影响对异地部门与公司的信息进行汇集分析；同时，数字技术即时、连接、开放、共享的特点帮助企业在进行内部沟通交流时实现了去中介化（李海舰等，2014）。以腾讯会议、钉钉和飞书为主流的众多网络协作和信息共享平台的广泛应用，帮助企业实现跨地区业务部门人员的网络"面对面"沟通，且在通信过程中信息的传播不受时空限制，削弱了地理障碍产生的局限性，从而改善了企业所处的投资环境。此外，企业内部沟通的顺畅性是企业跨地区稳定经营的重要前提，也是企业管理效率的重要影响因素。企业内部信息的流动和共享影响着其员工的工作效率和绩效表现，也影响着决策者在经营过程中作出决策的科学性与合理性。借助数字化赋能的作用，内部网络协作和信息共享平台的建立打破了企业在异地经营时不同部门之间由地理障碍导致的"信息孤岛"，这极大地提升了企业的管理效率，为企业实现盈利提供助力，这是企业异地投资的最终目标。

另一方面，数字金融对数字技术的应用降低了企业的外部市场搜寻成本。第一，数字金融在提高市场信息透明度、降低企业投资风险方面发挥重要作用。在本地市场容量有限的情况下，为了扩大市场规模，企业通常选择积极拓展外地市场，进行跨地区投资。在开展跨地区投资的过程中，企业选择目标市场所在地时不仅要考虑目前所在地的收益情况，也要考察目的地未来的利润和预期回报率，因此对目的地的市场环境、同行业企业的盈利状况、供应链情况等因素的深入了解十分必要。例如，企业在异地设立子公司时要对跨地区投资的运输成本和内部通信成本进行考量；而在开展异地并购时则需要对目标公司的经营状况、盈利能力等财务状况进行深入调查。然而由于山川、河流的阻隔，企业通常难以了解到目的地市场的真实情况，难以对市场环境作出准确判断。数字金融借助大数据、区块链等数字技术，建立起数字化的风险评估模式和信息披露方式，通过加强目标企业的信息披露、将目标企业信息透明化，帮助投资方有效规避潜在的投资风险。企业在其所在地即可对目标市场进行考察，有些信息无须到达目的地即可获得，这极大弱化了地理障碍对资本流动的限制。第二，依靠数字金融所形成的线上市场具有更高的透明度和更小的边界效应。数字金融平台打破了资本要素流动的空间限制，企业和消费者可以在线上平台完成"面对面"的互动。对于企业而言，其产品受众不再局限于本地市场，扩大了产品销售范围；对于消费者而言，可供选择的产品更加多样化，丰富了商品购买的选择。如此一来，传统市场体系下地方政府为阻止资本要素流出和外来企业进入的地方保护政策所形成的交易壁垒也难以发挥作用。

基于以上分析，本文提出如下研究假设：

H3：数字金融的发展弱化了地理因素对企业区位选择的限制，从而促进企业的异地投资。

三、研究设计

（一）模型设定

企业的异地投资行为反映了资本的跨区域流动情况。本文基于城市层面的数字金融指数和A股上市公司的面板数据，选取以下基准回归模型进行实证检验：

$$Flow_{ijt} = \alpha_0 + \alpha_1 DF_{jt} + \beta_c \vec{X}_{c, ijt} + \mu_i + \gamma_t + \varepsilon_{ijt} \# \quad (1)$$

其中，i、j、t分别代表上市公司、地区和年份。$Flow_{ijt}$为被解释变量，DF_{jt}为解释变量，$\vec{X}_{c, ijt}$为控制变量，包括企业层面的上市公司特征变量和城市层面的宏观变量。μ_i和γ_t分别是公司个体固定效应和年份固定效应。ε_{ijt}是随机扰动项，将标准误聚类到公司层面。

（二）变量选择

1.被解释变量。$Flow_{ijt}$表示上市公司设立异地子公司的数量，使用母公司位于j城市的上市公司i在t时期内在除j城市以外的其他城市投资设立的子公司数量表示。

2. 核心解释变量。DF_{jt} 表示城市 j 在 t 时期的数字金融发展水平，采用北京大学数字金融研究中心编制的数字金融指数进行衡量。

3. 控制变量。本文参考曹春方等（2015）、谢贞发等（2023）的研究，选取以下可能影响企业异地投资水平的控制变量。企业层面的控制变量包括：资产负债率，采用企业总资产与总负债的比值表示；管理费用率，采用企业管理费用与营业收入的比值表示；自由现金流，采用企业经营活动中产生的净现金流量与总资产的比值表示；政治关联，当该企业的董事长或总经理正在担任或曾经担任过政府的官员时取值为 1，否则为 0。城市层面的控制变量包括：市场化水平，采用城市所在省份的樊纲市场化指数表示；交通基础设施水平，采用地区货运总量表示。

（三）数据来源与变量描述

本文使用的数据主要包括各地级市的数字金融指数和上市公司异地投资数据。各城市的数字金融指数采用"北京大学数字普惠金融指数"，该指数由北京大学数字金融研究中心与蚂蚁金服集团联合编制（郭峰等，2020），是目前使用最为广泛的代表地区数字金融发展水平的指数。本文使用城市层面的数字金融指数作为核心解释变量。

上市公司的异地投资数据来自国泰安经济金融研究数据库。其中，上市公司所在城市由上市公司基本信息表整理得出。子公司所在城市由上市公司的关联公司文件整理得出，关联公司文件提供了证券代码、统计截止日期、公告类型、关联方所在地和关联关系等信息。子公司所在城市识别过程如下：①保留公告类型为"年报"的公司数据，并筛选出关联关系为"子公司"的样本；②根据关联方的所在地地址（如××省××市××区××街道）确定子公司所在城市；③无法通过关联方所在地地址确定其所在城市的样本，通过子公司名称确定其所在城市（工商注册时要求企业名称中的行政区划应是企业所在地县级以上的地方行政区划名称，如"××省××市××公司"则认为其位于"××市"）；④将母公司所在地与子公司所在地位于不同城市的投资行为定义为"异地投资"。

根据测算结果，如图 1 和图 2 所示，2011—2021 年间 A 股上市公司设立的全部子公司的数量和异地子公司的数量都呈现不断增加的趋势，且异地投资占全部子公司投资的比重也在不断上升。子公司设立数量从 2011 年的 21 872 家增长至 2021 年的 86 336 家，总投资规模扩张近 4 倍；异地子公司设立数量由 11 921 家增长至 57 776 家，异地投资规模扩张近 5 倍。自 2011 年开始异地投资占总投资比重就已经超过 50%，异地投资成为上市公司子公司设立的主要方式。

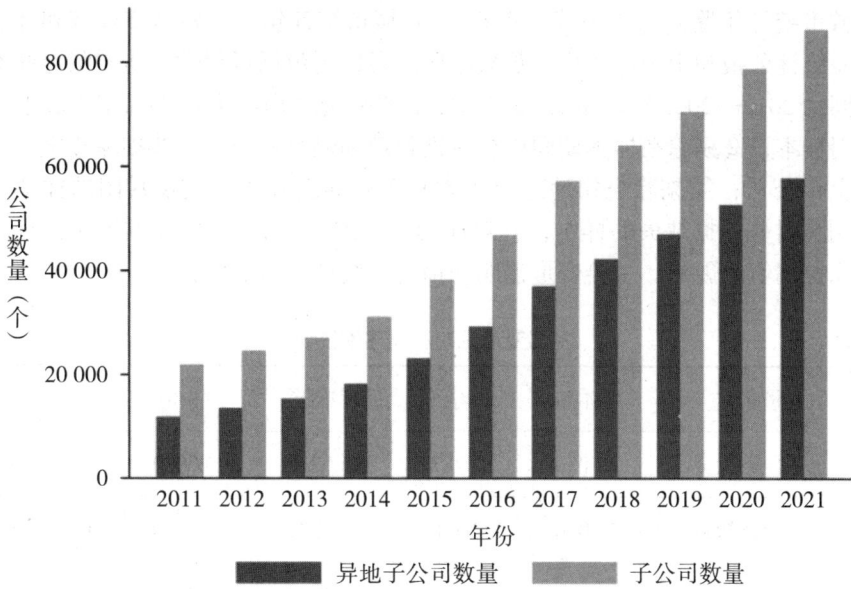

图1 A股上市企业设立子公司数量和异地子公司数量

资料来源：国泰安数据库。

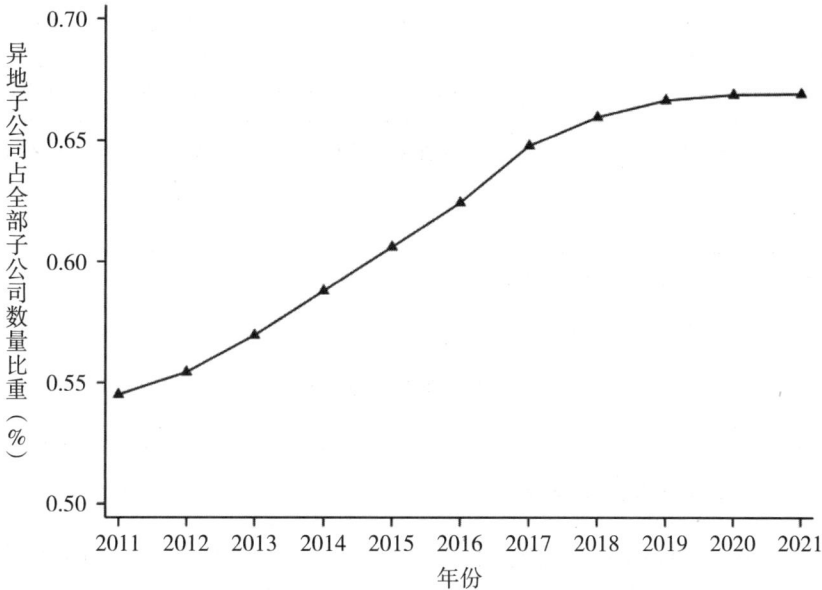

图2 异地子公司数量占比情况

资料来源：国泰安数据库。

　　控制变量分别选取了反映公司特征的资产负债率、管理费用率、自由现金流、政治关联和城市层面的市场化水平、交通基础设施水平。其中，公司特征相关数据来自国泰安经济金融研究数据库，城市层面所需数据来自《中国城市统计年鉴》、《中国统计年鉴》、各城市统计年鉴、各城市经济和社会发展统计公报和中国市场化指数数据库。考虑到数据可得性，本文限定样本区间为2011—2021年。本文对初选样本的筛选过程如下：①保留A股上市公司样本；②剔除在样本期间内被特别处理和退市的公司；③剔除金融行业的上市公司；④剔除公司地址位于省直管县和新疆生产建设兵团的样本；⑤剔除财务数据缺失的样本；⑥对连续变量进行了1%和99%的缩尾处理以排除极端值的影响。主要变量说明和描述性统计如表1所示。

表1　　　　　　　　　　　主要变量说明和描述性统计

变量名称	样本量	平均值	标准差	最小值	最大值
企业异地投资	32 036	9.7877	16.0718	0.0000	103.0000
数字金融指数	32 036	232.7667	75.4804	56.8600	351.5322
资产负债率	32 036	0.4204	0.2637	0.0075	14.2490
自由现金流	32 036	0.0469	0.0801	−2.7102	2.2216
管理费用率	32 036	0.0919	0.0836	0.0061	0.6692
政治关联	32 036	0.2919	0.4546	0.0000	1.0000
交通基础设施水平	32 036	16.6706	13.0054	0.4154	41.6389
市场化水平	32 036	9.6838	1.6225	4.4480	12.3900

资料来源：统计结果来自作者计算。

四、实证回归分析

（一）基准回归结果分析

表2报告了根据基准模型进行回归的结果。第（1）～（4）列是以企业异地投资为被解释变量的回归结果，在逐步加入控制变量后，数字金融指数对上市公司异地投资的影响系数仍然显著为正，表明地区数字金融的发展显著增加本地上市公司投资设立异地子公司的数量，促进资本的跨区域流动。第（4）列是加入全部控制变量后的回归结果，该结果表明在其他条件保持不变时，上市公司母公司所在城市数字金融指数每提高10个单位，会促进该企业投资的异地子公司数量增加0.383个，该效应在1%的水平上显著。

观察控制变量与企业异地投资之间的关系发现，企业的资产负债水平越高、所在地交通基础设施越完善，企业异地投资的数量越多。管理费用率的系数显著为负，这意味着企业在经营过程中耗费在组织管理上的利润越多、经营成本越高，企业异地投资水平可能越低。

表2　　　　　　　　　　　　　　基准回归结果

被解释变量	（1）企业异地投资	（2）企业异地投资	（3）企业异地投资	（4）企业异地投资
数字金融指数	0.0497*** (26.6402)	0.0453*** (3.0370)	0.0401*** (2.6883)	0.0383*** (2.5829)
资产负债率	—	—	1.9995** (2.5740)	1.9802*** (2.5984)
自由现金流	—	—	0.8691 (0.7894)	0.7969 (0.7297)
管理费用率	—	—	−2.8533* (−1.9150)	−2.7937* (−1.8774)
政治关联	—	—	0.5230 (1.3247)	0.5476 (1.3850)
交通基础设施水平	—	—	—	0.0596*** (2.8411)
市场化水平	—	—	—	−0.2866 (−1.3388)
_cons	−1.7733*** (−4.0863)	0.2124 (0.1817)	−0.1557 (−0.1259)	2.2639 (1.0218)
个体固定效应	是	是	是	是
时间固定效应	否	是	是	是
观测值	32 036	32 036	32 036	32 036
调整 R^2 值	0.1569	0.1637	0.1659	0.1674

注：括号内为 t 值，*、**、***分别表示10%、5%、1%显著水平。

资料来源：回归结果来自作者计算。

（二）稳健性检验

1.剔除位于直辖市、计划单列市的企业样本

直辖市由中央政府直接管辖，具有明显的区位优势和经济、政治、文化优势，财政上直接与中央挂钩。考虑到这种特殊的行政区划制度可能对实证结果造成影响，本文对剔除了上市公司所在地位于直辖市的样本进行了回归，回归结果如表3第（1）列所示。计划单列市的财政收支直接与中央挂钩，且位于计划单列市的上市公司较多。考虑到这一特殊行政级别可能会对基准回归结果产生影响，本文对剔除了所在地位于计划单列市的上市公司样本进行了回归，回归结果如表3第（2）列所示。

表3   稳健性检验结果（1）

被解释变量	（1）剔除直辖市企业异地投资	（2）剔除计划单列市企业异地投资	（3）剔除国有企业企业异地投资
数字金融指数	0.0464*** (2.8561)	0.0395*** (2.6567)	0.0679** (2.5114)
资产负债率	1.6731** (2.3221)	2.6047** (2.2264)	4.2497** (2.1903)
自由现金流	1.2543 (0.9709)	0.5613 (0.5284)	−2.3911 (−1.6136)
管理费用率	−1.8298 (−1.0735)	−2.9748* (−1.8433)	−5.5475 (−1.3022)
政治关联	0.6215 (1.3784)	0.5017 (1.2992)	0.5263 (0.9914)
交通基础设施水平	0.0777*** (3.0074)	0.0342 (1.5423)	0.0326 (0.8860)
市场化水平	−0.1126 (−0.4712)	−0.2941 (−1.3327)	−0.4395 (−1.2326)
_cons	−0.1042 (−0.0445)	2.0930 (0.9166)	3.6955 (0.9381)
个体固定效应	是	是	是
时间固定效应	是	是	是
观测值	25 618	27 864	9 724
调整 R^2 值	0.1722	0.1633	0.1014

注：括号内为t值，*、**、***分别表示10%、5%、1%显著水平。

资料来源：检验结果来自作者计算。

2.剔除国有企业样本

国有企业是地方重要的财政来源和政府目标规划的重要组成部分（银温泉、才婉茹，2001），这一特殊地位使得地方政府更倾向于将本地资源优先分配给国有企业。此外，地方政府可能利用与国有企业之间较强的政治关联直接干预其投资决策（谢贞发等，2023）。因此，本文剔除了国有企业样本进行了回归，回归结果如表3第（3）列所示。

3.剔除持股比例小于50%和持股比例不详的子公司样本

参考曹春方和贾凡胜（2020）的做法，为了保证母公司对子公司的绝对控股，本文进一步剔除了母公司持股比例小于50%以及持股比例不详的公司，筛选后的样本回归结果如表4第（1）列所示。

表4 稳健性检验结果（2）

被解释变量	（1）持股比例>50%企业异地投资	（2）替换被解释变量是否异地投资	（3）替换解释变量企业异地投资
数字金融指数	0.0348** (2.4161)	0.0117** (2.0986)	—
金融科技公司数量	—	—	0.0009*** (2.6399)
资产负债率	1.9129*** (2.5938)	1.8390*** (7.4669)	1.9800*** (2.6806)
自由现金流	0.9170 (0.8599)	−0.1003 (−0.2524)	0.9050 (0.8318)
管理费用率	−2.7628* (−1.8995)	−0.8980* (−1.7707)	−2.6224* (−1.7695)
政治关联	0.5399 (1.4145)	0.1905* (1.6826)	0.5074 (1.2766)
交通基础设施水平	0.0578*** (2.8369)	0.0358*** (5.8195)	0.0834*** (3.6742)
市场化水平	−0.2430 (−1.1643)	−0.1580* (−1.8903)	−0.3340 (−1.5556)

续表

被解释变量	（1）持股比例>50%企业异地投资	（2）替换被解释变量是否异地投资	（3）替换解释变量企业异地投资
_cons	2.1307 （0.9890）	—	5.3851*** （2.8435）
个体固定效应	是	是	是
时间固定效应	是	是	是
观测值	31 993	8 924	32 028
调整 R^2 值	0.1633	—	0.1685

注：括号内为t值；*、**、***分别表示10%、5%、1%显著水平；第（2）列采用面板Logit模型回归，回归时仅保留样本期内异地投资状态发生变动的样本。

资料来源：检验结果来自作者计算。

4.替换被解释变量

采用面板Logit模型估计企业进行异地投资的概率。本文被解释变量为上市公司设立异地子公司的数量，采用OLS估计会存在模型选择偏差问题，因此将被解释变量替换为"当年是否进行异地投资"的虚拟变量，采用Logit模型检验数字金融发展对企业进行异地投资概率的影响，回归结果如表4第（2）列所示。

5.替换解释变量

金融行业的数字化过程以金融科技为核心。参考宋敏等（2021）的方法，根据天眼查网站上企业经营范围或名称中的关键词（如"云计算""大数据""人工智能"等）筛选出金融科技公司，采用地区金融科技公司的数量表征该地区的数字金融发展水平，并作为新的解释变量检验其对企业异地投资的影响，回归结果如表4第（3）列所示。

（三）内生性处理

1.PSM方法

为克服所在地数字金融发展水平高和数字金融发展水平低的企业样本之间的控制变量存在的系统性差异带来的内生性问题，本文参考肖红军等（2024）的方法，采用倾向得分匹配法进行检验。将企业所在地数字金融发展水平按照年度中位数分为高、低两组，选取基准回归的企业层面控制变量作为协变量，采用最近邻匹配方法进行1∶1可放回匹配（卡尺为0.01）。平衡性检验的结果显示，匹配后的处理组与控制组协变量差异微小，满足PSM法的平衡性条件。将匹配后的样本重新进行回归，结果如表5第（1）列所示，数字金融指数的系数在10%的水平上显著为正，表明在进行PSM检验后，数字金融对企业异地投资具有显著的促进作用，前文的实证结果稳健。

表5　　　　　　　　　　　　　　　　内生性处理结果

被解释变量	（1）PSM 企业异地投资	（2）DID 企业异地投资	（3）第一阶段 回归数字金融 指数	（4）第二阶段 回归企业异地 投资
数字金融指数	0.0496* （1.7200）	—	—	0.1218* （1.6694）
Treat × Post	—	2.0810** （2.0776）	—	—
互联网宽带接入端口数	—	—	0.0015*** （9.7550）	—
各省互联网普及率	—	—	43.6606*** （6.0013）	—
控制变量	是	是	是	是
个体固定效应	是	是	是	是
时间固定效应	是	是	是	是
观测值	17 620	32 039	31 513	31 513
调整 R^2 值	0.0822	0.0799	—	0.0016

注：括号内为t值；*、**、***分别表示10%、5%、1%显著水平。
资料来源：表中结果来自作者计算。

2.DID方法

为了解决潜在的反向因果关系问题，参考Mu等（2023）的方法，将4G服务视为外生冲击。4G通信技术加快了数据和信息的传输速度，在数字金融发展和普及过程中起到重要作用，4G冲击可能会影响数字金融的发展。我国工业和信息化部在2014年批准运营商在一部分城市试点4G，据此本文构建DID模型考察数字金融对企业异地投资的影响。其中，根据城市是否为试点城市，将样本企业所在地被纳入试点范围的城市作为实验组，企业所在地没有被纳入试点范围的城市作为控制组，*Treat*为区分实验组和对照组的虚拟变量。*Post*为时间哑变量，将开始试点年份（2014年）之后年份定义为政策生效年份，赋值为1，2014年及以前的年份赋值为0，构造交乘项进行DID检验。表5第（2）列结果显示，交互项的系数显著为正，这表明基准回归的结果稳健。

3.工具变量法

为消除遗漏变量和反向因果导致的内生性问题，本文使用工具变量来探讨数字金融发展与企业异地投资的因果关系。借鉴谢绚丽等（2018）的做法，本文使用各省互联网普及率和互联网宽带接入端口数作为数字金融发展水平的工具变量。地区数字金融的发展水平与其所在地互联网发展程度密切相关，互联网基础设施越完善、互联网应用越广泛，越能促进数字金融的发展。表5第（3）列报告了工具变量第一阶段回归的结果，可以看出两个工具变量都与数字金融的发展正相关。第（4）列所示的第二阶段估计中的数字金融指数的系数再次表明，地区数字金融的发展显著促进了企业的异地投资。工具变量检验显示，Wald F统计量大于其10%水平上的临界值，LM统计量的P值为0.0000，Hansen检验的P值为0.1195，均通过工具变量的一系列检验。与基准回归结果相比，在采用工具变量法进行检验后，数字金融对企业异地投资的促进作用依然显著，表明前文的结果稳健。

（四）异质性分析

1.地区异质性

诸多研究（刘传明等，2017；郭峰等，2020）的结果表明数字金融具有地区收敛性的特征。相比于传统金融，数字金融具有更好的地理穿透性，由此带来的普惠性优势缩小了中西部地区和东部地区之间在金融服务可得性上的差距。在传统金融体系中，东部地区企业已经可以利用其中充裕的资源完成自身规模的扩张，而在数字金融体系下，中西部地区能享受到比在传统金融体系中更丰富的金融资源，这为中西部地区实现追赶提供了可能。中西部地区企业可以利用这些资源向异地进行扩张，完成自身规模的扩大，使用其他地区更丰富的生产要素等资源以实现企业的规模经济和利润最大化。因此本文将样本按照所属省份划分为东部地区和中西部地区分别进行回归。表6第（1）列结果显示，中西部地区数字金融的发展显著推动了本地企业在异地投资，而东部地区这一效应并不显著。

表6		异质性分析（1）				
	（1）地区异质性		（2）资本流向异质性		（3）行业异质性	
	东部地区	中西部地区	省内投资	跨省投资	制造业	非制造业
数字金融指数	0.0331 (1.3540)	0.0444* (1.9515)	−0.0025 (−0.5112)	0.0508*** (3.2162)	0.0361** (2.5216)	0.0296 (0.9460)
控制变量	是	是	是	是	是	是
个体固定效应	是	是	是	是	是	是
时间固定效应	是	是	是	是	是	是
观测值	23 369	8 667	28 989	26 460	21 149	10 887
调整 R^2 值	0.1716	0.1541	0.0872	0.1636	0.1711	0.1665

注：括号内为 t 值；*、**、***分别表示10%、5%、1%显著水平；被解释变量均为企业异地投资。

资料来源：表中结果来自作者计算。

2. 资本流向异质性

企业开展跨地区投资时不仅要考虑企业所在地的成本收益，也要考虑投资目的地的成本收益。同一省份内地理距离较短、制度差异较小，企业的进入成本相对较低；企业跨省发展面临更大的不确定性，特别是在过去地方政府赶超式增长的竞争下，地方政府间为采取"以邻为壑"的地方保护主义政策阻止生产要素的流出，使得企业跨省投资面对较高的壁垒。因此，本文将被解释变量替换为"省际异地子公司数量"和"省内异地子公司数量"分别进行回归。表6第（2）列结果显示，数字金融的发展主要促进了企业的跨省投资，而对于企业在同一省份内的跨城市投资，这一促进作用则相对较弱。可以认为，数字金融有效打破了省份间阻碍资本要素流动的障碍。

3. 行业异质性

非制造业（如服务业）对本地市场较为依赖，对人才和信息等资源的要求较高（谢贞发等，2023），而制造业企业流动性较强，对本地政府行为和市场环境的变化更为敏感。因此相比于制造业企业，非制造业企业由于信息和资源劣势，在向异地发展的过程中面临更高的市场进入成本。鉴于此，本文将样本按照行业分为制造业企业和非制造业企业分别进行回归。表6第（3）列结果表明数字金融在更大程度上促进了制造业企业的跨区域投资，而对于非制造业企业来说这一促进作用并不显著。

4.所有制异质性

作为地方财政收入的重要来源（银温泉、才婉茹，2001），政府会优先将资源分配给国有企业，因此相比于非国有企业，国有企业对市场投资环境变化不敏感。有些地方政府甚至会利用与国有企业的政治关联直接干预国有企业的投资决策，已有研究也发现国有企业的异地投资和并购活动明显少于非国有企业（曹春方等，2015）。因此本文将样本按照企业所有制的不同划分为国有企业和非国有企业分别进行回归。表7第（1）列显示数字金融的发展在更大程度上促进了非国有企业的跨区域投资，对国有企业来说这一促进作用不显著。

表7　　　　　　　　　　　　　　　异质性分析（2）

	（1）所有制异质性		（2）是否为高新技术企业	
	国有企业	非国有企业	高新技术企业	非高新技术企业
数字金融指数	0.0191 （1.0848）	0.0688** （2.5092）	0.0479*** （2.6640）	0.0400 （1.6008）
控制变量	是	是	是	是
个体固定效应	是	是	是	是
时间固定效应	是	是	是	是
观测值	22 312	9 724	19 831	12 205
调整 R^2 值	0.2081	0.1014	0.1987	0.1503

注：括号内为 t 值；*、**、***分别表示10%、5%、1%显著水平；被解释变量均为企业异地投资。

资料来源：表中结果来自作者计算。

5.是否为高新技术企业

高新技术企业属于知识密集型、技术密集型企业，拥有丰富的人才和知识储备、完善的数字基础设施，在数字技术的应用上具备天然优势。相比之下，非高新技术企业缺少数字化人才，尚未建立起数字化的组织架构，在企业数字文化、员工数字素养等基础条件上存在劣势，这可能会导致其难以充分利用数字金融所提供的便利性。此外，高新技术领域属于国家重点关注和支持的产业领域，在税收优惠和信贷政策等多个方面都给予了一定程度的政策支持，因此高新技术企业更有可能开展跨地区的投资。鉴于此，本文以样本企业是否为高新技术企业进行了划分，分别进行了回归。表7第（2）列结果表明数字金融在更大程度上促进了高新技术企业的异地投资，对非高新技术企业异地投资的促进作用却并不显著。

五、影响机制分析

前文的实证研究表明，数字金融显著促进了企业异地投资。那么，数字金融通过哪些渠道影响企业的异地投资行为？前文的理论分析认为数字金融通过融资约束缓解效应、数字技术赋能效应和地理限制弱化效应，影响企业的异地投资行为。接下来，本文对此进行检验。

（一）融资约束缓解效应

数字金融可能通过缓解企业融资约束从而促进上市企业的异地投资。数字金融的发展有效拓宽了企业的融资渠道、提高企业的融资效率，从而满足企业扩大自身规模、进行异地投资过程中的资金需求，为企业的异地投资活动提供更多机会。本文采用外生性较强的SA指数测度企业面临的融资约束水平（Hadlock and Pierce，2010），使用企业规模（$Size$）和企业年龄（Age）两个变量构建SA指数：$-0.737 \times Size + 0.043 \times Size^2 - 0.04 \times Age$。采用中介效应模型进行检验，结果如表8所示。第（1）列结果显示数字金融指数的系数在1%的水平上显著为负，说明数字金融发展水平的提高能够显著降低企业所面临的融资约束水平。进一步将融资约束、数字金融指数同时加入模型进行中介效应检验，第（2）列结果显示融资约束的系数在1%的水平上显著为负，且相比于基准回归结果，数字金融指数的系数显著度下降，表明融资约束在数字金融对企业异地投资的促进作用中发挥了中介效应。这意味着数字金融通过缓解企业融资约束水平而促进了企业的异地投资，H1得到验证。

表8　　　　　　　　　　机制检验（1）

被解释变量	（1） 融资约束	（2） 企业异地投资	（3） 企业数字化转型	（4） 企业异地投资
数字金融指数	−0.0035*** （−2.8865）	0.0205 （1.4078）	0.0055*** （4.6773）	0.0307** （2.0400）
融资约束	—	−5.1115*** （−15.4688）	—	—
企业数字化程度	—	—	—	1.3646*** （8.2707）
资产负债率	−0.3470** （−2.3535）	0.2070 （0.6227）	0.0704* （1.8724）	1.9071** （2.5469）

续表

被解释变量	(1) 融资约束	(2) 企业异地投资	(3) 企业数字化转型	(4) 企业异地投资
自由现金流	0.1375 (1.1717)	1.5006 (1.5966)	−0.1850** (−2.5499)	1.1041 (1.0120)
管理费用率	2.2293*** (12.3680)	8.6010*** (5.4718)	−0.4877*** (−3.7789)	−2.0681 (−1.3538)
政治关联	−0.1012*** (−4.7031)	0.0305 (0.0836)	0.0209 (0.8549)	0.5421 (1.3887)
交通基础设施 水平	−0.0034*** (−2.6846)	0.0425** (2.1467)	0.0044*** (3.0541)	0.0535*** (2.5793)
市场化水平	0.0038 (0.2277)	−0.2682 (−1.3221)	−0.0190 (−1.1483)	−0.2430 (−1.1521)
cons	5.9736*** (29.2754)	32.8133*** (11.6391)	0.2614 (1.5253)	1.7525 (0.7976)
个体固定效应	是	是	是	是
时间固定效应	是	是	是	是
样本量	32 036	32 036	31 928	31 928
调整 R^2 值	0.5740	0.2518	0.3071	0.1790

注：括号内为 t 值；*、**、***分别表示10%、5%、1%显著水平。
资料来源：表中结果来自作者计算。

（二）数字技术赋能效应

数字金融可能通过加速企业的数字化转型从而促进企业的异地投资。数字金融从生产端和消费端两个方面推动企业的数字化转型，为企业开展跨区域投资提供了良好的技术支撑。参考吴非等（2021）的方法，统计上市企业年报中涉及"企业数字化转型"相应关键词的词频作为企业数字化转型程度的代理指标，对企业数字化转型进行定量分析，机制检验的结果如表8所示。列（3）结果显示数字金融指数的系数在1%的水平上显著为正，说明数字金融的发展能够显著促进企业的数字化转型。进一步将企业数字化转型、数字金融指数同时加入模型进行中介效应检验，第（4）列的结果显示企业数字化转型的系数在1%的水平上显著为正，且相比于基准回归结果，数字金融指数的系数显著度降低，表明企业数字化转型在数字金融对企业异地投资的促进作用中发挥了中介效应。这意味着数字金融通过加速企业的数字化转型而促进了企业的异地投资，H2得到验证。

（三）地理限制弱化效应

数字金融的发展弱化了地理因素对企业跨区域经营的限制作用。企业对外扩张往往受城市行政边界上山川河流等自然因素所形成的地理障碍的限制，这导致企业的跨地区经营要面临巨大的交易成本。而数字金融将信息的传递与处理数字化，降低了企业的内部沟通成本和外部信息获取成本，这极大地弱化了地理障碍对资本流动的限制作用。参考郭峰等（2023）的方法，本文用城市行政边界地区河流密度量化城市边界的地理障碍，具体做法为提取城市行政边界线内外延伸1公里形成的环带地区的河流密度，按照所有城市边界河流密度的四分位数，将城市划分为四个组分别进行回归，分组回归的结果如表9所示。列（1）为河流密度最低的城市组，列（4）为河流密度最高的城市组。从回归结果可以看出，对于边界地区河流密度高的城市，数字金融对企业异地投资的促进作用更突出，而对于边界地区河流密度小的城市数字金融对企业异地投资的促进作用并不明显。这个结果表明数字金融帮助企业跨越地理障碍开展跨区域的投资，有效弱化了地理因素对企业异地投资的限制作用，H3得到验证。

表9　　　　　　　　　　　机制检验（2）

被解释变量	（1）地理障碍低企业异地投资	（2）地理障碍较低企业异地投资	（3）地理障碍较高企业异地投资	（4）地理障碍高企业异地投资
数字金融指数	0.0377	0.0308	0.0263	0.0943***
	(1.0905)	(1.1379)	(0.7758)	(2.6835)
资产负债率	5.2805***	2.1405**	2.1949**	0.9885
	(3.5649)	(2.0765)	(1.9741)	(1.1641)
自由现金流	0.9629	1.3125	1.1385	−1.2685
	(0.4543)	(0.6961)	(0.7349)	(−0.3984)
管理费用率	−0.8072	−1.4368	−2.1702	−6.4222
	(−0.3298)	(−0.6636)	(−0.9064)	(−0.9929)
政治关联	−0.0374	1.2791*	0.3131	−0.0857
	(−0.0431)	(1.6827)	(0.4850)	(−0.1382)
交通基础设施水平	−0.0148	0.0886***	0.0608	0.0800*
	(−0.1974)	(2.6906)	(1.3763)	(1.8149)
市场化水平	0.4858	−0.8425**	0.1859	−0.5170
	(0.5522)	(−1.9848)	(0.4971)	(−0.8993)
cons	−5.6985	7.2794	−0.8883	1.2775
	(−0.7003)	(1.5777)	(−0.2077)	(0.2357)

被解释变量	(1) 地理障碍低企业异地投资	(2) 地理障碍较低企业异地投资	(3) 地理障碍较高企业异地投资	(4) 地理障碍高企业异地投资
个体固定效应	是	是	是	是
时间固定效应	是	是	是	是
样本量	6 971	13 228	6 363	5 474
调整 R^2 值	0.1772	0.1669	0.1532	0.1805

注：括号内为t值；*、**、***分别表示10%、5%、1%显著水平。

资料来源：表中结果来自作者计算。

六、进一步分析

（一）城市层面异地投资的增长来源分析

前文的实证研究表明城市数字金融发展水平的提高能够促进企业异地投资的增长，从而加速资本要素的跨区域流动。本章节进一步关注企业异地投资的增长来源，即对地区层面企业异地投资的增长进行动态分解，探究一个城市整体异地投资数量的增加是由哪类企业的投资行为引起的，为促进要素资源在更大范围内畅通流动提供一定的政策启示。

动态OP分解法（Melitz and Polanec，2015）将"动态"概念引入OP法（Olley and Pakes，1996）对总量生产率的分解中。本文借鉴MP动态分解的思路，将该分解方法拓展到企业异地投资增长的分解上来，即按照企业在连续两年间的存续状态将企业划分为在位企业、进入企业和退出企业三类，考察地区异地投资变动的来源企业。将连续两年分为T1、T2两个时期，若企业在T1和T2时期都正常上市，则认定其为在位企业；若企业在T1时期未上市，而在T2时期上市，则认定其为进入企业；若企业在T1时期正常上市而T2时期退市或状态异常，则认定其为退出企业。

2011—2021年城市层面异地投资的增长分解结果如表10所示。由表10可以看出，在位企业产生的增长效应最大，为总变动贡献了其中82.43%的增长，这意味着城市企业异地总投资的增长主要来源于该城市持续存活的在位企业的异地投资行为。2011—2021年间，在连续两个时期在位的上市公司整体上持续保持着对外扩张的态势，这是因为由于规模经济、专业化分工和利润最大化等目标的驱动，企业有动力持续扩大生产规模、积极寻求对外扩张，但是企业开展跨地区投资的前提条件是生产者拥有足够的劳动力、技术和资金等扩大生产规模的条件。而相比于新进入企业和退出企业，在位企业更有可能具备这样的基础条件，因此由这部分企业产生的增长效应贡献度最高。其次是进入企业引起的增长，贡献度为18.7%，即2011—2021年间一个城市总的企业异地投资增长的18.7%是由该城市在样本期间新上市的公司所带来的。企业生命周期理论认为一个企业的全部生命周期过程为在经历发展、成长、成熟、衰退四个阶段后，转而走向稳定、转型或消亡。在样本期间这些进入企业大多处于发展或成长阶段，属于企业的上升期，是企业追求规模经济的重要阶段，也是开展跨地区投资的合适时机。虽然这部分进入企业是市场后入者，但是仍然贡献了地区企业异地投资近五分之一的增长数量，由此得出一个重要的政策启示是为市场注入新活力是畅通国内资本要素大循环的重要途径之一。最后，退出企业引起的变动最小且为负值，贡献度为-1.13%。这是因为在样本期间，随着企业退出市场，其设立的异地子公司数量会减少为0，因此由这部分企业所产生的变动效应一定是负效应，且退市企业数量占比较小，因此贡献度较小。

表10   2011—2021年企业异地投资增长的分解结果

类别		对Δ企业异地投资分解	贡献度
企业异地投资总增长	（1）	205.5779	
在位企业引起的增长	（2）	169.4677	0.8243
进入企业引起的增长	（3）	38.4373	0.1870
退出企业引起的增长	（4）	-2.3232	-0.0113
资源再配置效应	（3）+（4）	36.1141	0.1757

资料来源：表中结果来自作者计算。

在上述三类增长效应中，将进入企业引起的增长和退出企业引起的增长进行加总，可以计算出企业间的资源再配置效应。这种资源的再配置效应在企业异地投资的变动中主要表现为对市场上的企业进行"优胜劣汰"的更新。对市场上处于衰退期的企业进行清退，让更多资源流向正处于发展或成长阶段的进入企业。进一步计算结果如表10所示，企业间的资源再配置效应对企业异地投资增长的贡献度为17.57%，可见市场资源在不同企业间的再配置在促进城市间的资本流动中发挥重要作用。

（二）实证分析

基于上述分解结果，本文进一步考察资源再配置效应是否是数字金融促进企业异地投资的重要途径，为此设置计量模型如下：

$$\Delta Investment_{jt} = \alpha_0 + \alpha_1 DF_{jt} + \beta \vec{X}_{jt} + \mu_j + \gamma_t + \varepsilon_{jt} \qquad (2)$$

其中，$\Delta Investment_{jt}$表示城市j在第t年相对于上一年的由各部分增长效应引起的企业异地投资的增长；DF_{jt}表示城市j在第t年的数字金融发展水平，与基准回归中该变量的测度方法一致，采用北京大学数字金融指数衡量；$\vec{X}_{jt}$为城市层面的控制变量，与基准回归模型中的设定相同。

表11汇报了模型的估计结果，由第（1）列的结果可以看出，数字金融指数的系数在1%的水平上显著为正，这表明数字金融促进了地区异地投资的增长，这与基准回归的结论一致。为了全面揭示数字金融对不同类型企业所引致的城市异地投资增长的影响，本文继续对在位企业、进入企业和退出企业引起的增长进行回归，第（2）~（4）列汇报了具体的估计结果。第（2）、（3）列结果显示数字金融对在位企业引起的增长和进入企业引起的增长的估计系数均在5%的水平上显著为正，反映数字金融促进了在位企业和进入企业的异地投资行为。第（4）列结果显示数字金融对退出企业的增长估计系数显著为负，表明数字金融发展水平越高，该地区由样本期间内退出企业所产生的企业异地投资的增长效应是越小的。第（5）列对资源再配置效应的检验表明数字金融通过改善资源再配置效率提升了城市整体的企业异地投资水平，因此，资源再配置效应是其促进城市间资本流动的重要途径。

表11 　　　　　　　　**数字金融与地区异地投资增长的计量结果**

被解释变量	（1） 总效应	（2） 在位企业引起的增长	（3） 进入企业引起的增长	（4） 退出企业引起的增长	（5） 资源再配置效应
数字金融指数	0.7564** (2.5200)	0.4763** (2.1805)	0.3159** (2.4867)	−0.0360** (−2.1232)	0.2799** (2.3675)
控制变量	是	是	是	是	是
个体固定效应	是	是	是	是	是
时间固定效应	是	是	是	是	是
样本量	2 097	2 097	2 098	2 098	2 098
调整R^2值	0.0754	0.0656	0.0354	0.0106	0.0319

注：括号内为t值；*、**、***分别表示10%、5%、1%显著水平。
资料来源：表中结果来自作者计算。

七、结论与政策建议

本文以2011—2021年A股上市公司为研究对象，实证研究了数字金融对企业异地投资的影响，在微观层面为数字金融促进资本跨区域流动、畅通国内资本要素大循环提供了新的视角和证据。实证研究发现：数字金融对企业异地投资具有显著的正向影响，即城市数字金融发展水平越高，企业的异地投资数量越多。基于不同地区、行业、资本流向、企业所有制性质和是否为高新技术企业的异质性分析表明，数字金融对企业异地投资的正向影响在中西部地区企业、制造业企业、跨省投资、非国有企业和高新技术企业中更加显著。机制检验表明，融资约束缓解效应、数字技术赋能效应和地理限制弱化效应是数字金融促进企业异地投资的有效路径。进一步分析的结果表明，2011—2021年间城市企业异地投资的增长82.43%源于在此期间在位企业产生的增长效应，18.7%源于进入退出企业的投资增长。在动态分解基础上的实证分析表明，在位企业的集约边际效应和进入退出企业间的资源再配置效应是数字金融促进城市异地投资的重要途径之一。

本文的研究证实了数字金融可以作为促进城市间资本要素流动的内在动力，这对于我国畅通国内大循环、建设全国统一大市场具有重要的政策含义，为此本文提出如下政策建议：

第一，加强数字基础设施建设，助力数字金融均衡发展。数字基础设施是数字金融业务的载体和运营基础。加快建设金融数据中心、算力中心、数字身份认证系统等新型技术基础设施，支付清算系统、经营主体征信基础设施等数字金融融合基础设施。同时，数字金融基础设施的建设要注重多层次、广覆盖。我国经济欠发达地区和乡村地区仍然存在巨大的数字鸿沟，数字基础设施的不完善是重要的制约因素。为此要进一步落实农村地区和经济欠发达地区的数字提升专项计划，加大对落后地区数字基础设施建设的资金投入和政策支持力度。此外，数字基础设施的设计要具备通用性公共服务和差异化个性服务的双重功能。例如针对老年群体的数字适老化改造，结合老年人的认知能力和使用习惯定制专门的数字产品。数字金融的均衡发展不仅是我国区域协调发展战略的基本要求，也是建设国内统一大市场的有效途径。

第二，加强金融监管，防范数字金融风险。数字金融在改变金融服务供给方式、提升金融服务供给质量的同时也带来了一系列潜在的金融风险。一是可能在金融数据收集、处理和储存过程中出现的数据应用风险；二是与数据安全相关的安全合规风险；三是在金融机构应用新技术过程中传统防御措施难以全面覆盖所有易受攻击面而带来的新技术应用风险。建立高水平的金融数据安全治理体系，筑牢数字金融安全防线，首先要推动金融数据的相关立法，强化对金融数据违规违法行为的监管。明确金融交易信息在平台间的流通、共享标准，明确金融数据的所有权、使用权问题；优化官方金融数据监管的组织机构，明确划分部门监管责任，对金融数据的流通实行全过程监管，形成"事前预警、事中监控、事后分析"的金融风险防控体系。其次，要加大对消费者个人金融风险防范的宣传力度。通过官方组织（如社区、银行等）的科普教育提升消费者个人的金融数据安全意识、信息保护意识，引导公众学习基本的金融知识、掌握金融风险识别手段，从需求端预防数字金融隐患。强化系统性金融风险防控、守住数字金融安全底线是我国做好数字金融大文章、加快金融强国建设的基础。

第三，破除地方行政壁垒，加快统一大市场建设。全国统一大市场的建设目标之一是要"持续推动国内市场的高效畅通和规模拓展"。省域之间的行政壁垒是我国实现高质量一体化的掣肘，阻碍了资源要素按照市场规律合理配置。企业跨省投资的行政障碍来源于诸如对外来企业的不合理限制、资质证件的不互通不互认、针对本地企业的优惠政策等诸多方面。解决省份间的行政壁垒问题，首先要建立起统一制度规则，建立统一的产权保护制度、市场准入制度、公平竞争制度和社会信用制度等基础性制度。其次，政府要充分发挥监管的职能，在建立完善的市场监管规则的基础上，强化市场监管执法力度，着力提升市场监管能力。最后，国家应出台基本指南或行动方案，从顶层设计的高度给予各地区一定的指导。调整对地方政府绩效的评价体系，杜绝以GDP为唯一标准的考核逻辑，增加高质量发展、可持续发展的评价比重；引导地方充分发挥自身比较优势，精准定位，做好规划建设，杜绝重复建设和地区内部的小循环；严厉打击地方设立违背公平竞争的条款、政策的行为。省际行政壁垒的破除是降低制度性交易成本，推动我国有效市场和有为政府结合的重要举措。

第四，着力优化营商环境，高质量推动企业开展跨区域投资。营商环境的优劣是企业进行投资决策时的重要参考标准。首先，地方政府要引导金融机构为企业提供资金支持。对于挂牌上市后备企业的融资需求，鼓励当地银行业等金融机构为这部分企业定制个性化的融资方案，在授信额度、贷款利率、还款期限各方面尽可能地给予一定的优惠政策，加大金融支持力度。其次，为企业上市提供便利化、精准化服务措施。组建宣讲团和专家队伍开展相关政策宣讲、企业诉求受理，为在挂牌上市不同环节的企业提供针对性的政策咨询、辅导培训等服务。最后，优化企业业务办理流程，推进政务服务提质增效。对于企业挂牌上市过程中需要的各种合规证明，相关单位要提高办事效率，"接诉即办"，尽可能实现"不见面审批"，做到让企业"最多跑一次"。地方营商环境的优化有利于激发市场经济发展活力，推动地方经济高质量发展。

<h1 style="text-align:center">参考文献</h1>

[1] BOISOT M，MEYER M W.Which Way through the Open Door? Reflections on the Internationalization of Chinese Firms [J]．Management and Organization Review，2008，4（3）：349-365.

[2] BAUER J M.The Internet and Income Inequality：Socio-economic Challenges in a

Hyperconnected Society [J]. Telecommunications Policy, 2018, 42 (4): 333-343.

[3] BECK T, PAMUK H, RAMRATTAN R, et al. Payment Instrument, Finance and Development [J]. Journal of Development Economics, 2018: 162-186.

[4] CHEN L, WANG T, WU Y, et al. Government Subsidies, Digital Finance and Enterprise Innovation——an Empirical Analysis Based on Information Manufacturing Listed Companies [J]. Contemporary Econ, 2022: 107-117.

[5] GROSSMAN J, TARAZI M. Serving Smallholder Farmers: Recent Developments in Digital Finance [J]. Focus Note, 2014, 94.

[6] HADLOCK C J, PIERCE J R. New Evidence on Measuring Financial Constraints: Moving beyond the KZ Index [J]. The Review of Financial Studies, 2010, 23 (5): 1909—1940.

[7] KUZMINA-MERLINO I, SAKSONOVA S. The Knowledge and Competencies Required for the Fintech Sector [C]. New Challenges of Economic and Business Development-2018: Productivity and Economic Growth, 2018: 387-395.

[8] LAIDROO L, KOROLEVA E, KLIBER A, et al. Business Models of Fintechs-Difference in Similarity? [J]. Electronic Commerce Research and Applications, 2021, 46.

[9] MELITZ M J, POLANEC S. Dynamic Olley-Pakes Productivity Decomposition with Entry and Exit [J]. Rand Journal of Economics, 2015, 46 (2): 362-375.

[10] MATRAY A. The Local Innovation Spillovers of Listed Firms [J]. Journal of Financial Economics, 2021, 141 (2): 395-412.

[11] MU W. Digital Finance and Corporate ESG [J]. Finance Research Letters, 2023 (51).

[12] OLLEY S G, PAKES A. The Dynamics of Productivity in the Telecommunications Equipment Industry [J]. Econometrica, 1996, 64 (6): 1263.

[13] SUN H, CHEN T, WANG C. Spatial Impact of Digital Finance on Carbon Productivity [J]. Geoscience Frontiers, 2024, 15 (3).

[14] TRANOS E, IOANNIDES Y M. ICT and Cities Revisited [J]. Telematics and Informatics, 2020, 55.

[15] YOUNG A. The Razor's Edge: Distortions and Incremental Reform in the People's Republic of China [J]. Quarterly Journal of Economics, 2000, 115 (4): 1091-1135.

[16] YIN M, BERTOLINI L, DUAN J. The Effects of the High-speed Railway on Urban Development International Experience and Potential Implications for China [J]. Progress in Planning, 2015, 98: 1-52.

[17] YIN Z, GONG X, GUO P, et al. What Drives Entrepreneurship in Digital Economy? Evidence from China [J]. Economic Modelling, 2019, 82 (3): 66-73.

[18] ZAHEER S. Overcoming the Liability of Foreignness [J]. Academy of Management Journal, 1995, 38 (2): 341-363.

[19] ZHANG T, SUN B, LI W, et al. Information Communication Technology and Manufacturing Decentralisation in China [J]. Papers in Regional Science, 2022, 101 (3): 619-637.

[20] 白重恩，杜颖娟，陶志刚，等．地方保护主义及产业地区集中度的决定因素和

变动趋势 [J]. 经济研究, 2004 (4): 29-40.

[21] 白俊红, 王星媛, 卞元超. 互联网发展对要素配置扭曲的影响 [J]. 数量经济技术经济研究, 2022, 39 (11): 71-90.

[22] 曹春方, 周大伟, 吴澄澄, 等. 市场分割与异地子公司分布 [J]. 管理世界, 2015 (9): 92-103; 169; 187-188.

[23] 曹春方, 贾凡胜. 异地商会与企业跨地区发展 [J]. 经济研究, 2020, 55 (4): 150-166.

[24] 范欣, 宋冬林, 赵新宇. 基础设施建设打破了国内市场分割吗? [J]. 经济研究, 2017, 52 (2): 20-34.

[25] 范子英, 周小昶. 财政激励、市场一体化与企业跨地区投资——基于所得税分享改革的研究 [J]. 中国工业经济, 2022 (2): 118-136.

[26] 郭峰, 王靖一, 王芳, 等. 测度中国数字普惠金融发展: 指数编制与空间特征 [J]. 经济学 (季刊), 2020, 19 (4): 1401-1418.

[27] 郭峰, 熊云军, 石庆玲, 等. 数字经济与行政边界地区经济发展再考察——来自卫星灯光数据的证据 [J]. 管理世界, 2023, 39 (4): 16-33.

[28] 黄益平, 陶坤玉. 中国的数字金融革命: 发展、影响与监管启示 [J]. 国际经济评论, 2019 (6): 5; 24-35.

[29] 贾俊生, 刘玉婷. 数字金融、高管背景与企业创新——来自中小板和创业板上市公司的经验证据 [J]. 财贸研究, 2021, 32 (2): 65-76; 110.

[30] 李海舰, 田跃新, 李文杰. 互联网思维与传统企业再造 [J]. 中国工业经济, 2014 (10): 135-146.

[31] 李辉, 梁丹丹. 企业数字化转型的机制、路径与对策 [J]. 贵州社会科学, 2020, (10): 120-125.

[32] 刘传明, 王卉彤, 魏晓敏. 中国八大城市群互联网金融发展的区域差异分解及收敛性研究 [J]. 数量经济技术经济研究, 2017, 34 (8): 3-20.

[33] 刘志彪, 孔令池. 从分割走向整合: 推进国内统一大市场建设的阻力与对策 [J]. 中国工业经济, 2021 (8): 20-36.

[34] 刘慧, 綦建红, 孙小雨. 公平竞争审查制度何以畅通国内大循环? ——基于区域间贸易的证据 [J]. 经济评论, 2023 (3): 14-30.

[35] 马光荣, 程小萌, 杨恩艳. 交通基础设施如何促进资本流动——基于高铁开通和上市公司异地投资的研究 [J]. 中国工业经济, 2020 (6): 5-23.

[36] 马连福, 杜善重. 数字金融能提升企业风险承担水平吗 [J]. 经济学家, 2021 (5): 65-74.

[37] 马述忠, 胡增玺. 数字金融是否影响劳动力流动? ——基于中国流动人口的微观视角 [J]. 经济学 (季刊), 2022, 22 (1): 303-322.

[38] 马光荣, 程小萌. 区域性税收优惠政策、企业异地发展与避税 [J]. 世界经济, 2022, 45 (12): 129-152.

[39] 马为彪, 吴玉鸣. 数字化转型重塑了企业地理格局吗? ——基于上市公司异地投资的研究 [J]. 经济评论, 2023 (6): 87-105.

[40] 潘爽, 叶德珠. 交通基础设施对市场分割的影响——来自高铁开通和上市公司

异地并购的经验证据 [J]. 财政研究, 2021 (3): 115-129.

[41] 钱海章, 陶云清, 曹松威, 等. 中国数字金融发展与经济增长的理论与实证 [J]. 数量经济技术经济研究, 2020, 37 (6): 26-46.

[42] 宋周莺, 刘卫东. 信息时代的企业区位研究 [J]. 地理学报, 2012, 67 (4): 479-489.

[43] 孙玉环, 张汀昱, 王雪妮, 等. 中国数字普惠金融发展的现状、问题及前景 [J]. 数量经济技术经济研究, 2021, 38 (2): 43-59.

[44] 宋敏, 周鹏, 司海涛. 金融科技与企业全要素生产率——"赋能"和信贷配给 的视角 [J]. 中国工业经济, 2021 (4): 138-155.

[45] 宋小宁, 曹慧娟, 马光荣. 国家巡回法庭与资本跨区流动：央地司法关系视角 [J]. 经济学 (季刊), 2023, 23 (5): 1793-1809.

[46] 唐松, 伍旭川, 祝佳. 数字金融与企业技术创新——结构特征、机制识别与金 融监管下的效应差异 [J]. 管理世界, 2020, 36 (5): 9; 52-66.

[47] 田鸽, 黄海, 张勋. 数字金融与创业高质量发展：来自中国的证据 [J]. 金融 研究, 2023 (3): 74-92.

[48] 王凤荣, 苗妙. 税收竞争、区域环境与资本跨区流动——基于企业异地并购视 角的实证研究 [J]. 经济研究, 2015, 50 (2): 16-30.

[49] 王馨. 互联网金融助解"长尾"小微企业融资难问题研究 [J]. 金融研究, 2015 (9): 128-139.

[50] 吴非, 胡慧芷, 林慧妍, 等. 企业数字化转型与资本市场表现——来自股票流 动性的经验证据 [J]. 管理世界, 2021, 37 (7): 10; 130-144.

[51] 谢绚丽, 沈艳, 张皓星, 等. 数字金融能促进创业吗？——来自中国的证据 [J]. 经济学 (季刊), 2018, 17 (4): 1557-1580.

[52] 薛启航, 王慧敏, 魏建. 金融科技发展是否削弱了国内市场分割？——来自消 费品市场和资本品市场的证据 [J]. 改革, 2022 (5): 110-125.

[53] 谢贞发, 陈芳敏, 陈卓恒. 激励与能动性：非对称财政收支分权与企业资本跨 区域流动 [J]. 数量经济技术经济研究, 2023, 40 (1): 87-108.

[54] 肖红军, 沈洪涛, 周艳坤. 客户企业数字化、供应商企业 ESG 表现与供应链 可持续发展 [J]. 经济研究, 2024, 59 (3): 54-73.

[55] 银温泉, 才婉茹. 我国地方市场分割的成因和治理 [J]. 经济研究, 2001 (6): 3-12; 95.

[56] 易行健, 周利. 数字普惠金融发展是否显著影响了居民消费——来自中国家庭 的微观证据 [J]. 金融研究, 2018 (11): 47-67.

[57] 周黎安. 晋升博弈中政府官员的激励与合作——兼论我国地方保护主义和重复 建设问题长期存在的原因 [J]. 经济研究, 2004 (6): 33-40.

[58] 张贺, 白钦先. 数字普惠金融减小了城乡收入差距吗？——基于中国省级数据 的面板门槛回归分析 [J]. 经济问题探索, 2018 (10): 122-129.

[59] 张勋, 万广华, 张佳佳, 等. 数字经济、普惠金融与包容性增长 [J]. 经济研 究, 2019, 54 (8): 71-86.

[60] 张勋, 杨桐, 汪晨, 等. 数字金融发展与居民消费增长：理论与中国实践

［J］. 管理世界，2020，36（11）：48-63.

　　［61］周利，冯大威，易行健. 数字普惠金融与城乡收入差距："数字红利"还是"数字鸿沟"［J］. 经济学家，2020（5）：99-108.

　　［62］张宗新，张帅. 数字金融提升我国资本要素配置效率研究［J］. 社会科学，2022（11）：129-139.

　　［63］赵仁杰，周小昶. 区域性税收优惠与企业异地投资的避税效应［J］. 财贸经济，2022，43（11）：59-74.

　　［64］张欣，董竹. 数字化转型与企业技术创新——机制识别、保障条件分析与异质性检验［J］. 经济评论，2023，（1）：3-18.

　　［65］诸竹君，袁逸铭，许明，等. 数字金融、路径突破与制造业高质量创新——兼论金融服务实体经济的创新驱动路径［J］. 数量经济技术经济研究，2024，41（4）：68-88.

Does Digital Finance Promote Cross-Regional Capital Flows?

——Research on Trans-Regional Investment of Companies

ZHANG Jitong　XU Huimin　YAN Zhijun

（Business School of Nanjing Normal University，Jiangsu，Nanjing，210023）

Abstract：Based on the data of A-share listed companies and their investment subsidiaries from 2011 to 2021, this paper empirically analyzes the impact of digital finance on enterprises' trans-regional investment and its transmission mechanism. The study finds that, first, the development of digital finance has promoted the trans-regional investment of listed companies, and this conclusion is still valid after a series of robustness tests and endogenous treatments. Second, the digital finance plays a more obvious role in promoting investment in the central and western regions, extra-provincial investment, manufacturing enterprises, non-state-owned enterprises and high-tech enterprises. Third, the digital finance promotes enterprises' trans-regional investment through the easing effect of financial constraints, the empowering effect of digital technology and the weakening effect of geographical restrictions. Fourth, the main source of the growth of urban enterprises' trans-regional investment is the incumbent enterprises during the sample period, that is, there is an intensive marginal effect of investment, and the effect of resource reallocation between entering and exiting enterprises has little influence on the promotion of enterprises' trans-regional investment by digital finance. This study provides a new perspective and evidence for the development of digital finance to promote Cross-regional capital flows based on micro-investment decisions of enterprises.

Key Words: digital finance; cross-regional capital flows; digital transformation; financial constraints

JEL Classification: D21, G31, R12

数字经济时代中老年群体数字生活提升机制研究

——基于社交网络拓展的视角

刘翠花[1]　李建奇[2]　丁述磊[3]

(1. 首都经济贸易大学经济学院，北京　100070；
2. 上海交通大学安泰经济与管理学院，上海　200030；
3. 首都经济贸易大学劳动经济学院，北京　100070)

[内容提要] 数字经济时代中老年群体如何全面融入数字生活问题亟待解决。本文利用中国综合社会调查数据，实证分析社交网络对中老年人数字生活的影响。研究发现，以团体活动参与、朋友关系、子女联系作为社交网络的代理指标显著提高了中老年人数字生活参与度。机制分析表明，非认知能力是显著的机制变量，社交网络不仅直接提高中老年人数字生活参与度，还通过提升非认知能力间接改善中老年人的数字生活参与度。异质性分析发现，社交网络对农村、无工作的中老年人互联网使用频率、移动支付和网上生活更为显著；且对东部、家庭经济状况较好的中老年人数字生活参与度提升作用更显著。为此，应加快各地区数字基础设施建设，积极拓宽社交网络，努力提高中老年人非认知能力，鼓励子女进行数字文化反哺，针对不同中老年群体制定精准帮扶措施，提高中老年人的社交网络参与度和数字技术应用程度，促进中老年人积极融入数字生活。

[关键词] 数字经济；社交网络；数字生活；中老年人

一、引　　言

随着互联网、人工智能、大数据等数字技术快速创新与应用，我国数字

[基金项目] 北京市社会科学基金青年规划项目"数实深度融合赋能京津冀消费潜力释放的影响机理与政策研究"（项目编号：24JJC030）。

[作者简介] 刘翠花，女，1991年出生，山东莱芜人，首都经济贸易大学经济学院副教授；李建奇，男，1992年出生，黑龙江哈尔滨人，上海交通大学安泰经济与管理学院助理研究员；丁述磊（通讯作者），男，1991年出生，山东聊城人，首都经济贸易大学劳动经济学院副教授。

经济蓬勃发展，并对人们生产、生活和生态产生重大影响。数字经济时代，数字技术应用加速从消费端向生产端拓展，数字化服务在社会中广泛应用，移动支付广泛普及，网络购物、远程办公、在线学习等成为新型工作生活方式，推动人们迈进数字生活快车道。由于"数字鸿沟"存在，导致不同年龄段群体的数字生活发展存在不均衡现象。截至2023年12月，我国网民规模高达10.92亿，互联网普及率达到77.5%，其中60岁以上的老年网民占比14%①。随着老龄人口数量快速增长，2023年我国60岁以上老年人达到2.97亿，占全国人口的21.1%，已经进入中度老龄化社会，预计到2035年和2050年，60岁及以上老年人口将分别达到30%和38%。老年人口快速增长导致该群体面临的数字鸿沟问题日益凸显，很多老年人由于不会使用智能手机而存在诸多障碍。现阶段，随着老年人口越来越多，大量老年人面临不会使用智能手机和不会上网的难题，在出行、消费、就医等日常生活中面临诸多不便，很难全面融入数字生活。老年人多元化、差异化、个性化的需求蕴含着巨大的发展机遇，鼓励老年人积极融入数字生活，大力发展银发经济，既是实现老年群体美好生活向往的现实需要，也是经济社会高质量发展的新动能，事关国家发展全局，事关人民福祉。

为让老年人更好适应并融入数字生活，需要在政策引导和全社会共同努力下，做实做细为老年人服务的各项工作，有效解决老年人在运用智能技术方面遇到的困难②。2021年4月，工业和信息化部发布《互联网网站适老化通用设计规范》和《移动互联网应用（APP）适老化通用设计规范》③，为中老年人共享数字经济红利，更加深入地融入数字生活创造了便利条件。2021年12月，《"十四五"国家信息化规划》指出，要不断提升弱势群体数字素养与技能水平，推动信息服务适老化改造优化，加强适老化数字服务供给，打造全民高品质数字生活④。2024年1月，国务院办公厅印发的《关于发展银发经济增进老年人福祉的意见》提出要大力培育老年用品、智慧健康养老、适老化改造等潜力产业，不断扩大内需、增加就业、整体推动银发经济高质量发展⑤。

---

① 中国互联网络信息中心.第53次中国互联网络发展状况统计报告［EB/OL］.https：//www.cnnic.cn/n4/2024/0322/c88-10964.html.2024-03-22.

② 中华人民共和国中央人民政府.关于切实解决老年人运用智能技术困难的实施方案［EB/OL］.http：//www.gov.cn/xinwen/2020-11/24/content_5563861.html.2020-11-24.

③ 中华人民共和国工业和信息化部.关于进一步抓好互联网应用适老化及无障碍改造专项行动实施工作的通知［EB/OL］.https：//www.miit.gov.cn/jgsj/xgj/wjfb/art/2021/art_81e8b738d6b24ad6a04f7ecb3f4e0702.html.2021-04-12.

④ 中共中央网络安全和信息化委员会办公室."十四五"国家信息化规划［EB/OL］.https：//www.cac.gov.cn/2021-12/27/c_1642205314518676.html.2021-12-27.

⑤ 国务院办公厅.国务院办公厅关于发展银发经济增进老年人福祉的意见［EB/OL］.https：//www.gov.cn/zhengce/zhengceku/202401/content_6926088.htm.2024-01-15.

现如今，帮助中老年人更好地融入数字生活成为新发展阶段亟待解决的重要议题。与青年群体相比，中老年群体数字生活发展更不充分，除了互联网等数字技术接入差异外，社交网络差异也显著影响该群体的数字生活水平。社交网络作为中老年人再社会化的重要途径，对中老年人的身心健康、生活满意度具有显著正向影响（唐丹、孙惠，2020）。因此，构建符合数字经济发展特点和中老年群体需求的社交网络体系，有利于帮助该群体实现老有所学、老有所乐并真正融入数字生活。随着人们生活水平和医疗条件的提高，生育率逐渐降低，年轻人口数量减少，老年人口越来越多，老龄化成为我国面临的重要挑战之一。在数字经济时代和老龄化趋势下，社交网络如何影响中老年群体数字生活亟待深入研究，这对提升中老年群体数字生活参与度，让中老年人更好地适应并融入数字生活具有重要应用价值。有鉴于此，本文利用中国综合社会调查数据，实证分析社交网络对中老年群体数字生活的影响，采用工具变量法、替换变量法及更换数据库的方法进行稳健性检验，选取非认知能力作为机制变量进行分析，并对不同城乡、地区、工作状况及家庭经济状况的中老年群体进行异质性分析，本文结论对促进中老年群体积极融入数字生活，共享数字经济红利具有重要的现实意义。

二、文献综述与影响机理

（一）文献综述

数字经济蓬勃发展对人类的生产、生活和生态产生深刻影响，人们的生活逐渐线上化、网络化和数字化，数字生活已成为时代主流（戚聿东、褚席，2021）。数字生活以数字技术为基础，与单纯以娱乐互动为目标的电子生活不同，是对整个生活方式的重塑（焦勇，2020）。随着数字技术与实体经济的加速融合，微信、支付宝和快手等社交媒体逐渐成为人们数字生活的重要组成部分，也是适应数字化社会的重要渠道（丁述磊等，2024）。数字技术的普及与应用在不同群体间存在着明显差异，与青年群体相比，中老年群体的互联网及各种智能软件使用较为贫乏，老年群体逐渐在数字化社会中被边缘化（张未平、范君晖，2019；靳永爱等，2024）。中老年人作为一个特殊群体，影响其数字生活的因素有很多，包括年龄、家庭经济地位、受教育程度、社会支持等各个方面。

首先，年龄是影响数字生活参与度的重要因素，不同年龄层群体存在明显的数字鸿沟差异（何铨、张湘笛，2017）。由于老年人身体机能逐渐衰退，且存在较多慢性病等健康隐患，成为阻碍其互联网接入和使用的重要原因（杜鹏、韩文婷，2021）。老年人由于年龄增长，其注意力和认知能力逐渐下降，学习互联网新知识和新技能变得困难，从而个体的互联网接入频率逐渐降低（赫国胜、柳如眉，2015）。杨璐（2020）认为，年龄、学历、健康和医疗服务等都是显著影响中老年人互联网使用状况的重要因素。

其次，家庭经济地位和受教育程度也是影响互联网接入和使用的重要因素（程名望、张家平，2019）。一般而言，家庭经济状况越好、受教育程度越高的老年人使用互联网的频率越高；当家庭收入水平较低时，老年人往往会考虑互联网使用成本，可能因无法支付网费而减少互联网使用（Ihm and Hsieh，2015）。程云飞等（2018）认为，受教育程度通过影响老年人认知能力及从事的职业类型而间接影响其网上生活参与度。匡亚林等（2023）从情感关怀角度出发，指出老年人口学特征、群体特质、外部认知范畴等因素都会影响到老年人的数字生活参与度。

最后，社会支持也是影响老年人参与网上生活的重要因素（杜鹏、韩文婷，2021）。有研究指出，具有亲密关系的家庭支持和子女代际支持是带动老年人互联网使用及缩小数字鸿沟的重要途径（Chen，2013）。于潇和刘澍（2021）研究发现，子女对老年人的数字反哺包括习得效应和代理效应，如果亲子之间见面和联系频繁，会增加数字反哺的习得效应，有助于缩小数字鸿沟；而照料或同住的亲子关系将增加代理方式的数字反哺，进而扩大数字鸿沟。同时，熟人圈、线下关系网络对社交媒体功能的推荐和帮助，也是老年人克服数字技术焦虑进而感知并接纳新技术的重要途径（Richter and Zarnekow，2014）；同时，使用互联网、积极参与社会活动可以有效改善老年人的精神状态（张文娟、赵德宇，2017）。汪斌（2020）指出，人力资本、居住地网络和子女数量等家庭禀赋，以及社会环境等宏观因素也是影响老年人互联网使用及数字融入的重要因素。此外，以朋友数量、邻里互动频率和非正式社会参与表征的社交网络是影响生活满意度的重要因素，随着社交网络规模的扩大，个体生活满意度不断提升（马丹，2015；杜鹏、汪斌，2020）。还有研究指出，社交网络作为社会资本的重要组成部分，是影响老年人互联网使用的一个重要因素，而且社交网络的大小、开放的讨论环境有助于丰富老年人政治生活（杨璐，2020）。社交网络作为个体之间构建的一种比较稳定的关系，社交网络越大意味着拥有的社会资本越强，而且社交网络也是影响人们就业质量的重要因素（丁述磊、刘翠花，2022）。

综上所述，现有研究多是从年龄、健康、家庭经济地位、受教育程度等角度分析老年人的网上生活。然而，随着科技的不断发展和社会的快速变迁，数字化已经成为当代生活的重要组成部分，数字生活不仅改变着中老年人的生活方式，也为其注入新的活力和创造力。值得关注的是，在数字化发展和老龄化进程中，社交网络作为影响个体生活质量的重要因素和社会资本，鲜有文献将研究聚焦到中老年群体，进而探究社交网络对中老年群体数字生活的影响程度。更进一步地，社交网络影响中老年群体数字生活的内在机制是怎样的？不同城乡、地区、工作状况及家庭经济状况的中老年群体又存在怎样的影响差异？这将是本文接下来研究的主要问题。鉴于此，本文利用中国综合社会调查数据，实证分析社交网络对我国中老年群体数字生活的影响、机制及异质性分析，从而为中老年群体更好地享受数字化红利提出合理化建议。

本文可能的创新点在于：一是从理论层面出发，深入阐释了社交网络对中老年人数字生活的影响及内在逻辑，并以团体活动参与、朋友关系、子女联系作为社交网络的代理指标，实证检验了社交网络对中老年人互联网使用、移动支付、网上生活表征的数字生活影响效应，从而拓展了社交网络和数字生活相关文献研究。二是构建非认知能力指数，从非认知能力角度检验社交网络影响中老年群体数字生活的影响机制，并从不同城乡、地区、家庭经济状况及工作状况角度分析社交网络对中老年群体数字生活的影响差异，以期为不断缩小数字鸿沟，全面促进中老年人更充分融入数字生活提出合理化建议。

（二）影响机理

社会资本理论能够阐释社交网络影响中老年群体数字生活的内在逻辑。社交网络通常又称为社会关系，往往与信任、规范一起被视为社会资本的重要内容。路易（Loury，1977）阐释了社会资本与人力资本之间的关系，认为社会资本是存在于家庭或社会组织中的一种重要资源，会对家庭成员的社会化发展产生重要影响。法国社会学家布迪厄和瓦尔肯特（Bourdieu and Waequant，1992）对社会资本理论进行了系统分析，并将社会资本界定为实际的或潜在的资源集合体，这一资源存量与大家共同熟识、得到认可的一种体制化的关系网络密不可分，而且社交网络中的桥梁占据者会拥有更多的信息价值以及竞争优势。该理论指出，社会资本主要是由社会关系本身、社会资源的数量和质量两部分构成的，个体通过参与群体活动不断增加收益，并对自身社会能力进行策划以获得社会资源。社会资本不同于人力资本和物质资本，社会资本往往是其他社会活动的副产品，并且其信任、规范及相应的社交网络这些基本特征是根据社会组织提出的，社交网络不是自然产生的，而是通过投资于社会群体关系的制度化战略进行建构，并给个体自身带来一定收益（Putnam，1995）。科尔曼（Coleman，1988）从功能角度出发对社会资本进行了定义，并论述了信息网络、社会组织、权威关系、义务与期望、规范与惩罚共五种社会资本形式，其中，个体可以通过社交网络获取有益的社会信息，以及积极创建社会组织从而拥有社会资本，这种社会信息及资本可以给个体带来就业或其他方面的收益。从另一个角度来说，社会资本是人们依据共同目的在集体和组织中一起工作的能力，并不断促进了该组织结构中个体的一些行动。社会资本的核心是规范和网络，两者必须要同时兼备，才能是真正意义上的社会资本，社会资本可以提高社交网络中人们彼此间的信任程度，并借助于信息化手段来不断增进之间的关系（Fukuyama，1995）。根据社会资本理论，个体的社交网络是社会资本的重要体现，社交网络强度越大，社会资本水平越高，信息、认知、人情桥梁也越丰富。社交网络作为一种社会关系的网络，其定义和度量并未有统一的界定，学者常以亲属关系、朋友关系、邻里互动和社会参与作为社交网络的代理指标（孙鹃娟、蒋炜康，2020）。换言之，老年人的生活质量与社交网络显著相关，老年人社交网络规模越大，其对生活质量评价越高（彭希哲等，2019）。老年人通过参加民间组织和文化休闲活动扩展社交网络，如合唱队、合作社、体育俱乐部，可以显著提升该群体的社会参与度和生活幸福感（杨凡等，2021），从而会促进老年人更加积极参与网上生活和融入数字化社会。鉴于此，本文提出研究假设1。

研究假设1：社交网络可以提高中老年群体的数字生活参与度。

从影响机制来看，社交网络通过影响中老年群体的非认知能力进一步改善其数字生活。非认知能力包含与认知能力相关但又不同的社会态度、行动和行为习惯，是在控制了认知能力的个体差异后，也显著影响个体经济社会表现的人格特质（黄超，2018）。认知能力能够体现智力的各个方面，包括推理、计划、解决问题、抽象思维及经验学习的能力（Duckworth et al.，2019）。与之不同的是，非认知能力是一种"设身处地"的能力，也是一种体现个人态度、信念、价值观和行为的重要人力资本，能显著影响个体的经济社会表现（盛卫燕、胡秋阳，2019）。一般而言，非认知能力包括情绪稳定性、开放性、外向性、严谨性、顺同性五个层面（Costa and Mccrae，1992），这五个层面与中老年人数字生活参与度密切相关。具体来看，在情绪稳定性层面，情绪稳定的人在面对新事物时更有耐心和毅力去探索和学习，这有助于他们更好地理解和掌握数字技术（陶爱萍、宗贤，2023），从而更积极地参与数字生活；在开放性层面，开放性高的个体更愿意接受新事物，更倾向于使用新技术和工具来满足他们的需求。因此，他们更有可能参与数字生活，如使用社交媒体、在线购物、在线学习等；在外向性层面，外向的人更倾向于与他人交流和分享，这使他们更容易接触到数字生活，并尝试使用各种数字工具（张良，2022）。此外，他们也更有可能从数字生活中获得乐趣和满足感；在严谨性层面，具有较高严谨性的个体往往更注重细节和规划，这使他们更容易理解和掌握数字技术，同时，他们也更有可能制定明确的目标，并坚持完成数字任务；在顺同性层面，具有较高顺同性的个体更愿意接受他人的建议和指导，这有助于他们更好地适应数字环境，他们也更有可能与他人合作，共同探索数字世界（吴思栩、李杰伟，2024）。中老年人通过参加团体活动、加强朋友联系和子女联系等社会关系网络，不断增强自身合作意识、沟通能力、适应能力、社交能力等不同维度的人格特征，进而改善自身情绪稳定性、开放性、外向性、严谨性和顺同性。随着这种设身处地的非认知能力不断增强，中老年人可能会更加积极地使用互联网，同时移动支付及网上生活的概率不断提升，从而为个体展示自我、融入数字生活创造了条件和机会。换言之，社交网络会显著影响中老年人的经济社会及数字生活表现，其中非认知能力起到了传导机制的作用。鉴于此，本文提出了研究假设2。

研究假设2：社交网络通过影响中老年人的非认知能力进一步改善数字生活。

值得注意的是，社交网络对不同群体中老年人数字生活的影响可能会产生差异。具体而言，不同城乡、不同地区的中老年人参与的社交活动存在较大差别，比如一些偏远乡村的中老年人社交活动相对有限，各种数字基础设施普及与应用也较为有限，如果积极拓宽社交网络可能会有利于改善该群体的数字生活参与度。更进一步地，不同地区的中老年人接触社交网络的时间和方式、生活方式及文化观念可能不同，从而导致各地区中老年人数字生活受到的影响存在一些差异。同时，中老年人的工作状况则会使他们因面临的职业社交网络、职业技能或工作压力等外部条件差异，从而使他们在参与社交网络的频率及数字生活参与度方面产生较大的不同。此外，家庭经济状况好坏也是不容忽视的另一个重要因素，比如一些家庭经济状况较差的中老年人可能受教育水平较低，会更容易陷入孤独中和产生社交隔离，而家庭经济状况较好的中老年人可能在数字设备和网络资源获取、数字技能素养等方面具有优势，从而导致两个群体的社交网络和数字生活参与度存在较大差异。鉴于此，本文提出研究假设3。

研究假设3：社交网络会对不同城乡、地区、工作状况及家庭经济状况的中老年人数字生活参与度产生影响。

三、研究设计

（一）概念界定与数据来源

1.概念界定

关于数字生活的界定，最早是由尼葛洛庞帝（Negroponte，1996）在

《数字化生存》中提出的，即数字生活是人们利用数字技术进行信息传播、交流、学习、工作的一个生存活动空间，具有虚拟化、数字化特点，是对现实生活的一种模拟、延伸与超越。赫斯等（Hess et al., 2014）认为，数字生活的范围应进一步扩大，还包括受到数字技术影响的私人生活。数字生活融合了客观世界和数字世界，使得人们的生活方式及理念表现出数字化特点。数字生活的目标是让所有人不论在任何时间、地点，使用任何设备与网络保持联系，进而享受更加方便、安全、快乐和富有幸福感的生活，满足自身发展的物质和精神资源的需求（戚聿东、褚席，2021）。立足数字经济时代，数字生活是反映人们利用数字技术从事信息传播、工作、交流、学习的一种跨越时间、地域及社会制度限制的新型社会空间关系，可将人与自然、人与社会、人与人之间无缝连接的一种便捷、高效的全新生活方式。本文研究的数字生活是一个综合性概念，侧重于从互联网使用情况、移动支付、网上生活三个维度来进行衡量，用来反映总体数字生活情况。

2. 数据来源

本文利用2017年中国综合社会调查数据（CGSS），该数据库始于2003年，由中国人民大学和香港科技大学发起的一项全国综合性学术调查项目。CGSS数据系统全面地收集我国不同地区、家庭、个体多个层面的数据，能较好地反映我国社会变迁趋势，与以往CGSS数据不同，CGSS（2017）数据于2020年10月1日公布，问卷除核心模块、家庭问卷模块外，还包括新增的社交网络模块和网络社会模块，包含详细的居民使用互联网和网上生活参与情况问题，是目前具有代表性的个体互联网使用数据。此外，CGSS（2021）数据于2023年3月31日公布，该年份的数据与CGSS（2017）相比有较大的更新和调整，所涉及的社交网络、数字生活相关变量设置不足且不统一，故本文采用CGSS（2017）数据进行回归。考虑到2017年数字经济被正式写入我国政府工作报告，在数字经济时代，互联网迎来更广阔的发展空间和更强劲的发展动能，因此利用CGSS（2017）数据研究我国中老年人数字生活问题具有较好的代表性。世界卫生组织将年龄为45岁~59岁定义为中年人，将60岁以上定义为老年人。鉴于此，本文的研究对象为45岁及以上的中老年群体，删除无效样本后，最终得到2 612个样本，其中男性1 268个样本，女性1 344个样本。

（二）模型选择

为考察社交网络对我国中老年人数字生活的影响，本文构建的基准回归模型为：

$$Digital\_life_i = \alpha_0 + \alpha_1 SY_i + \alpha_2 CV_i + \mu_i \tag{1}$$

式（1）中的 $Digital\_life_i$ 为我国中老年人的数字生活，包括互联网使用情况、移动支付、网上生活，SN_i 为社交网络变量，CV_i 为影响我国中老年人数字生活的控制变量，包括性别、受教育年限、户籍状况、婚姻状况等，u_i 为随机扰动项。由于移动支付变量为 0–1 二分类变量，互联网使用和网上生活情况变量为 1–5 有序分类变量，因此在估计社交网络对我国中老年人移动支付影响时采用 Probit 回归模型，在估计社交网络对我国中老年人互联网使用和网上生活情况影响时采用有序 Probit 回归模型。

（三）变量描述

1.被解释变量

本文被解释变量是中老年人数字生活，侧重选取互联网使用情况（包括手机上网）、移动支付（微信支付或支付宝支付）、网上生活三个层面来体现中老年人数字生活。其中，对于互联网使用，本文根据问卷设置将从不、很少、有时、经常、非常频繁分别赋值为 1~5 的整数；对于移动支付，本文将使用移动支付赋值为 1，不使用移动支付赋值为 0；网上生活是一个综合性变量，本文根据问卷设置选择 App 使用情况、网上社交活动、网上自我展示、网络行动、网上休闲娱乐、网上获取信息、网上商务交易共 7 个变量，综合来概括体现中老年人网上生活状况，这 7 个变量问卷选项分别是从不、很少、有时、经常、总是，本文将其分别赋值为 1~5 的整数，然后对这 7 个变量进行等权重加权平均计算得出网上生活综合变量，该变量数值越大代表中老年人网上生活越丰富。

2.核心解释变量和控制变量

核心解释变量为我国中老年人社交网络情况。本文选择中老年人的团体活动参与、朋友关系、子女联系三个变量作为社交网络代理变量，对于团体活动参与，根据问卷设置将从未参加、去年参加了一次、去年参加了几次、一个月 1 到 3 次、一周 1 次或更多分别赋值为 1~5 的整数；对于朋友关系和子女联系，根据问卷设置将从不、一年几次、一个月几次、一周几次、每天分别赋值为 1~5 的整数。本文控制变量包括个人特征因素、家庭因素和区域因素。其中，个人特征因素包括性别、年龄、受教育年限、政治面貌、户籍状况和婚姻状况；家庭因素为家庭经济状况变量，其为虚拟变量，本文将低于平均水平设置为基准组，分别纳入平均水平和高于平均水平两个虚拟变量；区域因素为地区虚拟变量，本文将西部设置为基准组，分别纳入中部和东部两个虚拟变量。对于性别，本文将男性赋值为 1，女性赋值为 0。对于受教育年限，本文将文盲、小学、初中、高中/中专/职高、大专、大学、研究生及以上分别赋值为 0、6、9、12、15、16、19。对于政治面貌，本文将中共党员赋值为1，其他赋值为0。对于户籍状况，本文将城镇户籍赋值为1，农村户籍赋值为0。对于婚姻状况，本文将已婚赋值为1，未婚赋值为0。主要变量的描述性统计分析如表1所示。

表1　　　　　　　　　　主要变量的描述性统计分析

变量		均值	标准差	最小值	最大值
互联网使用		2.050	1.499	1	5
移动支付		0.171	0.376	0	1
网上生活		1.619	0.946	1	5
团体活动参与		1.528	1.143	1	5
朋友关系		2.198	1.436	1	5
子女联系		4.014	1.129	1	5
性别		0.485	0.499	0	1
年龄		60.859	10.377	45	85
受教育年限		7.552	4.518	0	19
政治面貌		0.126	0.331	0	1
户籍状况		0.366	0.482	0	1
婚姻状况		0.802	0.398	0	1
经济状况	低于平均水平	0.479	0.499	0	1
	平均水平	0.451	0.498	0	1
	高于平均水平	0.070	0.257	0	1
区域因素	西部地区	0.219	0.414	0	1
	中部地区	0.340	0.474	0	1
	东部地区	0.441	0.497	0	1

资料来源：统计分析结果来自作者计算。

四、实证分析

（一）社交网络对中老年人互联网使用的影响

为考察社交网络对中老年人互联网使用的影响程度，本文选取团体活动参与、朋友关系、子女联系作为中老年人社交网络的代理指标，分别研究以上三个代理指标对中老年人互联网使用的影响程度。具体有序Probit回归结果如表2所示。

表2　　　社交网络对中老年人互联网使用影响的有序Probit回归结果

变量	互联网使用	互联网使用	互联网使用
团体活动参与	0.129*** (0.0207)	—	—
朋友关系	—	0.214*** (0.0162)	—
子女联系	—	—	0.185*** (0.0231)
控制变量	是	是	是
观测值	2 612	2 612	2 612

注：*、**、*** 表示在10%、5%和1%统计意义上显著；括号内数值为标准误。限于表格篇幅，边际效果未列出。

资料来源：统计分析结果来自作者计算。

由表2可知，团体活动参与、朋友关系、子女联系均在1%水平上提高中老年人互联网使用的频率，且朋友关系的提升效果最为明显，从而证实了研究假设1。究其原因，中老年人朋友之间的人际交往越密切，越能相对更快、更大量地掌握各种知识和信息，诸如身边好友推荐和互相学习有助于中老年人更好地使用智能手机等互联网客户端进行搜索信息、浏览新闻及视频、即时通信等数字消费，从而更显著提高了互联网使用频率。同时，中老年人积极参加社会团体活动在拓宽社交范畴有益于身心健康的同时，还可有效提高其学习能力，便于更好地熟练使用智能手机，如一些社区活动专门教中老年人如何使用微信、微博、快手，下载并使用各种智能端App，以便更好地拥抱互联网科技和数字生活。此外，中老年人通常对新技术有一定的隔阂感，这可能导致他们与年轻一代在数字生活中产生代沟。子女作为年轻的网络达人，若积极帮助父母购置智能手机、笔记本/平板电脑等电子设备，指导并下载各种常用智能软件，利用最新的信息技术知识反哺日渐被边缘的父母，有利于缩小这种数字鸿沟，提高互联网应用的适老化水平和推动互联网应用的无障碍普及，从而提升中老年人的数字素养和参与度。

（二）社交网络对中老年人移动支付的影响

为进一步考察社交网络对中老年人移动支付的影响，本文将移动支付区分为微信支付和支付宝支付，采用Probit模型分别回归团体活动参与、朋友关系、子女联系对中老年人移动支付的影响程度。社交网络对中老年人移动支付影响的Probit边际效果如表3所示。

表3　　社交网络对中老年人移动支付影响的Probit边际效果

分类	变量	边际效果		
移动支付	团体活动参与	0.0432*** (0.0118)	—	—
	朋友关系	—	0.0663*** (0.0156)	—
	子女联系	—	—	0.0541** (0.0211)
	控制变量	是	是	是
	观测值	2 612	2 612	2 612
微信支付	团体活动参与	0.0474*** (0.0101)	—	—
	朋友关系	—	0.0731*** (0.0181)	—
	子女联系	—	—	0.0652** (0.0243)
	控制变量	是	是	是
	观测值	2 612	2 612	2 612
支付宝支付	团体活动参与	0.0401*** (0.0139)	—	—
	朋友关系	—	0.0592*** (0.0116)	—
	子女联系	—	—	0.0417** (0.0160)
	控制变量	是	是	是
	观测值	2 612	2 612	2 612

注：* 、** 、*** 表示在10%、5%和1%统计意义上显著；括号内数值为标准误。
资料来源：统计分析结果来自作者计算。

由表3可知，其一，从边际效果看，团体活动参与、朋友关系、子女联系均显著提高了中老年人移动支付的概率，且朋友联系的提升效果最为明显，从而证实了研究假设1。可能缘于中老年人加强朋友关系和子女联系并积极参加社会团体活动有利于拓宽社交范围、强化各种社会关系网络、广泛获取信息知识，有助于中老年人紧跟数字化消费潮流。时下中老年群体的生活缴费、网上订餐、网络购物、网约车出行等生活服务数字化消费进入了快速增长阶段，移动支付作为数字化消费的通道和载体已渗透到衣食住行等各种生活场景。据《中国生活服务业数字化报告（2022）》①显示，截至2021年12月，我国网络购物和网络支付用户规模已经达到8.42亿和9.04亿，分别占网民整体的81.6%和87.6%，移动支付在生物识别技术及各种智能小程序的加持下，其快速连接能力呈现多维度、轻量化、私域化的发展趋势。

其二，从边际效果看，与支付宝支付相比，社交网络的各代理指标对微信支付的提升概率更大。究其原因，微信作为一种即时通信服务的社交软件，不仅可以语音或视频聊天、发送图片及文件等，还附有发红包、转账功能，已成为人们日常生活离不开的一个软件，中老年人在参加团体活动或与朋友、子女联络过程中，人与人之间投入较多的时间、有较强的情感强度支撑进而缔结的是强关系网络。与之不同的是，支付宝用于网上购物、水电缴费等便利的第三方支付平台，其收款方和付款方多为具有弱关系、临时交易的陌生人，微信和支付宝的主功能、衍生功能存在差异，中老年人在支付时会受到强关系和弱关系的制约。随着移动互联网的普及，老年人的微信使用动机从最初的娱乐动机逐渐转为通信和社交动机，也容易对微信支付产生依赖（石晋阳、陈刚，2019），中老年人出于情感、支付习惯、审慎原则和个人特征等因素考虑可能更倾向于微信支付。

（三）社交网络对中老年人网上生活的影响

网上生活也是反映中老年人数字生活的一个重要层面，且该变量为综合性指标，本文选取App使用情况、网上社交活动、网上自我展示、网络行动、网上休闲娱乐、网上获取信息、网上商务交易共7个维度，并对其进行等权重加权赋值得出中老年人网上生活综合变量，该变量数值越大代表中老年人网上生活越丰富。同时，为进一步考察社交网络对中老年人网上生活的影响，本文采用有序Probit回归模型依次分析团体活动参与、朋友关系、子女联系对中老年人网上生活的影响程度。具体回归结果如表4所示。

---

① 中国连锁经营协会.《中国生活服务业数字化报告（2022）》解读［EB/OL］.http：//www.ccfa.org.cn/portal/cn/xiangxi.jsp？id=443939，2022-09-19.

变量	回归结果	边际效果				
		1	2	3	4	5
团体活动参与	0.160***	−0.0402***	0.0227***	0.0437***	0.0199***	0.0164*
	(0.0220)	(0.00671)	(0.00801)	(0.0105)	(0.00422)	(0.00831)
控制变量	是	是	是	是	是	是
观测值	2 612	2 612	2 612	2 612	2 612	2 612
朋友关系	0.231***	−0.0477***	0.0429***	0.0552***	0.0120***	0.0101*
	(0.0193)	(0.00583)	(0.0115)	(0.0131)	(0.00217)	(0.00515)
控制变量	是	是	是	是	是	是
观测值	2 612	2 612	2 612	2 612	2 612	2 612
子女联系	0.275***	−0.0538***	0.0630**	0.0861***	0.0539**	0.0123*
	(0.0296)	(0.00721)	(0.0247)	(0.0148)	(0.0210)	(0.00627)
控制变量	是	是	是	是	是	是
观测值	2 612	2 612	2 612	2 612	2 612	2 612

表4　　　社交网络对中老年人网上生活影响的有序 Probit 回归结果

注：*、**、*** 表示在10%、5%和1%统计意义上显著；括号内数值为标准误。

资料来源：统计分析结果来自作者计算。

由表4可知，社交网络的三个代理指标均显著提高了中老年群体网上生活的丰富程度，再次证实了研究假设1，从边际效果看，参加社会团体活动、加强朋友关系、子女联系分别增加1个单位，会使中老年人网上生活参与度为有时的概率分别提升4.37%、5.52%、8.61%；从边际效果来看，参加社会团体活动、加强朋友关系、子女联系分别增加1个单位，会使得中老年人网上生活参与度为从不的概率分别下降4.02%、4.77%、5.38%。可见，中老年人积极参与各类社会团体活动、加强与亲朋好友和子女间的社会关系存在同伴效应，有助于中老年人更好地互相交流学习，及时掌握、浏览并获取信息知识，下载并使用微信聊天、淘宝购物、滴滴出行等各类App智能软件，学会在抖音、快手上发布照片或小视频进行自我展示及休闲娱乐，从而极大丰富中老年人的网上生活。当下，上网的老年人规模越来越大，其中新闻资讯和微信聊天是老年人上网的主要诉求，小视频和网络购物也逐渐被老年人所青睐。随着互联网、大数据、区块链等各种数字技术的普及，中老年人的网上生活体验逐渐全面立体，在此趋势下积极培育兴趣团体组织、强化朋友间联络并广泛开展数字化活动，加强老人与子女间的家庭支持和数字文化反哺，努力拓宽数字参与渠道有利于提高中老年人的数字技能和数字素养，让中老年人在数字平台上更好地展现自我价值，促进其主动拥抱数字技术并融入数字社会发展。

（四）稳健性检验

1.稳健性检验——工具变量法

前文回归结果显示，社交网络对中老年人数字生活存在正向影响，但可能由于遗漏变量和反向因果而存在内生性问题。为解决这一问题，本文采用工具变量法进行稳健性检验，以识别社交网络对中老年群体数字生活影响的净效应。本文采用2016年省级层面每百人固定电话数量作为社交网络的工具变量，并与观测样本按照所在省份相匹配，考虑到人们会利用固定电话与亲朋好友进行日常社交联络，即当地的每百人中固定电话数量多，有助于提高通信连通性，则在一定程度上代表人们的社交网络强，从而满足工具变量的相关性要求。同时，对于2017年CGSS调查的中老年人微观个体而言，2016年省级层面每百人固定电话数量是上一年度相对外生的宏观变量，对于2017年调查年份的中老年群体互联网使用、移动支付、网上生活等数字生活的影响正在消失。从这一意义上看，选取2016年省级层面每百人固定电话数量作为工具变量，在一定程度上满足排他性要求。鉴于此，本文采用IV-Probit回归方法对样本进行稳健性检验，具体结果如表5所示。

表5　　　　　　　　　　　　稳健性检验——工具变量法

变量	数字生活					
	互联网使用		移动支付		网上生活	
	第一阶段回归	第二阶段回归	第一阶段回归	第二阶段回归	第一阶段回归	第二阶段回归
社交网络	—	0.152*** (0.0243)	—	0.0714*** (0.0105)	—	0.195*** (0.0211)
省级固定电话数量	0.116*** (0.0215)	—	0.0921*** (0.0156)	—	0.178*** (0.0327)	—
控制变量	是	是	是	是	是	是
First Stage F	97.12		87.46		105.17	
R^2	—	0.347	—	0.321	—	0.365
观测值	2 612	2 612	2 612	2 612	2 612	2 612

注：*、**、***表示在10%、5%和1%统计意义上显著；括号内数值为标准误。
资料来源：统计分析结果来自作者计算。

由表 5 中所有的第一阶段回归结果可知,省级固定电话数的回归系数均为正值,即省级固定电话数与中老年群体社交网络两者高度正相关,且第一阶段回归的 F 统计量均大于 10,排除了弱工具变量的可能性。根据第二阶段回归结果可知,社交网络对中老年群体互联网使用、移动支付、网上生活的影响均在 1% 水平上显著为正,表明在解决了可能存在的内生性问题之后,社交网络仍显著提高了中老年群体互联网使用、移动支付、网上生活的数字生活参与度,从而证实前文回归结果的稳健性。

2. 稳健性检验——替换变量法

为进一步检验前文回归结果的稳健性,本文采用日联络人次替换团体活动参与、亲密朋友联络频率替换朋友关系、兄弟姐妹联络人次替换子女联系,依次对中老年人互联网使用、移动支付、网上生活回归进行稳健性检验,具体替换变量回归结果如表 6 所示。

表 6　　　　　　　　　　稳健性检验——替换变量法

变量	数字生活								
	互联网使用（回归结果）			移动支付（边际效果）			网上生活（回归结果）		
日联络人次	0.135*** (0.0237)	—	—	0.0450*** (0.0109)	—	—	0.136*** (0.0157)	—	—
亲密朋友联络频率	—	0.172*** (0.0197)	—	—	0.0531*** (0.0124)	—	—	0.215*** (0.0206)	—
兄弟姐妹联络人次	—	—	0.0778*** (0.0214)	—	—	0.0604** (0.0131)	—	—	0.181*** (0.0237)
控制变量	是	是	是	是	是	是	是	是	是
观测值	2 612	2 612	2 612	2 612	2 612	2 612	2 612	2 612	2 612

注:*、**、***表示在 10%、5% 和 1% 统计意义上显著;括号内数值为标准误。
资料来源:统计分析结果来自作者计算。

由表 6 回归结果可知,社交网络的三个替换代理变量日联络人次、亲密朋友联络频率、兄弟姐妹联络人次均显著提高了中老年人的互联网使用频率、移动支付及网上生活,证实了前文回归结果的稳健性。以上检验结果再次表明,强化中老年人与亲朋好友之间的社会支持网络能够显著提高该群体利用互联网进行聊天、看新闻、网购、听歌追剧等参与数字生活的频率,增加了中老年人利用支付宝或微信进行移动支付的概率，中老年人之间互相学习交流的同伴效应也有利于提高其数字素养从而助力中老年人与数字技术间的再连接、再社会化，极大拓展其数字生活的丰富程度。

3.稳健性检验——其他数据库再检验

本文进一步采用更换数据库的方法进行稳健性检验，即利用中国家庭追踪调查数据CFPS（2020）重新进行回归，经过数据清理最终得到3 147个中老年群体观测样本。其中，基于CFPS（2020）问卷设置，选择朋友关系、邻里关系和社会关系作为社交网络的代理变量，朋友关系为问卷中"您的人缘有多好"，邻里关系为问卷中"您对邻居的信任度"，社会关系为问卷中"求职渠道：亲属、朋友或熟人介绍"。根据问卷设置，本文使用互联网进行学习、工作、社交、娱乐及商业活动共计五个指标来体现数字生活，转化为0~1进行赋值，并采用等权重法来构建数字生活指数。此外，其他控制变量与基准回归相同，采用Probit模型进行回归，具体结果见表7。

表7   稳健性检验——其他数据库再检验

变量	数字生活指数		数字生活指数		数字生活指数	
	回归系数	边际效果	回归系数	边际效果	回归系数	边际效果
朋友关系	0.235*** (0.0171)	0.0957*** (0.0104)	—	—	—	—
邻里关系	—	—	0.189*** (0.0151)	0.0763*** (0.0125)	—	—
社会关系	—	—	—	—	0.357*** (0.0159)	0.0942*** (0.0101)
控制变量	是	是	是	是	是	是
观测值	3 147	3 147	3 147	3 147	3 147	3 147

注：*、**、*** 表示在10%、5%和1%统计意义上显著；括号内数值为标准误。
资料来源：统计分析结果来自作者计算。

由表7可知，通过更换使用CFPS（2020）数据库进行稳健性检验后的回归系数及边际效果显示，以朋友关系、邻里关系、社会关系为代表的社交网络对数字生活指数均为正向影响，表明社交网络为中老年群体提供了一个信息获取和流通的社交平台，能够使中老年人与朋友、家人和社区成员保持联系，促进实现更加快速、方便地获取和分享信息，赋予中老年人利用数字技术进行学习、工作、娱乐和商业活动的机会，从而对中老年群体数字生活有积极的正向影响。综上，通过更换数据库进行检验的结果表明，社交网络有利于改善中老年群体的数字生活参与度，从而再次证实了前文回归结果的稳健性。

五、进一步讨论

（一）影响机制分析

由理论分析可知，非认知能力是社交网络影响中老年人数字生活的机制变量，接下来，本文进一步检验了社交网络对非认知能力的影响。由于社交网络包括团体活动参与、朋友关系、子女联系三个代理指标，且取值均是 1~5 的整数，除考察以上各代理指标外，为进一步分析社交网络的综合影响，本文将三个代理变量加总平均构建社交网络指数，以期更全面地进行机制检验。国内外文献研究非认知能力最普遍采用的是大五人格分类法（Costa and Mccrae，1992），指出非认知能力包括情绪稳定性、开放性、外向性、严谨性、顺同性五个方面。本文根据王春超和张承莎（2019）的做法，以 NEO 人格特征修订问卷和 CGSS 的相关问题设置，构建五大维度的非认知能力，并将五个子维度分别赋值为 1~5，加总平均得到非认知能力的取值。具体来看，情绪稳定性反映个体情绪稳定性及对压力的耐受程度，对应的问题是"在过去的四周中，你感到心情抑郁或沮丧的频繁程度"（总是=1，经常=2，有时=3，很少=4，从不=5）；开放性反映个体创新性和接受新观念的容易程度，对应的问题是"为了传宗接代至少要生一个儿子"（相当同意/非常同意=1，有些同意=2，无所谓同意不同意=3，有些不同意=4，相当不同意/非常不同意=5）；外向性反映个体领导力、进取心和热情活跃程度，对应的问题是"我对我的未来持乐观态度"（非常不同意=1，不同意=2，无所谓同意不同意=3，同意=4，非常同意=5）；严谨性反映个体追求目标的努力程度和成就感，对应的问题是"目前我正竭尽全力追求我的目标"（完全不符合/相当不符合=1，比较不符合=2，有点符合/有点不符合=3，比较符合=4，完全符合/相当符合=5）；顺同性反映个体与他人交往的信任和宽容程度，对应的问题是"总的来说，你同不同意在这个社会上绝大多数人是可以信任的"（非常不同意=1，比较不同意=2，说不上同意不同意=3，比较同意=4，非常同意=5）。具体影响机制回归结果如表8所示。

表8 影响机制回归结果

变量	非认知能力			
团体活动参与	0.0634*** （0.009）	—	—	—
朋友关系	—	0.0925*** （0.0236）	—	—
子女联系	—	—	0.0712*** （0.0105）	—
社交网络指数	—	—	—	0.0816*** （0.0204）
控制变量	是	是	是	是
观测值	2 612	2 612	2 612	2 612

注：*、**、*** 表示在10%、5%和1%统计意义上显著；括号内数值为标准误。限于篇幅，本表仅汇报了回归系数，并未汇报边际效果。

资料来源：统计分析结果来自作者计算。

由表8可知，团体活动参与、朋友关系、子女联系以及社交网络指数显著提升了中老年人非认知能力，这表明中老年人强化与亲朋好友之间联系，子女积极进行数字文化反哺更能提高中老年人非认知能力进而有助于提升该群体数字生活参与度，证实了前文提出的研究假设2。数字经济时代，中老年人通过积极参与社会团体活动、加强与朋友间关系能显著提高开放程度、外向程度、人际互动能力和反应能力，同时亲子间的紧密联系也会提高中老年人的顺通性、情绪稳定性、严谨性等积极的人格特征，这种非认知能力的提升及亲子间的数字文化反哺有助于中老年人积极主动学习互联网知识，学会使用智能手机进行移动支付，通过网络进行社交、自我展示、休闲娱乐、获取信息等网上生活参与度显著提升。为努力提高中老年人数字生活参与度，弥合不同年龄段群体间的数字鸿沟，应努力增强其社会关系网络，通过朋友间的习得效果和亲子间的反哺效果提高其非认知能力和数字素养，有助于中老年人更好地融入数字生活和适应数字智能生活方式。

（二）异质性分析

考虑到不同城乡、有无工作状况的中老年人社交网络有所差异，也会对其数字生活参与情况产生不同影响。本文根据问卷设置，将全样本按户籍划分为城镇群体、农村群体，按照工作状况划分为有工作群体、无工作群体，采用Probit回归分析社交网络对各群体移动支付的影响，采用有序Probit回归分析社交网络对各群体互联网使用和网上生活的影响，具体结果如表9所示。

表9　社交网络对不同城乡、工作状况中老年人数字生活影响的异质性分析

分类	变量	数字生活（回归结果）								
		互联网使用			移动支付			网上生活		
城镇群体	团体活动参与	0.0850*** (0.0284)	—	—	0.0923** (0.0364)	—	—	0.147*** (0.0234)	—	—
	朋友关系	—	0.131*** (0.0278)	—	—	0.0786* (0.0401)	—	—	0.195*** (0.0162)	—
	子女联系	—	—	0.176** (0.0694)	—	—	0.0907** (0.0358)	—	—	0.289*** (0.0216)
	控制变量	是	是	是	是	是	是	是	是	是
	观测值	955	955	955	955	955	955	955	955	955
农村群体	团体活动参与	0.148*** (0.0316)	—	—	0.109*** (0.0125)	—	—	0.168*** (0.0150)	—	—
	朋友关系	—	0.257*** (0.0247)	—	—	0.142** (0.0561)	—	—	0.277*** (0.0185)	—
	子女联系	—	—	0.213*** (0.0341)	—	—	0.117*** (0.0190)	—	—	0.254** (0.101)
	控制变量	是	是	是	是	是	是	是	是	是
	观测值	1 657	1 657	1 657	1 657	1 657	1 657	1 657	1 657	1 657

续表

分类	变量	数字生活（回归结果）								
		互联网使用			移动支付			网上生活		
有工作群体	团体活动参与	0.0793** (0.0338)	—	—	0.0715** (0.0282)	—	—	0.110*** (0.0349)	—	—
	朋友关系	—	0.150** (0.0586)	—	—	0.0652* (0.0327)	—	—	0.196*** (0.0152)	—
	子女联系	—	—	0.156*** (0.0151)	—	—	0.0803* (0.0412)	—	—	0.238*** (0.0274)
	控制变量	是	是	是	是	是	是	是	是	是
	观测值	1 176	1 176	1 176	1 176	1 176	1 176	1 176	1 176	1 176
无工作群体	团体活动参与	0.157*** (0.0281)	—	—	0.172*** (0.0306)	—	—	0.194*** (0.0285)	—	—
	朋友关系	—	0.232*** (0.0267)	—	—	0.156** (0.0604)	—	—	0.279*** (0.0261)	—
	子女联系	—	—	0.211*** (0.0328)	—	—	0.168*** (0.0231)	—	—	0.341*** (0.0256)
	控制变量	是	是	是	是	是	是	是	是	是
	观测值	1 436	1 436	1 436	1 436	1 436	1 436	1 436	1 436	1 436

注：*、**、***表示在10%、5%和1%统计意义上显著；括号内数值为标准误。

资料来源：统计分析结果来自作者计算。

由表9可知，其一，与城镇群体相比，社交网络各代理指标对农村中老年人的互联网使用频率、移动支付和网上生活更为显著，这缘于与城镇群体相比，农村地区中老年人的社交活动相对有限，特别是农村留守老人更容易陷入社会隔离，如果积极参与团体活动、加强与子女和朋友间的联系，会更有助于增强农村中老年人社会支持网络和情感支持网络，有效提高学习兴趣和精神健康水平，进而更有利于拓宽知识信息渠道和互联网使用频率，增加网络购物和移动支付的可能性，进一步丰富农村中老年人的数字媒介素养和网上生活。可见，为弥合城乡地区数字鸿沟，创造更多数字连接点，全面推动中老年群体生活服务数字化，不断强化社交网络支持并积极助力农村中老年人再社会化是当务之急。

其二，与有工作群体相比，团体活动参与、朋友关系、子女联系对无工作群体的互联网使用、移动支付和网上生活影响更为显著。究其原因，与有工作群体相比，无工作中老年人社交范围相对较小、闲暇时间较多、生活环境更加单调，如果无工作群体积极参与社会团体活动将会强化与外部社会的网络联系，同时增加亲子及朋友间联系不仅更有利于提高其认知能力和心理健康，中老年人之间互相学习产生的同伴效应还扩大了其信息来源渠道。社交网络为无工作中老年人提供了与社会再次接轨的机会、丰富了其日常生活，有利于缩小与有工作群体间的信息鸿沟，以及更加熟练地使用互联网及各种数字设备、积极融入数字生活。

此外，根据前文机理分析可知，考虑到社交网络对不同地区、不同家庭经济状况的中老年人的数字生活也会产生影响。本文按照不同地区，将全样本划分为东部地区、中西部地区两组；根据问卷设置，家庭经济状况对应的问题为"您家的家庭经济状况在所在地属于哪一档？"考虑到家庭经济状况高于平均水平的样本量相对较少，本文将"平均水平及高于平均水平"的群体合并为一组，"低于平均水平"的群体为一组。本文采用Probit回归分析社交网络对各群体移动支付的影响，采用有序Probit回归分析社交网络对各群体互联网使用和网上生活的影响，具体结果如表10所示。

由表10回归结果可知，其一，与中西部相比，社交网络各代理指标对东部中老年群体的互联网使用频率、移动支付和网上生活的影响更为显著。这可能由于东部地区相对较发达的经济和相对较好的教育条件给予该地区的中老年人更多机会使用互联网和社交媒体等数字技术，而中西部地区普遍教育水平相对较低，中老年人接触社交网络的机会或途径也相对较少。换言之，互联网覆盖范围、网络信号质量等基础设施的落后情况也可能限制了不同地区老年人对数字生活的参与。此外，与西部地区相比，东部地区中老年人可能因教育背景和职业经历更容易接触相对新兴的数字工具，从而更容易使用社交网络实现各种生活需求的满足。因此，参与团体活动、与子女及朋友联系等会有助于提高东部地区中老年人的互联网使用频率和网上生活参与度。

表10　社交网络对不同地区、不同家庭经济状况中老年人影响的异质性分析

分类	变量	数字生活（回归结果）								
		互联网使用			移动支付			网上生活		
东部地区	团体活动参与	0.137*** (0.0350)	—	—	0.128*** (0.0101)	—	—	0.176*** (0.0149)	—	—
	朋友关系	—	0.246*** (0.0198)	—	—	0.137** (0.0526)	—	—	0.260*** (0.0172)	—
	子女联系	—	—	0.279*** (0.0303)	—	—	0.128*** (0.0172)	—	—	0.298** (0.114)
	控制变量	是	是	是	是	是	是	是	是	是
	观测值	1 152	1 152	1 152	1 152	1 152	1 152	1 152	1 152	1 152
中西部地区	团体活动参与	0.0812*** (0.0215)	—	—	0.0891*** (0.0115)	—	—	0.115*** (0.0190)	—	—
	朋友关系	—	0.177** (0.0680)	—	—	0.0694* (0.0353)	—	—	0.186*** (0.0141)	—
	子女联系	—	—	0.192** (0.0737)	—	—	0.0852** (0.0332)	—	—	0.174*** (0.0201)
	控制变量	是	是	是	是	是	是	是	是	是
	观测值	1 460	1 460	1 460	1 460	1 460	1 460	1 460	1 460	1 460

续表

分类	变量	数字生活（回归结果）								
		互联网使用			移动支付			网上生活		
平均及高于平均水平	团体活动参与	0.164*** (0.0215)	—	—	0.155*** (0.0140)	—	—	0.214*** (0.0316)	—	—
	朋友关系	—	0.245*** (0.0162)	—	—	0.145** (0.0557)	—	—	0.286*** (0.0245)	—
	子女联系	—	—	0.279*** (0.0117)	—	—	0.183** (0.0704)	—	—	0.365*** (0.0217)
	控制变量	是	是	是	是	是	是	是	是	是
	观测值	1 361	1 361	1 361	1 361	1 361	1 361	1 361	1 361	1 361
低于平均水平	团体活动参与	0.109*** (0.0170)	—	—	0.0964** (0.0372)	—	—	0.106*** (0.0231)	—	—
	朋友关系	—	0.132** (0.0524)	—	—	0.0587** (0.0229)	—	—	0.187** (0.0719)	—
	子女联系	—	—	0.143*** (0.0205)	—	—	0.0768** (0.0295)	—	—	0.257*** (0.0210)
	控制变量	是	是	是	是	是	是	是	是	是
	观测值	1 251	1 251	1 251	1 251	1 251	1 251	1 251	1 251	1 251

注：*、**、*** 表示在10%、5%和1%统计意义上显著；括号内数值为标准误。

资料来源：统计分析结果来自作者计算。

其二，与家庭经济状况相对较差的中老年人相比，社交网络各代理指标对家庭经济状况相对较好的中老年人互联网使用频率、移动支付和网上生活的影响更为显著。可能的原因是，家庭经济状况较好的中老年人具备更大的经济实力和更高的受教育程度，因此更可能拥有较先进的数字设备和网络资源，具备更广泛的知识和技能储备，往往会在与亲朋好友的交流联络中有效提高网络学习兴趣和数字素养，从而能够更快访问网络和更顺畅享受数字生活。基于数字技术的平台经济高速发展，数字平台将信用拓展至整个社交网络，从而会对整个社会信用进行完善和发展（黄子龙、和军，2023）。此外，家庭经济状况较好的中老年人可通过拓展社交网络，更积极地融入广泛且有价值的数字社交圈，有利于更好地提高数字生活参与度。综上，前文异质性分析结果再次证实了研究假设3，即社交网络会对不同城乡、地区、工作状况及家庭经济状况的中老年群体的数字生活产生影响。

六、研究结论及政策建议

本文利用中国综合社会调查数据（CGSS），实证探究了社交网络对我国中老年人数字生活的影响、机制及异质性。研究发现：①社交网络显著提高了中老年人互联网使用和移动支付的概率，且与支付宝支付相比，社交网络的各代理指标对微信支付的提升程度显著更高。参加社会团体活动、加强朋友关系、与子女联系会显著提升中老年人网上生活参与度。通过工具变量法、替换变量法以及更换使用数据库方法得到的结论与前文一致，再次证实回归结果的稳健性。②机制分析表明，团体活动参与、朋友关系、子女联系显著提升了中老年人非认知能力，中老年人通过强化与亲朋好友之间联系以及子女积极进行数字文化反哺有助于提高中老年人非认知能力进而提升数字生活参与度。③异质性分析发现，与城镇、有工作群体相比，社交网络各代理指标分别对农村、无工作中老年人的互联网使用、移动支付和网上生活的影响更显著。可见，社交网络为农村、无工作中老年人提供了与社会再次接轨的机会，不仅有利于缩小与城镇、有工作群体间的信息鸿沟，还有利于提高互联网及各种数字设备的使用概率、适应数字化生活。此外，与中西部、家庭经济状况较差群体相比，社交网络更显著提高了东部、家庭经济状况较好的中老年人数字生活参与度，表明中西部及落后地区存在较明显的数字鸿沟，亟待提高各群体社交网络和数字生活参与度。

根据研究结论，本文提出以下建议：其一，加快各地区数字基础设施建设，广泛普及中老年人的数字技术应用。政府、社区、学校、企业等可以联合开展数字教育活动，让中老年人了解并掌握基本数字技术应用方法。由于存在城乡二元结构、区域发展不平衡问题，尤其要加大对农村及中西部欠发达地区的数字基础设施、高速互联网建设和信息资源倾斜，为农村、中西部地区的中老年群体提供专项数字技能培训，增设专门的上网场所满足其上网需求，强化公共服务以提升其信息资本，努力缩小不同城乡、各地区间的数字鸿沟现象，要努力提高弱势群体中老年人的数字生活参与度。积极打造"互联网+老人"模式，加强中老年人互联网技能培训，相关网站可以设计扩大字体、改变色彩搭配、简化浏览操作等以适应中老年人生理特点和特殊需求。同时，尤其对于农村及经济落后地区，进一步降低网费、破除上网壁垒以帮助和支持中老年人广泛参与数字生活，逐渐消除中老年人对网络安全的恐惧，如在老年活动室中提供上网体验服务以满足中老年人的上网需求，不断提高其数字技术应用程度。

其二，积极拓宽社交网络，努力提高中老年人的非认知能力和数字生活参与度。政府和社会组织可以组织线上和线下的社交活动，帮助中老年人建立和维护社交网络，如定期的线上聊天活动、线下兴趣小组等。鼓励中老年人积极参与社交活动，比如组织聚会、兴趣小组、俱乐部及运动队等，可以定期举办志愿者活动、线下培训教育，并鼓励中老年人参与，以便他们能更轻松地与他人联系交流，从而促进他们社交网络的建立。为进一步提高中老年人的非认知能力，应培养保持乐观的心态和积极的生活态度，增强自我管理、沟通交流、应对冲突等社会技能，帮助他们面对、处理并适应各种变化和压力，如积极参加锻炼、协作式社交、音乐兴趣小组等，从而不断提高其适应性、自信心和幸福感。同时，为努力提高中老年人社交网络参与率和活跃度，社交媒体服务商应更好地满足中老年人内在需求和思维方式，创造出更愉悦、更适老化的服务，诸如在虚拟社区、公众号、抖音、快手直播平台等社交媒体上提供养老、医疗、养生、娱乐等服务，努力提高中老年人与亲朋好友、社会团体组织的积极互动，鼓励中老年人努力掌握数字技术和广泛参与数字生活。

其三，鼓励子女进行数字文化反哺，对不同中老年群体制定精准帮扶措施，以便积极融入数字社会。子女应主动帮助父母学习使用数字设备，如智能手机、电脑等，提供必要的指导，帮助他们更好地理解和掌握数字技术。在数字文化反哺过程中，子女需要考虑到父母的面子和情感诉求，在传授数字技能的同时更加重视自身态度，要给予父母足够的耐心、理解和尊重，尽量避免不耐烦等消极情绪，让父母逐步学习互联网知识和操作方法，着眼于老年人的真实生活体验以更好地沟通数字文化技能。考虑到年龄较大的父母认知和记忆能力有限，子女可以采取代理操作的方式进行文化反哺，使其间接享受网络便利和数字红利。此外，应加大对无工作、家庭经济状况较差中老年群体的关怀力度，鼓励他们积极参与社交活动、努力学习互联网知识，积极引导中老年人参与社交网络并接纳数字媒体，让其在社交网络中感到更加舒适和自信，提升其数字素养和知识技能，促进该群体再就业、再社会化，推动中老年群体更好地融入数字社会。

参考文献

[1] 程名望, 张家平. 互联网普及与城乡收入差距: 理论与实证 [J]. 中国农村经济, 2019 (2): 19-41.

[2] 程云飞, 李姝, 熊晓晓, 等. "数字鸿沟" 与老年人自评健康——以北京市为例 [J]. 老龄科学研究, 2018 (3): 14-25.

[3] 丁述磊, 刘翠花. 数字经济时代互联网使用对就业质量的影响研究——基于社交网络的视角 [J]. 经济与管理研究, 2022 (7): 97-114.

[4] 丁述磊, 刘翠花. 数实融合的理论机制、模式选择与推进方略 [J]. 改革, 2024 (1): 51-68.

[5] 杜鹏, 韩文婷. 互联网与老年生活: 挑战与机遇 [J]. 人口研究, 2021 (3): 3-16.

[6] 杜鹏, 汪斌. 互联网使用如何影响中国老年人生活满意度? [J]. 人口研究, 2020 (4): 3-17.

[7] 何铨, 张湘笛. 老年人数字鸿沟的影响因素及社会融合策略 [J]. 浙江工业大学学报 (社会科学版), 2017 (4): 437-441.

[8] 赫国胜, 柳如眉. 人口老龄化、数字鸿沟与金融互联网 [J]. 南方金融, 2015 (11): 11-18.

[9] 黄超. 家长教养方式的阶层差异及其对子女非认知能力的影响 [J]. 社会, 2018 (6): 216-240.

[10] 黄子龙, 和军. 平台经济价值创造逻辑与常态化监管政策研究: 基于双层规划模型 [J]. 产业组织评论, 2023 (2): 23-40.

[11] 焦勇. 数字经济赋能制造业转型: 从价值重塑到价值创造 [J]. 经济学家, 2020 (6): 87-94.

[12] 靳永爱, 胡文波, 冯阳. 数字时代的互联网使用与中老年人生活——中国老年群体数字鸿沟与数字融入调查主要数据结果分析 [J]. 人口研究, 2024 (1): 40-55.

[13] 匡亚林, 蒋子恒, 王瑛. 老年人数字生活参与的获得感从何而来? [J]. 学习与实践, 2023 (1): 43-55.

[14] 马丹. 社会网络对生活满意度的影响研究——基于京、沪、粤三地的分析 [J]. 社会, 2015 (3): 168-192.

[15] 彭希哲, 吕明阳, 陆蒙华. 使用互联网会让老年人感到更幸福吗? ——来自CGSS 数据的实证研究 [J]. 南京社会科学, 2019 (10): 57-68.

[16] 戚聿东, 褚席. 数字生活的就业效应: 微观证据与内在机制 [J]. 财贸经济, 2021 (4): 98-114.

[17] 盛卫燕, 胡秋阳. 认知能力、非认知能力与技能溢价——基于 CFPS 2010—2016 年微观数据的实证研究 [J]. 上海经济研究, 2019 (4): 28-42.

[18] 石晋阳, 陈刚. 社交媒体视域下老年人的数字化生存: 问题与反思 [J]. 扬州大学学报 (人文社会科学版), 2019 (6): 119-128.

[19] 孙鹃娟, 蒋炜康. 负性生活事件与中国老年人的心理健康状况——兼论社会网

络、应对方式的调节作用 [J]. 人口研究，2020，44（2）：73-86.

[20] 唐丹，孙惠，徐瑛. 照顾孙子女对老年人心理健康的影响：社会网络的中介作用 [J]. 人口研究，2020，44（4）：33-45.

[21] 陶爱萍，宗贤. 数字经济与农民增收 [J]. 产业组织评论，2023（2）：99-120.

[22] 汪斌. 多维解释视角下中国老年人互联网使用的影响因素研究 [J]. 人口与发展，2020（3）：98-106.

[23] 王春超，张承莎. 非认知能力与工资性收入 [J]. 世界经济，2019（3）：143-167.

[24] 吴思栩，李杰伟. "数字经济" 时代城市的未来——互联网对中国城市生产性服务业集聚的影响研究 [J]. 经济学，2024（2）：431-447.

[25] 杨凡，黄映娇，王富百慧. 中国老年人的体育锻炼和社会参与：健康促进与网络拓展 [J]. 人口研究，2021（3）：97-113.

[26] 杨璐. 中老年人互联网使用状况的影响因素研究——基于 CHARLS 数据 [J]. 人口与社会，2020（3）：61-72.

[27] 于潇，刘澍. 老年人数字鸿沟与家庭支持——基于2018年中国家庭追踪调查的研究 [J]. 吉林大学社会科学学报，2021，61（6）：67-82.

[28] 张良. 数字普惠金融能否促进农村集体经济的发展 [J]. 产业组织评论，2022（2）：18-33.

[29] 张未平，范君晖. 老年数字鸿沟的社会支持体系构建 [J]. 老龄科学研究，2019（2）：63-70.

[30] 张文娟，赵德宇. 城市中低龄老年人的社会参与模式研究 [J]. 人口与发展，2017（1）：78-88.

[31] BOURDIEU P，WAEQUANT L J D. An Invitation to Reflexive Sociology [M]. Chicago：Chicago University of Chicago Press，1992.

[32] CHEN W. The Implications of Social Capital for the Digital Divides in America [J]. The Information Society，2013，29（1）：13-25.

[33] COLEMAN J S. Social Capital in the Creation of Human Capital [J]. American Journal of Sociology，1988，94（Supplement）：95-120.

[34] COSTA P T，MCCRAE R R. Four Ways Five Factors are Basic [J]. Personality & Individual Differences，1992，13（6）：653-665.

[35] DUCKWORTH A L，QUIRK A，GALLOP R，et al. Cognitive and Noncognitive Predictors of Success [J]. Proceedings of the National Academy of Sciences of the United States of America，2019，116（23）：499-504.

[36] FUKUYAMA F. Social Capital and the Global Economy [J]. Foreign Affairs，1995（5）：89-103.

[37] HESS T，LEGENR C，ESSWEIN W，et al. Digital Life as a Topic of Business and Information Systems Engineering? [J]. Business & Information Systems Engineering，2014，6（4）：247-253.

[38] IHM J，HSIEH Y P. The Implications of Information and Communication Technology Use for the Social Well-being of Older Adults [J]. Information，Communication

& Society, 2015, 18 (10): 1123-1138.

[39] LOURY G C.A Dynamic Theory of Racial Income Differences, Women, Minorities and Employment Discrimination [M]. Lexington: Lexington MA Heath, 1977.

[40] NEGROPONTE N. Being Digital [M]. New York: Vintage Books, 1996.

[41] PUTNAM R D.Turing in, Turning out: The Strange Disappearance of Social Capital in America [J]. Political Science and Politics, 1995, 28 (4): 664-683.

[42] RICHTER H, ZARNEKOW R.Digital Life as a Topic of Business and Information Systems Engineering? [J]. Business & Information Systems Engineering, 2014, 6 (4): 247-253.

Research on the Mechanism of Digital Life Enhancement of Middle-aged and Elderly Groups in the Age of Digital Economy

——Based on the Perspective of Social Network Expansion

LIU Cuihua[1]   LI Jianqi[2]   DING Shulei[3]

(1.School of Economics, Capital University of Economics and Business, Beijing, 100070;

2.Antai College of Economics & Management, Shanghai Jiao Tong University, Shanghai, 200030;

3.School of Labor Economics, Capital University of Economics and Business, Beijing, 100070)

Abstract: The issue of how to fully integrate the middle-aged and elderly groups into digital life in the digital economy needs to be urgently addressed.The article analyzes the influence, mechanism and heterogeneity analysis of social networks on the digital life of middle-aged and older adults at the theoretical and empirical levels using data from the China Integrated Social Survey. The study found that group activity participation, friendships, and children's connections as proxies for social networks significantly increased digital life engagement among middle-aged and older adults, a finding that passed a series of robustness tests. The mechanism of influence indicates that non-cognitive ability is the significant mechanism variable, and social networks not only directly improve the digital life of middle-aged and older adults, but also indirectly influence the digital life participation of middle-aged and older adults through enhancing non-cognitive ability.Heterogeneity analysis found that compared with urban groups and working groups, social networks are more significant in their Internet use frequency, mobile payment and online life for rural and unemployed middle-aged and elderly people.Social networks more significantly increased digital life participation among eastern, better-off middle-aged and older adults compared to the midwestern, less well-off household group.To this end, we should accelerate the construction of digital infrastructure in each region, actively broaden social networks, make efforts to improve the non-cognitive abilities of middle-aged and elderly people, encourage children to make digital cultural feedbacks, formulate precise support measures for different middle-aged and elderly groups to narrow the digital divide, make efforts to improve the social network participation and digital technology application of middle-aged and elderly people, and promote the active integration of middle-aged and elderly people into digital life.

Key Words: digital economy; social network; digital life; middle-aged and elderly people

JEL Classification: F49, F249

生命周期理论视域下生成式人工智能
风险识别与治理举措

孙　敏[1]　吴　刚[2]

（1. 浙江万里学院商学院，浙江　宁波　315100；
2. 中共大连市委党校，辽宁　大连　116013）

[内容提要] 生成式人工智能凭借其卓越的语言理解和生成能力，正在引领各行各业颠覆性变革。然而，生成式人工智能的快速发展和应用也将人工智能领域内的安全、伦理、法律风险提升到一个全新的高度。具体而言，生成式人工智能在全生命周期中存在四种风险：语料安全风险、算法偏见风险、技术滥用风险和知识产权风险。应当革新生成式人工智能治理范式，实现从局部到全链条、从静态到动态化治理的理念转变，并在此基础上对四种风险进行精准治理：构建中文高质量语料库、算法动态化监管机制、技术滥用协同监管机制及以创新力保护为中心的知识产权保护体系，从而形成安全、可信、负责任的生成式人工智能发展生态，从而构建安全、可信、负责任的生成式人工智能发展生态。

[关键词] 生命周期监管；生成式人工智能；风险治理

一、引　　言

生成式人工智能（GAI）①表现出了卓越的语言理解和生成能力，实现了从感知、理解世界到生成、创造世界的跃迁（曹建峰，2023）。作为新一代AI技术的代表，生成式AI正在引领新一轮产业革命。然而，生成式AI亦将语料安全、算法歧视、舆论操纵、版权侵犯等安全、伦理、法律风险提升

[基金项目] 国家社会科学基金一般项目"大数据介入突发公共卫生事件治理的逻辑、困境与对策研究"（项目编号：21BGL228）。

[作者简介] 孙敏，女，1981年生，湖北恩施人，浙江万里学院商学院教授；吴刚（通讯作者），男，1982年生，中共大连市委党校副教授。

① 生成式人工智能（Generative artificial intelligence）是利用复杂的算法、模型和规则，从大规模数据集中学习，以创造新的原创内容的人工智能技术。

到一个全新的高度，给 AI 治理带来了前所未有的挑战。

与传统 AI 模型不同，生成式 AI 模型具有较强的泛化能力[①]（Triguero et al.，2024）和涌现能力[②]（Wei et al.，2023），而且生成式 AI 系统从设计、研发到部署、应用贯穿多个环节，涉及众多流程、插件和参与者。这些差异决定了生成式 AI 的风险更具多维性、复杂性、动态性，社会影响也更为广泛和深远。当前面向传统 AI 风险的主流治理范式，如欧盟以风险为基准的监管模式、美国以应用场景为中心的规制模式和中国以算法供给主体为中心的治理模式都存在一些局限性，治理效果难尽人意。

自 2022 年 12 月 OpenAI 发布 ChatGPT 以来，生成式 AI 风险及其治理问题备受国内外学者关注。有学者从伦理视角分析了生成式 AI 对算法透明度、算法公平性和算法问责的挑战（张欣，2023）；有学者从网络安全的角度分析生成式 AI 对网络意识形态安全（董扣艳，2024）、个人信息安全（邹开亮、刘祖兵，2024）的挑战；有学者从社会安全的视角分析了个体层的自我存在意义消解风险、组织层的公共决策风险和社会层的劳动者失业风险（崔中良，2024）；还有学者从国家监管视角分析了现行法律应对生成式 AI 的局限性（Hacker et al.，2023；刘艳红，2023；袁曾，2024；童云峰、张学彬，2024）。这些研究给本文提供了可资借鉴的方法和思路，但是这些研究大多从宏观层面展开，鲜有从微观层面论证生成式 AI 技术特征、运行机制与特定风险的耦合关系，对风险内涵和根源认识不够全面，不够深入。本文基于生命周期理论，从技术运行机制层面分析生成式 AI 在各个生命周期阶段存在的具体风险，在此基础上构建开发者、部署者、用户、监管者等多元主体协同的生成式 AI 生命周期治理框架，为生成式 AI 风险治理提供了新思路。

二、生命周期监管理论与生成式 AI 技术的适配性

生成式 AI 展现出高度的自主性、强大的泛化能力、涌现能力、内容生成能力。现行主流 AI 治理框架在设计时未充分预见生成式 AI 的这些独特技术能力，在实际应用中可能在不同维度显现出治理局限性。

欧盟于 2023 年 12 月推出全球首个全面监管 AI 的《AI 法案》，该法案确立了以风险为基准的 AI 监管框架，根据不同运用场景把 AI 风险划分为：最小风险、有限风险、高风险和不可接受风险四个级别，并对每一类风险采取不同的监管措施。这种监管框架可以让监管机构将有限的资源集中在高风险

[①] 泛化能力是指大语言模型可以跨领域应用、跨任务迁移的能力，如 ChatGPT 模型不仅能够生成文本，还能辅助编程，回答问题等，完成多种任务。

[②] 涌现能力是指一个对象表现出组成它的部分要素所不具备的特性，这些能力仅通过各部分要素相互作用才能显现。

领域，提高监管效率，但是风险等级的评定往往是在某个时间点、单个维度上进行的。而生成式 AI 技术的通用性、跨模态、涌现性意味着其产生的风险具有多维性、复杂性、动态性，甚至不可预知性，静态化、单维性的风险分类可能缺乏及时性和准确性。实践中，还存在某一具体场景中可能采取多 AI 系统耦合的方式，风险评估和分类就更加复杂。显然，以静态性、单维性为特征的风险分级监管框架难以随着生成式 AI 技术的延展自动进行风险级别间的动态转换（张欣，2023），更不可能从根本上排除或有效控制 AI 自主学习本身固有的不可预知性和可能衍生的新型风险。

与欧盟全面立法监管不同，美国采取了重点应用领域的单项立法形式分别推进 AI 治理。目前，美国在算法推荐、自动驾驶、深度合成、人脸识别等应用领域均颁布了相关法律。虽然以应用场景为基础的 AI 治理范式因较少干预 AI 产业链上游的研发行为而有利于技术创新，但却不利于 AI 全产业链整体风险的控制。产业链上游是预训练模型，在 AI 生成内容产业中扮演着基础设施的角色。产业链中游是根据垂直化、场景化、个性化需求而进行微调的 AI 模型和应用工具。产业链下游则是将中游微调后的模型集成到实际的应用和服务中，直接面向最终用户。上游、中游、下游紧密贯穿、协同发力，催生了内容产业的生产力颠覆性变革。但是预训练模型作为基础模型，其在设计、训练中存在的问题和缺陷会传递至产业链中、下游模型，并在与用户交互中逐渐显现出来，可能给社会造成潜在负面影响。而面向应用场景的 AI 治理仅在产业链下游发力，难以有效辐射 AI 上游技术研发，更难以对生成式 AI 的整个生态施加有效治理（张欣，2023）。

中国的 AI 治理强调算法供给主体责任，这种以算法主体为中心的治理框架设计原理是以算法技术为治理对象，认为开发者设计了有问题或缺陷的算法模型，应承担首责。但从生成式 AI 的运行逻辑来看，从开发者到部署者，再到终端用户，每一主体都可能会对 AI 的最终表现产生影响。位于产业链上游的开发者虽然负责模型训练、测试和修改，并控制技术基础设施，但其控制主要局限于技术层面，无法涉及模型在实际应用中的使用场景和目的。产业链中游的部署者才是决定大模型的使用场景和使用目的的主体，其行为和决策可能将原本潜在的风险转变为高风险。而终端用户在与大模型互动过程中，亦通过提供数据，不断对大模型进行"反哺"，推动模型进化甚至无意间推动模型"黑化"。

由此可见，现行主流 AI 治理范式因其静态性、局部性而无法应对生成式 AI 全产业链上多维的、复杂的、动态的风险。而生命周期理论为生成式 AI 提供了一个动态化、全链条的全过程监管框架，强调产品从设计、开发、部署到使用的全过程监管，有利于确保在整个生命周期中，相关质量标准、安全标准、伦理标准、法律法规得到严格遵守。这种监管范式因其全员参与和动态适应性优势特别适用于技术快速迭代、产业链上下游需要大规模协作部署的生成式 AI 领域。

从生命周期理论视角来看，生成式 AI 的运行需要经历数据准备、训练、测试、部署、使用、输出等环节，每一个环节都可能带来特定风险和挑战。生命周期监管不仅是一种管理模式，更是一种理念，它倡导广泛的参与。具体而言，其核心思路是将监管要求有机地嵌套和整合进生成式 AI 运行的每个环节，并为生成式 AI 生命周期中的所有参与者，包括开发者、部署者、用户以及监管机构，都设置了较为清晰的责任，从而确保每个环节均受到相应的关注和控制。这种全面责任分担机制要求所有参与者在各自的角色和能力范围内，积极参与到风险识别和防范过程中，增强对潜在风险的敏感性和响应能力，从而有助于及时发现生成式 AI 系统存在的问题和风险，也有助于及时采取合理措施避免风险或损失的扩大。

在实践中，生命周期监管还强调建立灵活的监管框架，允许在不同的生命周期阶段采用不同的监管手段，以确保监管措施能够适应不断发展演化的风险。同时生命周期监管还要求建立有效的监测和反馈机制，对 AI 输出进行持续审查，对用户反馈进行系统收集，对新出现的安全威胁和伦理问题进行快速响应。通过这种动态的监管，确保 AI 技术的发展始终在可控的轨道上前进，将可能造成的重大风险控制在可接受的范围内，从而实现 AI 技术的可持续和负责任的发展。当然，为了实现这一目标，监管机构必须要建立跨学科的监管团队，便于从技术、伦理和社会等多个维度对生成式 AI 风险进行全面评估。此外，监管机构还需要与生成式 AI 的开发者、学术界、行业组织以及公众保持密切沟通，确保监管措施能够反映各方利益的需求和关切。通过这种多方参与和持续对话，监管机构可以更好地理解技术的复杂性，制定出既促进创新又保护公共利益的监管政策。

三、生命周期视域下生成式 AI 的风险识别

每一次科技革命在增进人类福祉的同时，也带来了一系列科技文明风险和威胁。生成式 AI 的"大数据+大算法+大算力"技术特性，将 AI 风险带到一个新的境地。从生命周期视角来看，生成式 AI 的运行可以分为数据准备、模型训练、服务上线、内容生成四大阶段，每个阶段都有其特定的风险。

（一）数据准备阶段：语料安全风险

语料是训练和优化生成式 AI 的原料。如何防范语料安全风险是生成式 AI 开发与应用首先要思考的问题。这里的语料安全风险主要表现在高质量中文语料稀缺所衍生的两类风险：语料价值观风险和语料非法获取风险。

从语料承载的信息内容看，不同语言的语料会呈现不同的价值观倾向，基于不同语言语料训练的生成式 AI 当然自带不同的文化价值观，回答问题

会展现出不同的政治立场和价值取向。ChatGPT被指充满西方意识形态和美式政治正确，根源就在于ChatGPT训练与学习的数据大多来源于西方的语料数据，其本身天然自带西方文化价值观和思维导向，因此，其回答也通常迎合西方立场和价值偏好。这种倾向可能会在无形中导致西方意识形态渗透，对社会主义核心价值观体系构成潜在挑战。当前我国生成式AI发展所需的语料数据相当匮乏。根据2024年5月24日阿里研究院发布的《大模型训练数据白皮书》，在全球网站中，中文语料和英文语料的占比存在显著差异，英文占59.8%，而中文仅占1.3%。全球目前最有科学性和经过验证的高质量语料来自学术资料库（包括期刊论文、专著等），其中绝大部分也都是用英语表达。因此，目前世界主流大模型都是靠英文语料库来训练的。以ChatGPT为例，其训练数据中，中文语料比重不足0.1%，而英文语料占比超过92.6%（郭方达，2024）。中文高质量语料资源其实颇为丰富，但很多公开出版物没有网络版本，加之数据流动机制不完善等诸多因素导致中文高质量语料供给不足，特别是能够反映中华优秀传统文化、本土价值观的高质量语料极为稀缺。国内一些从事大模型开发的公司和研究机构在进行模型训练时，不得不直接采用国外开源语料库训练，导致生成式AI缺少中式文化背景和价值取向，减少了语言多样性和独特性，即使是迁移学习抑或是翻译仍可能带入原语言的文化特点，最终反映的仍是原语言的价值观。

中文语料库的不足还会增加数据库非法获取的风险。在缺乏现成语料库的情况下，生成式AI开发机构只能通过被动和主动两种方式自建和更新语料库，被动方式是系统自动收录用户输入的语料数据，主动则是通过一些技术（数据爬虫技术）自动爬取网络上的语料数据。无论是被动的语料输入还是主动的语料爬取，都可能给个人、组织甚至国家带来一定程度的安全风险，尤其是主动语料爬取可能给产业安全和国家安全构成极大威胁。考虑到数据自由流动对数字社会的重要价值，国际规则和各国法律都对正当数据爬取予以认可，但这并不意味着数据爬取是不受限制的（许可，2021）。任何超出被爬取数据方的Robots协议[①]范围爬取的数据，特别是尝试爬取国家未公开的数据，都明显超出了正当性边界，构成了语料库的非法获取。然而，生成式AI高度智能化特征会使其自动爬取网络上公开及未被公开的相关数据纳入自身语料库。从其结果来看，由于未公开的数据常常涉及商业机密、国家安全信息，非法爬取行为不仅会侵害企业的商业利益，而且还会威胁国家的数据安全和数据主权。当生成式AI开发机构通过非法数据爬取技术成功获取我国境内数据并传输到境外时，我国就会失去对这一部分数据出境的管理利益和自主控制权益，这意味着我国数据主权将受到严重挑战（钭晓东，2023）。当

---

① Robots协议是指网站建立的一个robots.txt文件来告诉搜索引擎哪些页面可以抓取，哪些页面不可以抓取。

前，由于中文高质量语料稀缺，非法数据爬取成为生成式AI研发机构扩充数据库的主要方式。这种做法日益成为威胁国家安全的重要隐患。

（二）模型训练阶段：算法偏见风险

算法偏见是AI领域长期备受关注的问题，主要是由算法内部演算和数据分析所导致的对特定群体或个体的不公正对待（石颖，2022）。比如，在职场招聘、贷款审批、司法决策等场景下，可能对特定民族或性别的人群产生歧视。本质上，算法偏见是社会偏见在机器里的延伸。

算法偏见的出现在很大程度上源于原始数据库的偏见复制。在算法程序中，如果用于训练、学习和挖掘的原始数据本身隐含社会偏见，那么算法将会无限循环和强化已有社会偏见和歧视。现阶段，生成式AI的预训练所依托的"原材料"主要是互联网上已存的公开数据，这些数据本身充斥着大量有关国别、地域、信仰、性别、年龄、职业、健康等的歧视言论。但是相较于传统AI而言，生成式AI被训练得更为"聪明"，能够识别这些带有歧视性的敏感性语言，并作出貌似合适的回答。这是因为开发者提高了对敏感问题的技术编码，让生成式AI在聊天中遇到相关敏感话题时，自动选择给出那些已经被植入的、符合社会要求的标准答案。甚至有用户在尝试与ChatGPT进行人机对话的过程中，存在"反向训练"的现象。这意味着，当面对涉及种族、性别等社会问题的对话时，ChatGPT并非简单地遵循中立原则，而是倾向于支持那些在社会文化理解中被认为是"弱势群体"的立场（董扣艳，2024）。ChatGPT这种偏向性选择，虽然可能出于良好的意图，但实际上可能会加剧不同社会群体间的分裂和对抗。

从技术上来讲，生成式AI在产业链上游模型预训练和中游微调阶段利用人工标注来校对和修正机器学习所得结论，也会导致算法偏见风险成倍提升。将人类筛选和校正置于生成式AI中，是考虑了生成式AI需要根据用户输入信息提供反馈的运行特性。相较于传统预测型AI，生成式AI不仅要从现有数据中提取信息和模式，还要在此基础上接受用户输入和提供反馈。这意味着生成式AI需要具备更强的上下文理解能力、创造性和自适应性，以便能够生成符合用户期望的内容。但是，仅仅依靠机器学习无法准确理解用户输入的内容，甚至会出现错误理解，必须引入人工标注将人类任务表达习惯转化为算法能够理解和处理的数据形式，并将人类对于回答质量和倾向的判断灌输给算法，这样就能增强算法的理解能力，并给出人类希望的回答。然而，由于标注过程中可能存在的各种主观性和不一致性，算法偏见就会随之产生。比如，标注人员的背景、经验、文化素养等因素可能导致他们对数据的理解存在差异，对某些特定群体或话题存在偏见。

此外，生成式AI是一种基于深度学习的AI模型。深度学习是机器学习的一个分支，这种机器学习能够通过大量数据进行自主训练，无需人为设定规则或逻辑。虽然自主学习能力使得模型能够在特定任务上达到甚至超过人类的表现，但也意味着算法可能从训练数据集中学习到意外的行为或偏见，并固化到模型中进行放大，陷入歧视性、不公平性的自主反馈循环。在生成式AI算法中，这种学习是一种持续的、动态过程，事前的数据清洗措施可能会无效。因为生成式AI增加了与用户直接交互的环节，在与用户互动过程中，它会持续利用用户提供的数据进行自主训练和学习。而且，由于算法黑箱和不可解释性，追溯和消除算法偏见变得更加困难。

（三）服务上线阶段：技术滥用风险

与任何其他新技术一样，生成式AI是一柄双刃剑，既可以用来增进社会福祉，也可以用来破坏社会和谐，关键取决于用户的使用目的和使用方式。目前，已经出现恶意用户利用大语言模型进行网络钓鱼和诈骗，以及生成宣扬恐怖主义、极端主义、民族仇恨、暴力、淫秽色情、虚假有害信息等不法行为，非常不利于网络空间和现实世界和谐秩序建设。

ChatGPT的开发人员已经预见了其被滥用的可能性，并雇佣廉价的肯尼亚外包工做数据标注来检测和阻止生成有害内容（Hacker et al.，2023）。考虑到生成内容规模巨大，人工标注难以胜任，OpenAI公司还开发了一种内容过滤机制，用来分析和标注存在问题的内容，如极端主义、仇恨、暴力、色情内容等，其他生成式AI也增加了类似功能。然而，有意使用ChatGPT类生成式AI来生成虚假或有害内容的恶意个人或组织将会费尽心思找到AI漏洞。大语言模型最近的研究表明，ChatGPT类生成式AI很容易受到一些提示词（Prompt）的诱导，从而越过AI内置的安全防护提供不适当、有害甚至违法的内容，即大语言模型的"越狱"（Jailbreak）现象。比如，中国香港浸会大学研究团队提出了"深度催眠""越狱"攻击机制（Li et al.，2024）。具体而言，"深度催眠"利用大语言模型强大的人格化特性，构建一种新型的嵌套场景指令提示词，实现了在正常对话下自适应地使大语言模型解除自我防卫，而对有害指令进行回复。而且"深度催眠"能够实现可持续的"越狱"，即大语言模型可以在后续交互中无需任何附加的诱导提示词，直接遵循有害指令成功"越狱"。一旦类似突破AI漏洞的技术被居心不良的个人或组织利用，就可能大规模生成有害和非法内容，并以数字化的形式大范围传播，给社会带来不安和动荡。更可怕的是一些个人和组织还可能创建"越狱版"聊天机器人，专门用来制造社会混乱。国外已经出现专门的"越狱聊天"网站，该网站的访问者可以添加自己的"越狱"程序，也可以体验别人提交到该网站的"越狱"程序，值得关注和警惕。

大语言模型还可能会输出"错误的、不准确的、不真实的事实"，这种现象被业界称为人工智能幻觉（AI Hallucination）。这可以被用来生成与现实没有任何联系的内容，并在条件允许的情况下以完全自信、有说服力、类似学术的方式编写。外行对这种一本正经的"胡说八道"或"事实编造"的内容很容易信以为真，即便是对于训练有素的人工审核员来说，假新闻也比仇恨、色情等有害内容更具隐蔽性、更难发现。可见，强大的大语言模型给社会恶意分子提供了非常有力的工具。俄乌冲突、哈以冲突等重大事件中已经出现了AI助长传播仇恨和假新闻的现象。如今，大语言模型允许看似符合逻辑但实际上十分荒谬的虚假信息和有害言论内容自动化大规模生产和扩散，很可能成为一种操纵公共舆论、制造虚假民主和社会仇恨的强有力工具。如果被恶意用于国际舆论战，其伤害性将不亚于真实物理战场的伤害。美国政府已有利用AI传播虚假信息，进行对西方有利的政治宣传的先例（邹军、刘敏，2022）。

（四）内容生成阶段：知识产权风险

生成式AI正在以前所未有的方式颠覆智力成果的创作过程，其生成内容的流程涵盖自动化编纂、智能化润色加工、多模态转换以及创造性生成等多个方面，这直接引发了出版内容的生产范式和供给模式变革，并由此引发了有关生成式AI的知识产权纷争。

首先，生成式AI作品的生成过程是否版权合规？众所周知，生成式AI作品的生成依赖于现成的数据，包括公开可用的数据和受版权保护的数据。那么，生成式AI未经授权使用受版权保护的数据是否构成知识产权侵权行为？莱姆利和凯西（Lemley and Casey，2021）认为模型训练使用受版权保护的数据应被视为合理使用，因为机器学习是对基础数据的变革性使用，这将有利于创建具有更大透明度的新数据库，他们还进一步辩解，要求受版权保护的数据的权利人一一授权会极大增加机器学习的交易成本。合理使用通常要考虑使用目的、使用数量以及对原创作品的市场影响。如果出于研究、学习、公共利益等目的使用原创作品当然可以视为合理使用情形。毋庸置疑，生成式AI技术的发展有利于提高社会整体生产效率，改善人类福祉，但从微观视角来看，生成式AI开发者通过向用户提供生成式AI服务能够获取经济利益，使其具有商业行为的性质。更重要的是，用生成式AI生成的作品与原创作品很可能存在直接竞争关系。这恐怕是当前作品权利人对生成式AI服务提供商提起版权诉讼最重要的原因。在法律没有明确界定机器学习使用受版权保护的数据是否属于合理使用情形的情况下，此类诉讼必然会大幅增加。

其次，生成式AI生成物是否该享有知识产权？对此学界存在两种截然相反的观点。一种观点认为AI生成物不应受到著作权法的保护。主张该观点的学者认为创作是基于自由意志直接决定表达性要素的行为，而生成式AI的研发者或用户对其生成物仅有间接影响，那么该内容当然不属于人类以AI为工具进行创作的内容，自然不应受到著作权法的保护（王迁，

2023）。这一观点强调著作权法的立法目的和精神在于鼓励作者进行更多数量和更高质量的作品创作，而AI以及其他非人类不可能受到著作权法的"激励"（于雯雯，2022）。因此，如果将生成式AI生成的内容认定为作品并提供著作权保护，背离了著作权法的立法目的和精神。根据这一观点，既然生成式AI生成的内容不受著作权法的保护，也就没有必要讨论谁该享有著作权的问题。

另一种观点则主张生成式AI生成物应受到著作权法的保护。主张这种观点的学者主要从以下三个角度进行论证。其一，著作权保护的应该是创造力本身，而不仅仅是人类的智力成果，因此只要特定内容本身具有最低限度的创造性，就应当作为作品受到著作权法的保护，而无需过问作品是否由人类创作（黄汇、黄杰，2019）；其二，虽然人工智能无法受到"激励"，但是人工智能开发者、用户可以受到激励（谢琳、陈薇，2019）；其三，生成式AI生成物是软件经过一定加工、操作的产物，凝结了人类的劳动和智慧，认定为作品并受到著作权的保护，符合"劳动创造财产"的基本理论（冯刚，2019）。

如果生成式AI生成物受著作权法保护，那么谁该享有其知识产权？学界同样莫衷一是。有人认为AI开发者在程序设计过程中赋予AI价值标准，AI生成行为应被视为代表开发者意志的行为，且开发者在AI开发过程中投入了巨额资金，将生成式AI生成物的著作权赋予开发者有利于提升AI开发、投资的积极性（梁志文，2017）。对此，有人提出质疑，认为如果将生成式AI生成物的著作权赋予AI开发者，将导致用户在为使用AI付费之后还要为其获得AI生成物的著作权付费，双重付费对用户而言显失公平，因此应将AI生成物的著作权赋予用户（谢琳、陈薇，2019）。还有人认为对于用户输入简单指令就生成的作品，AI开发者的实质性智力贡献较大，应将著作权赋予AI开发者；如果用户也在生成式AI生成物中投入了实质性智力劳动，著作权就应归用户与AI开发者共同所有（丛立先、李泳霖，2023）。

四、生命周期视域下生成式AI风险的治理举措

在AI监管和治理领域，中国始终坚持发展与安全并重，创新与伦理并行的原则，在鼓励、支持AI发展与创新的同时，确保AI技术的安全性、可靠性、可控性。面向生成式AI技术的兴起和发展，中国在全球范围内率先采取立法行动，于2023年4月发布《生成式人工智能服务管理办法（征求意见稿）》，这不仅体现了国家对新兴技术的前瞻性监管，也彰显了中国在AI发展方面负责任的态度。生成式AI拥有传统AI不具备的泛化能力、涌现能力，其超多参数、超多插件、超大规模、超多应用场景的技术颠覆特性亟需构建一种全新的治理范式。本文所称的"生命周期监管"是面向生成式

AI的运行机制，将监管要求有机地嵌套和整合进生成式AI运行的每个环节，形成全周期、全链条、全过程、全要素、全社会管理的AI风险治理体系。这种全面监管的治理范式将为生成式AI技术的健康发展和应用提供坚实的法律和政策支持，同时也为保护用户权益和维护社会伦理提供了有力的保障。

（一）数据准备：以中文高质量语料库建设为核心，构建语料安全应对机制

生成式AI模型训练所依赖的语料数据来源分布决定了模型的价值取向。因此，通过构建中文高质量语料库，注入更多体现中式价值观的语料到训练语料库，不仅可以有效引导生成式AI更好地理解和反映中文用户的文化背景和价值理念，从而在全球化的背景下保持文化多样性和中文独特性，而且还可以凭借充足的中文语料供给有效应对数据库非法获取风险。

一方面，要提升政务公共数据开放、共享水平。政府作为社会数据的主要管理者，掌握着全社会约80%的数据资源，且数据质量较高。但这些数据主要供政府机构内部使用甚至是各部门单独存储和使用，在很大程度上限制了数据流动和利用效率。2021年9月1日正式施行的《中华人民共和国数据安全法》明确提出"国家制定政务数据开放目录，构建统一规范、互联互通、安全可控的政务数据开放平台，推动政务数据开放利用"，对政务公共数据开放、共享进行了全方位、系统化的规定。各地方政府也在加快政务公共数据开放平台建设，根据复旦大学数字与移动治理实验室发布的《中国地方公共数据开放利用报告——省域（2023年度）》，截至2023年8月，我国已有22个省（不含直辖市和港澳台）和204个城市上线了地方政府数据开放平台。但从全国整体情况看，大多数省份的开放数据平台存在"开放范围窄、数据集少、互操作性差"等问题。未来亟需建立政务数据标准规范体系，完善政务数据管理制度和安全保障制度，夯实开放共享基础，重点是推进政务数据分类分级管理，扩大数据开放范围，提高数据质量和可互操作性，及时更新数据，确保数据的可访问性和可再利用性。

另一方面，要鼓励社会力量参与语料库的开发建设。电商、社交媒体及其他一些互联网巨头积累了丰富的语料数据。特别是主流媒体在新闻报道与数字化融合发展过程中，沉淀积累了海量富含中式价值观的语料数据，为构建基于中文语境的生成式AI训练数据库提供了坚实基础。在国外，开源组织、学术界、互联网巨头都是生成式AI训练语料数据的主要来源。例如，论坛社交平台Reddit、社交媒体网络平台Twitter都为国外诸多大模型训练提供了丰富的语料数据。早期这些语料数据几乎都是免费提供的，但是当前包括Twitter在内的一些社交网站已经开始对高质量语料进行收费，并不是完全免费的模式。因此，我国可以鼓励社会力量参与开源平台建设，通过开放、共享等方式免费或以成本补偿原则向社会提供训练语料数据。实践中，一些机构正在积极尝试构建类似平台，比如搜狗实验室、清华大学开放数据集、人民日报语料库、哈工大语言云等，这类平台在一定程度上缓解了没有语料积累的公司和研究机构的语料数据稀缺问题。然而，要在更大范围进行更有效的数据共享，还是要完善数据产权制度、数据交易机制，凭借有效的市场机制，培育数据共享生态圈，提升中文语料库建设工作的可持续发展。在这方面，上海数据交易所已经进行了有益探索，并取得了显著成效，其经验值得向全国推广。

（二）模型训练：以制度和技术为支撑，构建算法偏见动态化监管机制

算法偏见已经成为社会不公和歧视的新源头，针对生成式 AI 算法偏见的问题，应遵循"制度与技术并重"的原则，从规范和技术两方面入手，对算法偏见进行全流程动态化监管，在推动生成式 AI 发展的同时做好规范层面的制度保障工作。

首先，针对生成式 AI 训练和微调阶段的静态算法偏见，应根据算法模型的学习逻辑进行调整，通过规范性政策文件强调生成式 AI 应遵守的技术标准，在其投放市场应用之前进行实质审查。一是完善训练数据质量标准。中国《生成式人工智能服务管理暂行办法》第七条要求生成式 AI 服务提供者"提高训练数据质量，增强训练数据的真实性、准确性、客观性、多样性"。从实践来看，为提高数据质量条款的适应性，还需要监管部门进一步明确训练数据"真实性、准确性、客观性、多样性"的具体含义，并指导、帮助生成式 AI 开发企业开展训练数据集的治理，特别要鼓励开发者构建包括广泛社会群体和多样化背景的训练数据集，防止因数据偏差而产生不公平结果。二是规范人工标注。为了尽可能消除输入端引发的算法偏见，促使生成式 AI 能够公平处理问题，应制定一套详尽的人工标注指南，并对标注人员进行培训，确保所有标注人员都按照统一标准进行标注，避免人工筛选和校正造成偏向性误导。同时，在算法设计中嵌入一致性逻辑，确保算法根据问题的本质和上下文内容给出公允的回复，而非刻意"讨好"公众并给出带有偏见的回复。

其次，针对生成式 AI 自主学习的动态算法偏见，应通过建立动态化监管机制来监测和消除。这种动态监管一方面承认算法偏见是不可避免的，另一方面通过持续地动态校正来消除算法偏见。生成式 AI 具有较强的自主学习能力，在与用户进行互动的过程中，会持续学习用户输入的带有偏见的观点和思想。在这种情形下，数据清洗或预置的算法纠偏措施可能会失灵，而动态化监管能够保证持续纠偏并有利于平衡资源投入。在制度与技术并重的原则下，对动态算法偏见的监管主要包括建立算法自动化监管模式、构建多主体共同参与的算法监管网络，从而提高对生成式 AI 算法监管的有效性。对于自动化监管模式，要求利用先进技术和工具，自动分析算法系统的运行状态和输出内容，以识别是否存在有偏见和不准确的信息。一旦监测到算法

偏见，必须立即暂停内容输出，并深入排查导致偏见的具体环节和原因，进而寻求解决方案。在构建多主体共同参与的算法监管网络方面，要求对生成式 AI 的监管由多主体共同介入，不仅政府机构要介入监管过程，生成式 AI 开发者、部署者也应积极参与到监管活动中，并推动形成行业自律。此外，算法监管还需要整合用户力量。比如，构建用户反馈机制，收集用户对生成式 AI 回答的评价和意见，并从中识别潜在的算法偏见以及获取算法改进建议。

（三）服务上线：从技术、教育、法律三个维度，构建技术滥用协同监管机制

自互联网时代开启以来，各种网络犯罪就大行其道，成为社会顽疾。当下，在生成式 AI 技术的加持下，网络诈骗、网络暴力、舆论操纵、虚假新闻等网络违法犯罪行为更加智能化、高效化、隐蔽化，极大地破坏了社会秩序。为了确保生成式 AI 能够为人类社会带来福祉，而不是成为破坏社会的利器，必须从技术、教育、法律等多个维度，强化对技术滥用行为的监管，营造一个更加安全和负责任的人工智能社会。

首先，发挥企业技术优势，用 AI 监管 AI。生成式 AI 研发团队在设计、研发阶段就需要充分考虑潜在滥用风险，采用技术手段防范滥用。例如，可以通过设置输出内容过滤机制，防止生成式 AI 生成有害内容。在这方面，已经有一些大模型公司做出了示范，如美国的 Anthropic 公司提出了"宪法AI"的方法，具体而言就是，利用另一种 AI 模型对底层技术模型（基础模型）的输出是否遵循了"宪法"定义的"价值观"进行评估，并将评估结果应用于优化基础模型。"宪法 AI"与人类反馈强化学习①（Reinforcement Learning from Human Feedback，RLHF）机制有异曲同工之妙，但比起RLHF，它的反馈效率更高、效果更好，因为"宪法 AI"使用一套统一的原则来评判输出，而 RLHF 中的人类专家通常带有自己的主观性，且效率低。目前，Anthropic 已经将这一方法用在了大语言模型 Claude 训练上，并取得了一定效果，它可以"更恰当地"回应对抗性输入，同时仍然提供有用的答案。但是要更好地发挥"宪法 AI"的效能，其内置的价值原则还需要更多领域的专家参与商讨和制定。

其次，提升公众人工智能素养，强化用户责任意识。数字技术的每一次迭代都推动了媒介素养概念的扩展和深化。从最初的数字素养，到数据素养和算法素养，再到当前的人工智能素养，每一次技术进步都对公众的媒介素养提出了新的要求。在生成式 AI 技术快速融入社会生活之后，政府、社会组织和教育机构要顺应智能技术发展趋势，加快培育公众的人工智能素养。

---

① 人类反馈强化学习是指通过人类专家提供反馈来引导模型输出更加符合人的需求和更有价值的内容。

一方面，要通过科普教育帮助社会大众及时了解人工智能技术的最新成果，比如了解 ChatGPT 类生成式 AI 的基本原理、应用场景和作用机制，让公众更好地认识到这些技术带来的机遇和潜在挑战。另一方面，要着力培养人工智能素养与人文素养兼容的批判性思维，引导社会公众更加理性地看待生成式 AI 技术，认识到生成式 AI 技术的局限性，批判性思考生成式 AI 的应用和影响，确保公众更加明智和负责任地使用生成式 AI。

最后，完善生成式 AI 滥用行为的法律监管制度。一是完善 AI 相关法律法规。要根据人工智能技术的发展，评估现有法律制度的适用性，及时完善现有法律制度，确保法律与技术同步发展。现阶段的法律工作重点应放在明确界定生成式 AI 滥用行为的范围和性质、法律责任和处罚措施，提高法律的可操作性和威慑力。二是加大监管力度。一方面要通过内容审查、公众投诉等机制，对滥用行为进行有效管控；另一方面要加强执法部门的技术能力和资源配备，提升对滥用生成式 AI 行为的侦查、取证和执法效率；同时，加强国际合作，共同打击跨国滥用行为。

（四）内容生成：以创新力保护为中心，构建知识产权保护体系

生成式 AI 彻底改变了知识生产逻辑和生产模式，给现有知识产权保护体系提出严峻挑战，需要加快构建适应生成式 AI 技术的知识产权保护体系，平衡好人类创作领域的繁荣与 AI 技术的发展。

首先，引入法定许可制度。法定许可制度是指使用者可以不经著作权人许可即可使用著作权人已发表的作品，但是应向其支付报酬。建立这一制度的目的在于鼓励和促进作品的使用和传播，平衡专有权利和公共利益。生成式 AI 技术在各行各业都有广泛的应用前景，对人类社会福祉的改善是毋庸置疑的。因此，"允许但有偿"使用受版权保护的作品进行算法训练是合理的，在没有损害著作权人权益的情况下，能够让 AI 开发者获取充足的数据进行算法训练。一些国家的法律已经作出了类似规定，比如，新加坡版权法规定，版权作品可用于计算数据分析，无需寻求每个版权所有者的许可，但是，它要求访问合法，例如不能绕过付费墙。中国的生成式 AI 技术还处在初级阶段，需要尽可能多的高质量版权数据进行训练，而训练出来的模型大多应用于商业目的，版权数据使用不符合"个人使用"、"适当使用"和"科学研究"等合理使用情形，需要加快完善著作权法，引入法定许可制度，探索通过著作权集体管理获得作品授权，减少科技公司数据合法性风险的同时，保证作品权利人获取报酬的机会。

其次，赋予 AI 用户适当权利。针对满足最低创造性的 AI 生成内容，可以根据人类智力劳动贡献多少赋予 AI 用户相应权利，而作为 AI 开发者不享有任何权利。这种权利配置并不是出于著作权法不保护非人类创作作品的原因，而是基于以下两方面的考虑因素：其一，从社会公平视角来考

量，AI 本身已经受到软件著作权或者专利权的保护，使得开发者有权向用户收取使用费，并且开发者还能将其开发的模型用于其他更有利可图的领域，从而获得可观收益。如果开发者被赋予 AI 生成物的著作权，则属于双重获利；而对于参与创作该 AI 生成物的用户而言，则意味着为获取该生成物要进行二次付费。这种做法显然有失公平。实际上，利用生成式 AI 进行内容创作的行为与租用别人的土地进行生产并无本质区别。既然承租人在支付土地租金后，土地之上的产物被视为承租人的劳动成果，那么用户利用生成式 AI 生成的创造性内容视为用户的智力成果亦是合情合理的。但是这并不意味着用户利用生成式 AI 生成的内容都应受到著作权法的保护，而是只保护用户有实质性智力贡献的部分，那些只需简单指令生成的内容以及由生成式 AI 完成的内容则不受著作权法保护。

其二，从 AI 产业发展的视角来看，将 AI 生成物的著作权赋予用户而非 AI 开发者有利于促进用户使用生成式 AI 进行创作，进而促进 AI 技术的可持续发展。众所周知，AI 技术的发展要以大规模用户使用为前提，如果对用户使用生成式 AI 生成内容不赋予适当权利，用户肯定不会选择生成式 AI 进行创作，缺乏用户的 AI 何谈发展？根据 ChatGPT 用户协议，用户在使用 ChatGPT 时产生的任何内容，均属于用户的知识产权，但 ChatGPT 可以在不向用户支付任何费用的情况下使用这些内容。ChatGPT 的这一协议内容无疑考虑了用户对生成式 AI 发展的重要性。在当前生成式 AI 领域竞争如此激烈的情况下，更应从用户利益保护的视角思考 AI 生成物的权属。对于不赋予 AI 开发者著作权就会打击、挫伤 AI 研发、投资积极性，严重阻碍 AI 产业发展的言论，缺乏事实依据。2021 年，美国人泰勒申请由 AI 自主生成的绘画《通向天堂之近路》进行作品登记，美国版权局以版权法只保护基于人类心智的创作能力而产生的智力劳动成果为由，拒绝了泰勒的请求（王迁，2023）。2023 年 3 月 16 日，美国版权局发布了《版权登记指南：包含人工智能生成内容的作品》，再次重申"版权只保护人类创造力的成果"。美国版权法不保护纯 AI 生成的内容并没有损害投资者利益，挫伤研发者的积极性。继 2023 年年初 OpenAI 公司发布 ChatGPT 一年后又推出了引起全球关注的 AI 文生视频大模型 Sora。与此同时，中国也在没有明确将纯 AI 生成的内容作为作品纳入著作权法保护范围的情况下，却出现了生成式 AI 研发热潮，如百度推出了文心一言；阿里巴巴推出了通义大模型；科大讯飞推出了讯飞星火等等。可见，无论是在美国还是在中国，纯 AI 生成的内容是否受版权法保护，并没有影响生成式 AI 研发、投资的积极性。

五、结语

随着生成式 AI 技术的快速发展和应用，其潜在的风险和挑战也日益凸显。加强对生成式 AI 的监管和治理不仅能够促进 AI 技术的健康发展，还能保护公众权益，同时也是提升国家竞争力和维护国家安全的重要手段。推进生成式 AI 的有效治理，需要从其生命周期运行特征的视角，分析和评估其在数据准备、模型训练、服务上线、内容生成的重要阶段存在的具体风险，同时需要厘清开发者、部署者、用户及监管者在每一项具体风险治理中的职责和责任，最终实现对生成式 AI 风险的精准识别和有效应对，进而确保将生成式 AI 发展的风险限制在可控范围内，最大限度地发挥其在社会和经济领域的积极作用。

参考文献

［1］曹建峰. 迈向可信 AI：ChatGPT 类生成式 AI 的治理挑战及应对［J］. 上海政法学院学报（法治论丛），2023（4）：28-42.

［2］丛立先，李泳霖. 生成式 AI 的作品认定与版权归属：以 ChatGPT 的作品应用场景为例［J］. 山东大学学报（哲学社会科学版），2023（4）：171-181.

［3］崔中良. 生成式人工智能作为叙事主体的社会风险及治理［J］. 云南社会科学，2024（2）：47-58.

［4］董扣艳. 生成式人工智能对网络意识形态安全的挑战及应对［J］. 实事求是，2024（1）：79-85.

［5］钭晓东. 论生成式人工智能的数据安全风险及回应型治理［J］. 东方法学，2023（1）：106-116.

［6］冯刚. 人工智能生成内容的法律保护路径初探［J］. 中国出版，2019（1）：5-10.

［7］郭方达. 人工智能的"数据瓶颈"［J］. 瞭望，2024（15）：42-43.

［8］黄汇，黄杰. 人工智能生成物被视为作品保护的合理性［J］. 江西社会科学，2019（2）：33-42.

［9］梁志文. 论人工智能创造物的法律保护［J］. 法律科学，2017（5）：156-165.

［10］刘艳红. 生成式人工智能的三大安全风险及法律规制——以 ChatGPT 为例［J］. 东方法学，2023（4）：29-42.

［11］石颖. 算法歧视的发生逻辑与法律规制［J］. 理论探索，2022（3）：122-128.

［12］童云峰，张学彬. 生成式人工智能技术风险的刑法谨慎性规制［J］. 武汉科技大学学报（社会科学版），2024（2）：47-57.

［13］王迁. 再论人工智能生成的内容在著作权法中的定性［J］. 政法论坛，2023（7）：16-33.

［14］谢琳，陈薇. 拟制作者规则下人工智能生成物的著作权困境解决［J］. 法律适用，2019（9）：38-47.

［15］许可. 数据爬取的正当性及其边界［J］. 中国法学，2021（2）：166-188.

［16］于雯雯. 再论人工智能生成内容在著作权法上的权益归属［J］. 中国社会科学院大学学报，2022（2）：89-100；146-147.

［17］袁曾．生成式 AI 治理的法律回应［J］．上海大学学报（社会科学版），2024（1）：28-39.

［18］张欣．生成式人工智能的算法治理挑战与治理型监管［J］．现代法学，2023（3）：108-123.

［19］邹军，刘敏．全球计算宣传的趋势、影响及治理路径［J］．现代传播，2022（6）：28-36.

［20］邹开亮，刘祖兵．生成式人工智能个人信息安全挑战及敏捷治理［J］．征信，2024（1）：41-50.

［21］HACKER P，ENGEL A，MAUER M. Regulating ChatGPT and other Large Generative AI Models ［C］//Proceedings of the 2023 ACM Conference on Fairness，Accountability，and Transparency.ACM，2023：1112-1123.

［22］LEMLEY M A，CASEY B.Fair Learning ［J］．Texas Law Review，2021，99（4）：743-785.

［23］LI，ZHOU，ZHU，et al.DeepInception：Hypnotize Large Language Model to Be Jailbreaker ［DB/OL］．［2024-04-12］．http://arxiv.org/pdf/2311.03191..

［24］TRIGUERO I，MOLINA D，POYATOS J，et al. General Purpose Artificial Intelligence Systems （GPAIS）：Properties，definition，taxonomy，societal implications and responsible governance ［J］．Information Fusion，2024（103）：102-135.

［25］WEI J，TAY Y，BOMMASANI R，et al.Emergent Abilities of Large Language Models ［DB/OL］．［2024-04-12］．http://openreview.net/pdf? id=yzkSU5zdwD.

The Study on Risk Identification and Governance Measures for Generative Artificial Intelligence from a Lifecycle Theory Perspective

SUN Min[1]   WU Gang[2]

（1.Business School of Zhejiang Wanli University，Zhejiang，Ningbo，315100；
2.Party School of the CPC Dalian Municipal Committee，Liaoning，Dalian，116013）

Abstract：Generative AI，with its exceptional language understanding and generation capabilities，is leading disruptive transformations across various industries. However，the rapid development and application of generative AI also elevates the security，ethical，and legal risks within the field of artificial intelligence to an entirely new. The study indicates that there are four major risks associated with generative AI throughout its entire life cycle: data security risk, algorithmic bias risk, technology misuse risk, and intellectual property risk. It should innovate the governance paradigm of generative artificial intelligence, realizing the concept transition from local and static governance to full-chain and dynamic governance, and on this basis, accurately govern four kinds of risks: building a high-quality Chinese corpus, algorithm dynamic regulation mechanism, technology abuse collaborative regulation mechanism, and intellectual property protection system centered on innovation protection, thereby constructing a safe, trustworthy, and responsible development ecosystem for generative artificial intelligence.

Key Words: lifecycle regulation; generative artificial intelligence; risk governance

JEL Classification: O38, D81

互联网发展与产业结构升级：理论机制与实证检验

陈　飞　赵河清　王友军

（东北财经大学经济学院，辽宁　大连　116025）

　　[内容提要] 在数字中国战略背景下，评价互联网发展的产业结构调整效应对于推动经济高质量发展具有重要意义。本文在理论阐述互联网发展推动产业结构升级作用机理的基础上，采用2003—2020年城市面板数据进行因果推断检验。研究发现：互联网发展对城市产业结构发展水平具有"增量提质"的双重效应，能够有效推动产业结构升级，这一结论在工具变量估计、控制宏观趋势、替换被解释变量、城市样本筛选以及以"宽带中国"示范城市作为准自然实验等稳健性检验后仍然成立。机制检验结果显示，助力创新创业、促进社会消费和提高市场化水平是互联网发展释放产业结构升级动力的重要渠道。异质性分析结果表明，对于农村经济转型较快、城镇化水平更高、产业结构更为合理的城市，互联网发展的产业结构升级效应更强。本文的研究对于理解产业结构升级驱动力具有重要的理论价值和政策含义。

　　[关键词] 互联网发展；产业结构升级；创新创业；社会消费；市场化

一、引　　言

　　改革开放后的中国，创造了举世瞩目的经济增长奇迹，同时也经历了典型的产业结构转型过程。1978—2021年期间，伴随着农业GDP占比从27.7%下降至7.3%，中国农业就业占比从70.5%迅速降至22.9%[①]，产业结构持续

　　[基金项目] 国家自然科学基金面上项目"依托强化农地产权推进农村经济转型的理论解构、实证检验与路径选择"（72273018）；教育部人文社会科学研究项目"农村产业融合发展与相对贫困治理的逻辑关联、实证检验及推进路径研究"（22YJA790005）。
　　[作者简介] 陈飞，男，1973年出生，吉林长春人，东北财经大学经济学院教授；赵河清（通讯作者），女，1999年出生，河南三门峡人，东北财经大学经济学院硕士研究生；王友军，男，1999年出生，山东临沂人，东北财经大学经济学院博士研究生。

　　① 数据来自中国国家统计局。

升级。不过，农业就业占比至今仍 3 倍于农业 GDP 占比，劳动力就业结构有待进一步改善。产业结构与就业结构不匹配、产业结构不尽合理与城乡、区域经济发展不平衡等结构性问题阻碍着经济发展质量与可持续性的提升。当前，随着人口红利渐消和资源环境约束日趋强化，加之逆全球化思潮抬头、贸易摩擦加剧和局部冲突频发，世界经济复苏乏力，中国经济发展面临严峻的内外部挑战。新形势下如何向以国内大循环为主体转变，推动现代产业体系建设和实现高质量发展成为当前亟待回答的问题。在此背景下，把实施扩大内需战略同深化供给侧结构性改革有机结合起来，依托高质量发展，实现稳增长和防风险协同并进是应对各类风险挑战的必然选择，继续推进结构转型、实现产业结构优化升级成为其中的关键所在。

2021 年发布的《中华人民共和国国民经济和社会发展第十四个五年规划和 2035 年远景目标纲要》将"加快数字化发展、建设数字中国"作为独立篇章重点阐述，数字化成为"十四五"时期坚持创新驱动发展，加快发展现代产业体系的重要目标任务。自 1994 年中国全功能接入国际互联网以来，以互联网为代表的数字技术迅速融入我国经济社会发展的各个领域，为传统产业注入新的发展潜力，并催生出数字经济、平台经济和共享经济等一系列新业态、新模式，持续为我国经济社会发展提供了强劲动力。随着"宽带中国"和"互联网+"等战略举措的实施，我国大力投资宽带基础设施建设，互联网迅速普及和发展，学术界开始陆续关注互联网发展的经济效益。互联网发展能否驱动产业结构升级进程？传导机制如何？本文试图通过对该问题的研究丰富互联网发展的实证文献，同时为国家数字化发展与产业结构转型升级提供参考依据。

对于互联网发展的经济结构调整效应，现有文献在宏观经济、产业部门和微观企业等方面进行了大量研究。从宏观经济层面来看，互联网作为信息技术的载体已成为重要的生产工具，其技术性、公共性和渗透性等特征推动数据信息成为崭新的生产要素（侯汉坡等，2010），促进新经济形态的产生和传统产业的变革，在拉动经济增长、推动技术进步和促进产业结构调整等方面发挥着巨大作用（Czernich et al.，2011；郭家堂、骆品亮，2016；叶初升、任兆柯，2018）。从产业层面来看，互联网一方面促进技术创新与传播从而提高劳动生产率，推动传统产业改造升级，另一方面促成新兴行业不断涌现并发展，提升服务业尤其是生产性服务业在三次产业中的比重（赵立昌，2015）。已有研究表明，互联网信息技术可以通过提高产业技术效率、创新组织运行机制和提升产业竞争力等渠道推动产业结构优化升级（Miyazaki et al.，2012；郑湛等，2019）。从微观企业层面来看，互联网极大地降低了企业的信息搜集、内部协调等交易成本，拓宽了企业边界（李海舰等，2014），并显著提升了企业的创新性和主动性（Glavas and Mathews，2014），促进了企业生产效率、运行效率和创新效率的稳步提升。其中，王娟（2016）利用世界银行的中国企业调查数据，研究发现"互联网+"提高了资本和技术密集型企业的劳动生产率，进而推动了制造业结构优化升级。总而言之，互联网技术为信息传输与技术创新提供了重要基础，在生产要素配置、社会资源整合中发挥着集成优化作用，广泛应用于消费需求环节与生产供给环节，推动传统产业流程再造和优化升级，促进先进制造业和现代服务业集群发展，深刻影响着产业结构升级进程。

主流文献将产业结构升级的动因分为两类：一是鲍莫尔效应，即供给侧视角下由不同部门间生产率的非平衡变化推动的产业结构升级（Baumol，1967；Ngai and Pissarides，2007）；二是恩格尔效应，即在非位似偏好结构下由需求端拉动的产业结构升级（Comin et al.，2021；Kongsamut et al.，2001）。叶初升和仁兆柯（2018）基于地级市面板数据实证分析了互联网的经济增长效应和结构调整效应，并基于鲍莫尔效应和恩格尔效应从理论上分析了互联网影响产业结构调整的作用机制，但未对影响机制进行实证检验。除此之外，多数研究互联网发展对产业结构升级影响的文献均使用的是省份面板数据，如左鹏飞等（2020）、柳志娣和张骁（2021）基于我国31个省份的面板数据分析并检验了互联网发展对产业结构转型升级的影响，均得到了互联网发展可以推动产业结构转型升级的经验证据，并分别验证了城镇化水平的门限效应和市场化水平的调节效应。上述文献对分析我国互联网发展与产业结构升级间的关系提供了重要的思路指导和方法借鉴，但在变量选取与测算、理论机制梳理与内生性问题讨论等方面尚存在改进空间。

相较而言，本文的边际贡献主要体现在如下方面：其一，通过构建互联网综合发展指数、产业结构量化指数与质化指数，在城市层面对互联网发展和产业结构发展水平进行了较为全面的测度，从而实现了对二者时空演化特征和影响关系的细微尺度讨论。其二，在供给侧、需求端和流通领域的统一框架下探讨互联网发展影响产业结构发展水平的理论机制，全面评估了互联网发展通过助力创新创业、促进社会消费以及提高市场化水平推动产业结构升级的作用路径。其三，利用满足相关性与排他性的历史工具变量进行因果关系推断，并基于"宽带中国"示范城市的准自然实验进行外生冲击检验，保障了本文实证结果的稳健性。

本文余下部分安排如下：第二部分为理论分析与研究假设；第三部分为模型设定、变量说明与数据描述；第四部分报告了基准回归与稳健性检验的结果；第五部分对机制检验与异质性分析进行进一步讨论；最后为结论性评述。

二、理论分析与研究假设

互联网的核心作用在于信息共享与传输、降低数据处理成本和交易成本以及提高资源配置效率，这些独特优势有效破除了创新创业壁垒、经济活动空间限制和要素供需矛盾，在提高信息可得性与信贷可得性、改变消费行为和预期以及优化资源配置等方面发挥着重要作用。当前，互联网已然广泛融入人们的生产生活中，改变了许多经营主体的生产组织方式，进而触发了互补性发明的链式反应，产生长期的产业波及效应（郭家堂、骆品亮，2016）。互联网发展已超越信息技术本身，全方位地影响着我国经济增长和产业结构调整。

（一）供给侧：助力创新创业

现有文献认为，互联网发展有利于提高区域技术创新水平（Glavas and Mathews，2014；韩先锋等，2019）。互联网平台颠覆了企业、高校与科研机构等协同创新所处的情境，其广泛联结性和即时交互性使得产学研各创新主体间的信息交流变得更加便捷高效，同时"互联网+知识生态"大大扩充了创新知识库，互联网塑造了一个开放融合的产学研协同创新系统，提高了技术创新的效率（方刚、谈佳馨，2020），促进了科技成果向现实生产力转化，并进一步实现了创新成果的大范围共享。创新与创业相辅相成，互联网发展不仅催生出许多新岗位、新职业，而且改善了创业环境并孵化出大量高新技术企业。此外，互联网提供了即时快捷的信息平台，在创业者对于创业机会的把握和创业过程中的信息交流中起着重要的支持作用（周广肃、樊纲，2018）。以互联网为媒介的数字普惠金融发展通过弥补传统金融对不发达地区和小微企业服务的不足缓解了创业的融资约束（谢绚丽等，2018）。互联网还有利于增强创业者的社会互动，不仅拓展了社会资本，还强化了创业成功形成的示范效应，进一步激励着创业活动的开展（周广肃、樊纲，2018）。

2015年7月，国务院印发《关于积极推进"互联网+"行动的指导意见》，围绕转型升级任务迫切、融合创新特点明显和人民群众最关心的领域，部署11项重点行动，首条即"互联网+"创业创新，提出充分发挥互联网对创业创新的支撑作用，推动各类要素资源集聚、开放和共享，形成大众创业、万众创新的浓厚氛围。从供给侧分析产业结构调整的研究认为，互联网发展一方面通过促进技术创新，影响部门相对生产效率，带动生产要素更多地流向工业和服务业（叶初升、任兆柯，2018）；另一方面通过培育创业机会，大量吸纳农业转移劳动力进入数字化非农行业，进而推动了产业结构转型升级（田鸽、张勋，2022）。因此，本文提出待检验的研究假说1。

假说1：互联网发展通过助力创新创业对产业结构升级产生推动作用。

（二）需求端：促进社会消费

多数研究认为，互联网打破消费时空限制、促进产品市场推广、完善物流运输体系、推动数字普惠金融发展和拓展新的消费市场等方式提升了社会总体消费水平（Ferguson et al.，2010；张红伟、向玉冰，2016；张家平等，

2018）。对于互联网究竟是以线上渠道替代实体零售还是刺激了新增消费这一疑问，黄卫东和岳中刚（2016）基于我国2004—2013年的省际面板数据，从包容性创新视角研究了信息技术应用对居民消费的影响，发现信息技术普及显著促进了居民消费增长。网购这一新型消费方式为消费行为提供了移动支付便利，改变了居民消费习惯，加速了消费决策，并削弱了居民消费的棘轮效应，居民消费表现出更为明显的示范效应（马香品，2020），催生出跨期消费等新消费理念。再者，伴随互联网发展兴起的数字普惠金融大幅提高了普通民众金融服务的可获得性，降低了其面临的不确定性，从而放松流动性约束，有效释放居民消费需求（何宗樾、宋旭光，2020）。基于微观家庭层面的研究发现，相对于不使用互联网的家庭，使用互联网家庭的消费总额会提高15%，且互联网使用程度越高，家庭消费总额越高（杨光等，2018）。此外，互联网不仅提高了社会总体消费水平，也深刻改变着产品消费的结构与质量。互联网大幅提高了供需双方匹配效率，并随之产生了大量消费信息、数据，企业基于信息资源加快产品开发，从而提升了产品质量，为优化居民消费结构和促进消费升级提供了重要保障（张家平等，2018）。

我国经济发展战略在经历了"构建扩大内需长效机制"、"供给侧结构性改革"和"畅通国民经济循环"等探索后，新形势下最终形成了以国内大循环为主体、国内国际双循环相互促进的新发展格局，消费升级是构建"双循环"新发展格局的关键所在。当前，互联网应用的迅猛发展催生出新的消费需求，消费新业态、新模式及新趋势不断涌现。从需求端研究产业结构调整的文献认为，由于不同部门产品的需求收入弹性或效用水平不同，因而随着人民生活水平的提高，服务类商品的消费增长将比有形商品消费增长快，并且居民对消费高端化、品质化的需求也将推动企业创新能力和产品技术的不断提高，进而在宏观上体现为生产要素从低端行业向中高端行业集聚，亦即产业结构从以农业为主到以工业和服务业为主的变迁（叶初升、任兆柯，2018）。基于以上分析，本文提出待检验的研究假说2。

假说2：互联网发展可以通过促进社会消费进而推动产业结构升级。

（三）流通领域：提高市场化水平

信息不对称是我国市场化进程中的关键障碍，不仅导致了产业供求关系不均衡，还致使生产要素难以流向高效企业，造成资源配置效率低下。而互联网的发展为信息跨时空的传播与共享提供了平台和技术支持，在一定程度上破除了信息壁垒，区域间、行业间和企业间的信息不对称程度得以降低，企业信息搜寻与交流的成本减少，推动技术、资金和人才等生产要素根据需求快捷高效地联结与重组。在要素市场中，互联网的普及促进了劳动力市场的信息共享，为劳动者提供了丰富的工作信息，提升了劳动力配置效率；对于资本市场的研究同样发现，互联网金融的发展有助于缓解企业间的金融错配（张庆君、宋小艳，2020）。总而言之，互联网通过网络技术和信息共享平台减缓劳动力和资本要素市场扭曲，促进要素有序流动，有效提高了市场主体间的资源配置效率。在产品市场中，互联网发展推动市场透明化，促进市场竞争，有利于实现产品优胜劣汰，营造有序的市场环境（余文涛、吴士炜，2020）。此外，互联网还为消费者提供了大量关于产品品质、功用的信息，便于消费者选择更合适的产品。市场环境的优化和消费者自主选择促进了产品市场的发育和市场价格机制的发挥。

2022年4月发布的《中共中央 国务院关于加快建设全国统一大市场的意见》指出，为促进科技创新和产业升级，需进一步降低市场交易成本，持续推动国内市场高效畅通和规模拓展，加快营造稳定、公平、透明、可预期的营商环境。在经济发展过程中资源会不断从低效率部门向高效率部门流动，从而促进产业结构变迁，即资源配置效率深刻影响着产业结构升级进程（Acemoglu and Guerrieri，2008）。为此，推进市场化建设成为题中之义，生产要素在市场机制下自发流动、合理配置，有利于实现产业结构在市场调节下的优化升级。从流通领域的视角来看，互联网在市场化进程中起着重要推动作用，通过破除信息壁垒、降低交易成本，提高了产品市场和要素市场发育程度，且有利于规范市场秩序，有效引导资源在不同产业之间的流动与配置，从而推动产业结构转型升级（柳志娣、张骁，2021）。因此，本文提出待检验的研究假说3。

假说3：互联网发展通过提高市场化水平加快产业结构升级进程。

三、模型设定与数据描述

（一）模型设定

本文采用双向固定效应面板模型估计互联网发展对产业结构升级的影响，具体设定如式（1）所示：

$$y_{it} = \alpha_0 + \alpha_1 Int_{it} + \alpha_2 X_{it} + \mu_i + \delta_t + \varepsilon_{it} \tag{1}$$

其中，y_{it}为i城市在t年的产业结构发展水平。Int_{it}表示i城市在t年的互联网综合发展指数，是本文的核心解释变量。X_{it}为城市i随时间变化的控制变量。为控制城市层面不随时间变化的异质性以及时间维度趋势对城市产业结构升级的影响，分别引入城市和年份固定效应μ_i和δ_t。ε_{it}为扰动项，模型估计时在城市层面对标准误进行聚类。

需要注意的是，上述回归模型中可能存在内生性问题：其一，遗漏变量偏误。本文虽然控制了城市层面的一系列特征变量，且通过双向固定效应控制影响产业结构的城市不可观测因素，但仍可能存在自然地理环境、风俗文化和政府作为等因素同时影响互联网发展和产业结构升级。其二，反向因果关系。城市产业结构升级过程中，新兴产业（如高新技术产业）、工业信息化发展等会对互联网应用水平提出更高的要求，产业结构发展水平高的城市因而往往拥有完善的网络基础设施，网络性能与服务质量更为优越，即产业结构升级推动着互联网的普及与发展。

选择合适的工具变量是解决内生性问题的有效方法，借鉴黄群慧等（2019）的研究，本文选取各城市1984年的邮电历史数据作为互联网发展的工具变量。从信息通信技术角度来看，互联网是人们进行信息传输和交流沟通的新载体，而较早时期人们信息沟通的主要方式是邮电系统，即邮政和电信。由于早年间电话线拨号接入是互联网的主要接入方式，因此邮电局的分布会从基础设施、技术水平和习惯养成等方面影响到后续互联网的普及和应用。据此，选取历史上的邮电局数量作为互联网发展的工具变量满足相关性的要求。另一方面，邮政、固话等传统通信工具日渐衰落，使用范围和频率日益下降，其对产业发展的影响也在逐步消退。从这个意义上看，在控制其他因素不变后，历史上的邮电局数量满足排他性要求。需要说明的是，该工具变量为横截面数据，无法直接用于面板数据的计量分析。借鉴纳恩和钱（Nunn and Qian，2014）的做法，选用上一年全国互联网上网人数与1984年各城市每万人邮电局数量的交互项作为该年城市互联网发展的工具变量。

（二）变量说明

1.产业结构升级

产业结构升级即产业结构依据经济发展的历史和逻辑序列由低水平状态向高水平状态顺次演进的动态过程，基本规律为国民经济重心由农业向非农产业部门转移以及从工业进一步转向服务业（Kuznets，1973；袁航、朱承亮，2018），同时伴随着传统产业生产技术的持续升级创新、新兴产业发展壮大以及生产要素向中高端行业集聚，因此产业结构升级的理论内涵突出表现为产业比例关系的改变和劳动生产率的提高。遵循现有文献的普遍做法，本文从以下两方面测度产业结构发展水平：①产业结构量化指数（*Index_incr*），即三次产业比例关系，依据克拉克定律①采用第三产业与第二

---

① 即采用非农业产值比重作为产业结构升级的度量，而自信息技术革命后"经济服务化"成为新的发展趋势，因此采用第三产业产值与第二产业产值之比能够更为清楚地反映出经济结构的服务化倾向（干春晖等，2011）。

产业增加值之比刻画产业结构的"增量"升级（干春晖等，2011）；②产业结构质化指数（Index_qual），即劳动生产率的对比关系，以各产业部门劳动生产率与产出比重的乘积加权值衡量产业结构的"提质"升级。产业份额度量了产业结构发展水平的外在表现，是产业结构升级的直接标志；劳动生产率的提高则是其内核，劳动生产率更高的产业占比增加体现了产业结构的提质升级（刘伟等，2008）。产业结构量化指数与质化指数为本文提供了互联网发展对产业结构发展水平"增量提质"双重效应的识别。其中，产业结构质化指数的具体计算公式如式（2）所示：

$$Index\_qual_{it} = \sum\nolimits_{m=1}^{3} p_{imt} \times lp_{imt}, \; m = 1, \; 2, \; 3 \qquad (2)$$

其中，p_{imt} 为 i 城市在 t 年第 m 产业增加值占地区生产总值的比重，lp_{imt} 表示 i 城市在 t 年第 m 产业的劳动生产率，用三次产业实际增加值除以相应产业从业人员数衡量。由于 lp_{imt} 存在量纲，本文通过均值化方法消除量纲。

2.互联网发展水平

互联网发展水平是本文的核心解释变量。现有文献主要选取互联网渗透率、移动互联网普及率和人均电信消费占比等单一指标对互联网发展水平进行测度。考虑到综合评价方法更能反映互联网的整体发展水平，本文借鉴黄群慧等（2019）的做法，选择城市互联网普及、移动互联网普及、互联网相关产出和互联网相关从业人员四个维度的指标。其中，互联网普及以城市每百人互联网接入用户数衡量，移动互联网普及以每百人移动电话用户数衡量，互联网相关产出采用人均电信业务总量衡量，互联网相关从业人员以信息传输、计算机服务和软件业从业人员占城镇单位从业人员比重进行衡量。具体计算过程中，在对数据进行标准化处理后，通过变异系数法赋予不同指标权重，进而合成一个互联网综合发展指数指标，用以全面反映城市互联网发展水平。

3.其他控制变量

基于现有文献，本文选取以下控制变量：①人均地区生产总值及其平方项，控制城市经济发展水平及可能存在的库兹涅茨曲线（叶初升、任兆柯，2018）；②人口集聚水平，控制城市规模对产业发展尤其是制造业和服务业的影响（宋丽颖、张安钦，2021）；③外资利用水平，主要是考虑外商直接投资可带来新的技术和管理经验，有利于提高产业发展水平，但若外商倾向于投资制造业，则可能加剧产业结构的不均衡（李治国等，2021）；④金融发展水平，用以反映城市金融供给水平；⑤科教支持力度，控制政府干预程度，主要是考虑到地方对科学教育的支持力度可能对产业结构调整发挥潜在作用（范晓莉、李秋芳，2021）；⑥在校大学生数，用来控制城市人力资本水平（Ngai and Pissarides，2007）；⑦公共图书馆藏书量和医院床位数，用以控制城市公共服务水平，通常来说，完善的公共服务更有利于吸引人才和企业进驻，从而影响产业结构（孙伟增等，2022）。

（三）数据来源与描述性统计

2003年是我国互联网崛起为真正的大众平台的转折点，受"非典"疫情暴发的冲击，互联网和数字移动技术优势凸显，为应对疫情和恢复经济运行提供了新动能，互联网电商、社交、游戏与影视平台等（如京东商城、淘宝网、腾讯网和QQ游戏）得以借势奠基。基于此，本文针对2003—2020年我国地级及以上城市展开研究，由于研究所需的按三次产业分全社会从业人员数据来自各城市及各省级行政区历年统计年鉴，部分城市、省份未予统计或公布，因此本文最终得到了来自24个省级行政区174个城市共包含2 759个样本的非平衡面板观测，其他变量均来自《中国城市统计年鉴》和部分地方统计局网站。

为消除价格水平的影响，对所有涉及货币计量的变量折算为2003年的实际价格。部分缺失值采用线性插值法予以补充。各变量的含义以及简单描述统计见表1。

表1 　　　　　　　　　　　主要变量描述性统计

变量	变量含义	均值	标准差	最小值	最大值
产业结构量化指数	第三产业与第二产业增加值之比	0.8082	0.3563	0.1507	4.6904
产业结构质化指数	三次产业产值占比与各产业劳动生产率的乘积加权值	1.0031	0.6829	0.0710	4.3241
互联网综合发展指数	互联网综合发展水平	0.1238	0.0840	0.0132	0.6906
人均地区生产总值	人均地区生产总值，取对数	10.3461	0.9192	7.1768	13.1765
人口集聚水平	年平均人口与行政区域面积的比值（单位：百人/平方公里）	5.4050	3.7772	0.0983	44.3784
外资利用水平	实际使用外商直接投资金额与当年平均汇率的乘积占地区生产总值的比重	2.4732	2.5975	0.0000	37.5793
金融发展水平	年末金融机构各项贷款余额与地区生产总值的比值	0.8859	0.5143	0.1812	6.0709
科教支持力度	科学技术支出与教育支出之和占地方财政一般预算内支出的比值	19.5193	4.5996	1.9921	49.7401
在校大学生数	城市每百万人普通高等学校在校学生数	1.9024	2.4631	0.0032	13.3922
公共图书馆藏书量	公共图书馆人均藏书量（单位：百册/人）	63.9659	97.2903	0.0081	10.2670
医院床位数	每万人医院、卫生院床位数（单位：张/万人）	39.2112	18.7073	3.8892	137.6587

资料来源：统计结果来自作者计算。

四、实证结果及分析

(一) 基准回归

表2报告了互联网发展影响城市产业结构发展水平的基准回归结果。模型(1)和模型(2)未加入任何控制变量,模型(3)和模型(4)在其基础上加入所有控制变量,核心解释变量 Int 的估计系数均显著为正,且通过了1%的显著性检验,表明互联网的普及与发展深刻影响着我国产业结构升级进程,不仅加速了三次产业比例关系的变化,也促进了核心产业劳动生产率的提高,从产业结构量化指数和质化指数两方面验证了互联网发展对产业结构升级的推动作用。从经济意义上看,城市互联网综合发展指数增加一个标准差(0.084),能够使得产业结构量化指数和质化指数分别提高9.7%和14.3%[①]。正如前文所述,互联网信息技术的发展不仅催生出许多新兴服务业,而且与交通运输、仓储和邮政快递业、金融保险业、电子商务等生产性服务业深度融合,使得第三产业借助信息化优势迅速发展(赵立昌,2015),因而推动了三次产业比例关系的变迁。而互联网的需求催化效应与资源配置效应促使高质量的生产要素与技术要素向生产率更高的第二、三产业转移,进一步提高核心产业劳动生产率(柳志娣、张骁,2021;叶初升、任兆柯,2018)。因此,互联网发展对产业结构发展水平具有"增量提质"的双重效应,有利于推动产业结构升级。

表2   **基准回归结果**

被解释变量	模型(1)	模型(2)	模型(3)	模型(4)
	$Index\_incr$	$Index\_qual$	$Index\_incr$	$Index\_qual$
Int	1.2993*** (0.2790)	2.0375*** (0.3813)	0.9294*** (0.1892)	1.7081*** (0.3864)
人均地区生产总值	—	—	-0.9382*** (0.2561)	-3.7660*** (0.2175)
人均地区生产总值平方项	—	—	0.0751*** (0.0176)	0.2324*** (0.0131)
人口集聚水平	—	—	0.0033 (0.0041)	-0.0042 (0.0055)

---

① 计算公式为 Int 回归系数值×Int 标准差/对应指数均值。

续表

被解释变量	模型（1）	模型（2）	模型（3）	模型（4）
	Index_incr	*Index_qual*	*Index_incr*	*Index_qual*
外资利用水平	—	—	−0.0101* (0.0058)	−0.0148** (0.0061)
金融发展水平	—	—	0.1184* (0.0652)	−0.1205 (0.0952)
科教支持力度	—	—	0.0043** (0.0021)	0.0170*** (0.0044)
在校大学生数	—	—	0.0541** (0.0263)	0.0068 (0.0254)
公共图书馆藏书量	—	—	0.0411*** (0.0132)	0.0435* (0.0247)
医院床位数	—	—	0.0012 (0.0023)	0.0033* (0.0018)
常数项	0.6142*** (0.0340)	0.1774*** (0.0435)	2.6145*** (0.8012)	−5.3537*** (1.3892)
城市固定效应	Y	Y	Y	Y
年份固定效应	Y	Y	Y	Y
R^2	0.4423	0.7615	0.5254	0.8021
样本量	2 759	2 759	2 759	2 759

注：括号内为聚类在城市层面的稳健标准误，***、**和*分别表示在1%、5%和10%的显著性水平上显著。

资料来源：统计结果来自作者计算。

从其他控制变量的估计结果来看，人均地区生产总值一次项系数为负，二次项系数为正，意味着其对产业结构量化指数和质化指数的影响符合先降后升的库兹涅茨曲线。外资利用水平的回归系数皆为负，主要原因是我国在全球价值链分工中的优势在于制造环节，外商直接投资多投向制造业部门，使得其对产业结构升级的影响为负（叶初升、任兆柯，2018）。科教支持力度和公共图书馆藏书量的回归系数均显著为正，在校大学生数和医院床位数分别对产业结构量化指数和质化指数存在正向影响，表明政府的科教支持、人力资本和公共服务水平的提高对推动产业结构升级存在显著的促进作用。科教支持与人力资本积累能够助推产业结构由劳动密集型向技术密集型转变，并带动生产性服务业的迅速发展。公共服务和基础设施的完善有利于吸引高素质劳动者和技术技能人才，通过"用脚投票"的方式进一步提高人力资本水平（孙伟增等，2022），进而推动产业结构升级。

（二）稳健性检验

1.工具变量估计

表3列示了工具变量估计与排他性检验的回归结果。第一阶段回归结果显示，工具变量与互联网综合发展指数间存在显著的正相关关系，即历史时期邮电局数量较高的城市互联网发展水平也更高，与预期相符，并且识别不足检验和弱工具变量检验的结果保证了工具变量的有效性。第二阶段回归结果由模型（1）和模型（2）显示，工具变量回归所得 Int 的系数依然是正向显著的，且系数大小有所增加。在考虑内生性后，互联网发展的产业结构调整效应仍成立。进一步，对于工具变量的排他性，历史上的传统邮电通信日渐式微，理论上只通过影响人们选择互联网这一新型信息沟通方式对当前经济转型发展产生作用，但并不排除其可能通过影响经济发展的其他方面作用于当前产业结构。为进一步检验工具变量排他性，本文参考孙伟增等（2022）的做法，将工具变量直接加入基准回归模型，结果如表3模型（3）和模型（4）所示，工具变量对城市产业结构不存在显著影响，说明该工具变量与其他不可观测因素的相关性并不明显。

表3　　　　　　　　　　　工具变量估计结果与排他性检验

被解释变量	工具变量估计		排他性检验	
	模型（1）	模型（2）	模型（3）	模型（4）
	$Index\_incr$	$Index\_qual$	$Index\_incr$	$Index\_qual$
Int	2.1622**	4.6829***	1.1290***	1.5736***
	（1.0261）	（1.4583）	（0.2174）	（0.3211）
IV	—	—	0.0483	0.5618
			（0.1253）	（0.4025）
控制变量	Y	Y	Y	Y
城市固定效应	Y	Y	Y	Y
年份固定效应	Y	Y	Y	Y

续表

被解释变量	工具变量估计		排他性检验	
	模型（1）	模型（2）	模型（3）	模型（4）
	Index_incr	*Index_qual*	*Index_incr*	*Index_qual*
第一阶段回归				
IV	0.046*** (0.012)	—	—	—
识别不足检验	64.254 [0.000]	—	—	—
弱工具变量检验	83.193 ⦃16.38⦄	—	—	—
R^2	0.4753	0.7302	0.5283	0.8147
样本量	2 193	2 193	2 193	2 193

注：括号内为聚类在城市层面的稳健标准误，***、**和*分别表示在1%、5%和10%的显著性水平上显著。工具变量估计中，第一阶段结果是内生解释变量（城市互联网综合发展指数）对工具变量（1984年城市每万人邮电局数量×上一年全国互联网上网人数）的回归，其他解释变量均已控制。识别不足检验使用的是 Kleibergen-Paap rk LM 统计量。弱工具变量检验使用 Kleibergen-Paap rk Wald F 统计量。

资料来源：统计结果来自作者计算。

2.控制宏观趋势影响

为尽可能缓解省级行政区的宏观环境变化对回归结果的影响，本文通过在基准模型中加入省份时间趋势项，即设定省份与年份交互项，以控制省份整体环境趋势的影响。表4模型（1）和模型（2）的结果表明，在考虑了宏观因素系统性变化之后，核心解释变量系数仍然正向显著，且相比基准回归系数没有较大差异，本文研究结论保持稳健。

3.调整产业结构发展水平度量指标

就业结构与产出结构能否实现有效匹配是衡量经济结构转型升级是否成功的重要标准。考虑到产业结构升级中第一产业的地位和作用，本文结合就业结构与产出结构的匹配性，采用第一产业增加值占比与第一产业从业人员占比的差值（*Dif*）作为产业结构量化指数的替代指标，用以考察劳动力转移驱动下的产业结构升级。此外，根据黄季焜（2020）的研究，结构转型的过程即农业劳动生产率逐渐趋近于工业服务业平均劳动生产率的过程,本文使用城市第二、三产业平均劳动生产率与第一产业劳动生产率的比值(Rat)作为产业结构质化指数的替代指标。Dif越小(越接近0),Rat越小(越接近1),表明产业结构发展水平越高。表4模型(3)和模型(4)报告了使用上述两种产业结构升级测度指标的实证结果,可以看出互联网发展显著提高了第一产业就业结构与产出结构的匹配度,并缩小了第一产业劳动生产率与第二、三产业平均劳动生产率的差距,亦即提高了产业结构发展水平,与基准回归所采用的衡量方式得到了一致的结论。

4.城市样本筛选

为检验基准模型结果对城市行政等级的敏感性,考虑到部分城市行政等级高、规模大,拥有丰富的政治和经济资源,本文剔除了29个直辖市、副省级城市及省会城市样本,基于一般地级市数据进行子样本回归。根据表4模型(5)和模型(6)的回归结果,互联网综合发展指数对城市产业结构升级的推动作用保持显著。

表4　控制宏观趋势、替换被解释变量和城市样本筛选的稳健性检验结果

被解释变量	模型(1)	模型(2)	模型(3)	模型(4)	模型(5)	模型(6)
	$Index\_incr$	$Index\_qual$	Dif	Rat	$Index\_incr$	$Index\_qual$
Int	0.6918*** (0.1952)	1.0493*** (0.2811)	−0.3084*** (0.1133)	−6.4861*** (2.1473)	0.7758** (0.3762)	1.0531** (0.5230)
控制变量	Y	Y	Y	Y	Y	Y
城市固定效应	Y	Y	Y	Y	Y	Y
年份固定效应	Y	Y	Y	Y	Y	Y
省份时间趋势	Y	Y	N	N	N	N
R^2	0.7846	0.8886	0.3974	0.3240	0.5052	0.7839
样本量	2 759	2 759	2 759	2 759	2 315	2 315

注:括号内为聚类在城市层面的稳健标准误,***、**和*分别表示在1%、5%和10%的显著性水平上显著。

资料来源:统计结果来自作者计算。

5. 外生冲击检验

（1）政策背景与模型设定。为更加稳健地评估互联网发展对城市产业结构升级的促进作用，本文以"宽带中国"示范城市的网络基础设施升级作为外生政策冲击，采用双重差分（DID）方法评估该政策效应。2013年8月发布的《国务院关于印发"宽带中国"战略及实施方案的通知》，部署未来8年宽带发展目标及路径，将"宽带中国"计划正式上升为国家战略，宽带首次成为国家战略性公共基础设施。为落实"宽带中国"战略方案，工业和信息化部、国家发展和改革委员会于2014年、2015年和2016年分三批共遴选出120个城市（群）作为"宽带中国"示范城市。网络基础设施建设是互联网发展的基础，网络性能与服务质量同样依托于宽带基础设施升级，并且该试点政策的扩容式特点，为本文提供了良好的准自然实验研究策略。

据此本文采用渐进DID模型检验"宽带中国"示范城市是否有利于推动城市产业结构升级进程，模型具体形式设定如式（3）所示：

$$y_{it} = \beta_0 + \beta_1 Bic_{it} + \beta_2 X_{it} + \mu_i + \delta_t + \varepsilon_{it} \tag{3}$$

其中，Bic_{it}表示i城市在t年是否入选"宽带中国"示范城市，是则取值为1，否则为0。模型其他设定与基准回归一致。

表5模型（1）和模型（2）列示了外生冲击检验结果，"宽带中国"示范城市对城市产业结构量化指数和质化指数均具有显著的正向影响，有力地提高了本文因果推断的可信度。

（2）平行趋势检验。利用DID模型进行因果推断的有效性依赖于处理组和对照组之间的前期趋势一致假设，本文根据事件研究法进行平行趋势检验，并构建模型如式（4）：

$$y_{it} = \varphi_0 + \sum_{n=-8}^{6} \tau_n Bic_{i, t+n} + \varphi_1 X_{it} + \mu_i + \delta_t + \varepsilon_{it} \tag{4}$$

其中，$Bic_{i, t+n}$表示相对于成为示范城市的第n年。如果n为正，表示成为示范城市后的第n年；如果n为负，表示成为示范城市前n年；$n = 0$则表示成为示范城市当年。本文将n控制在$n \in [-8, 6]$的范围内，并以$n = -1$（成为示范城市前1年）为基准年份。

表5报告了平行趋势检验结果，由模型（3）和模型（4）可以看出，在入选"宽带中国"示范城市之前，τ_n绝对值较小且在统计上皆不显著，说明在政策施行前，处理组和对照组的产业结构没有显著差异，通过了平行趋势检验，并且在政策施行后，系数估计值和显著性均有所提高，表明处理组城市产业结构相比于对照组城市实现了显著升级。

表5 基于"宽带中国"示范城市的外生冲击检验

被解释变量	模型（1）	模型（2）	模型（3）	模型（4）
	Index_incr	*Index_qual*	*Index_incr*	*Index_qual*
Bic	0.0632** (0.0281)	0.1523*** (0.0460)	—	—
pre_8	—	—	−0.0235 (0.0152)	−0.0293 (0.0201)
pre_7	—	—	−0.0263 (0.0164)	−0.0210 (0.0273)
pre_6	—	—	−0.0235 (0.0183)	−0.0152 (0.0343)
pre_5	—	—	−0.0318 (0.0214)	0.0102 (0.0394)
pre_4	—	—	−0.0351 (0.0223)	0.0413 (0.0472)
pre_3	—	—	−0.0254 (0.0230)	0.0741 (0.0483)
pre_2	—	—	−0.0153 (0.0226)	0.0813 (0.0564)
current	—	—	0.0123 (0.0272)	0.0594 (0.0463)
post_1	—	—	0.0372 (0.0311)	0.1263** (0.0524)
post_2	—	—	0.0851* (0.0462)	0.1470** (0.0601)
post_3	—	—	0.1243** (0.0526)	0.1782*** (0.0621)
post_4	—	—	0.1794*** (0.0682)	0.2513*** (0.0657)
post_5	—	—	0.2352** (0.0958)	0.3421*** (0.0809)

续表

被解释变量	模型（1）	模型（2）	模型（3）	模型（4）
	Index_incr	Index_qual	Index_incr	Index_qual
post_6	—	—	0.2226* (0.1175)	0.5585*** (0.1290)
控制变量	Y	Y	Y	Y
城市固定效应	Y	Y	Y	Y
年份固定效应	Y	Y	Y	Y
R^2	0.5154	0.8037	0.5142	0.7993
样本量	2 759	2 759	2 759	2 759

注：括号内为聚类在城市层面的稳健标准误，***、**和*分别表示在1%、5%和10%的显著性水平上显著。

资料来源：统计结果来自作者计算。

（3）安慰剂检验。进一步地，为检验渐进DID模型估计结果是否由其他不可观测因素所驱动，本文通过随机分配示范城市进行安慰剂测试。具体地，本文通过对"宽带中国"示范城市随机产生一个处理组名单，从而得出错误的倍差项系数估计值，该过程重复1 000次，继而观察这1 000个系数估计值的分布，如图1所示。从中可以发现，产业结构量化指数和质化指数的系数估计值均分布在0左右且近似于正态分布，说明其他不可观测因素并不会对渐进DID的估计结果产生显著影响，上述估计结果较为稳健。

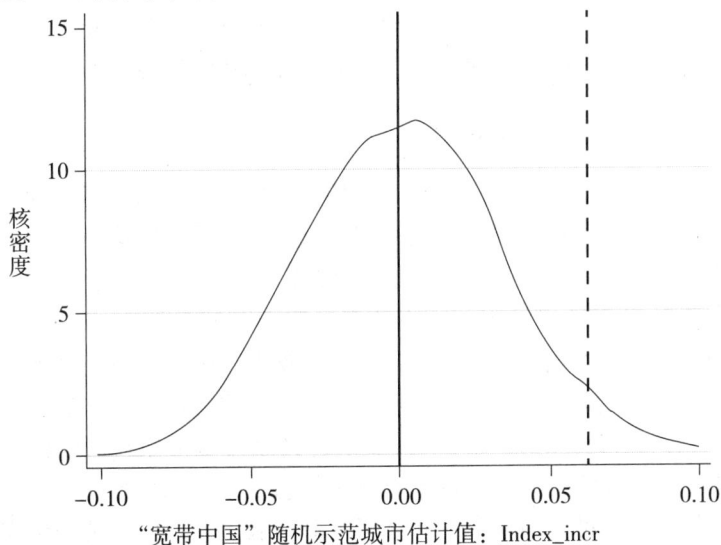

"宽带中国"随机示范城市估计值：Index_incr

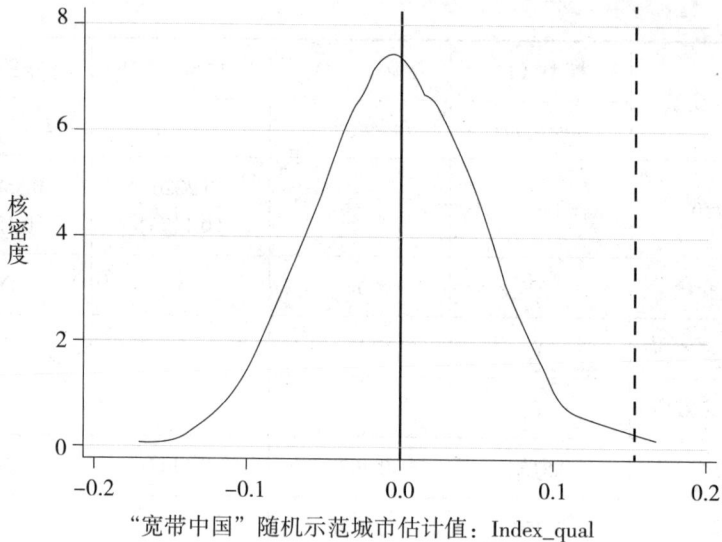

"宽带中国"随机示范城市估计值：Index_qual

图1 安慰剂检验

五、机制检验与异质性分析

（一）机制检验

理论分析表明，互联网发展可以通过助力创新创业、促进社会消费和提高市场化水平三种渠道推进城市产业结构升级。为检验该研究假说，本部分通过引入交互项的方法对上述机制进行实证检验，具体模型设定如式（5）：

$$y_{it} = \gamma_0 + \gamma_1 Int_{it} + \gamma_2 Mec_{it} + \gamma_3 Int_{it} \times Mec_{it} + \gamma_4 X_{it} + \mu_i + \delta_t + \varepsilon_{it} \quad (5)$$

其中，Mec_{it}表示i城市在t年的机制变量，包括创新创业指数、社会消费水平和市场化水平。系数γ_3的显著性反映了该机制变量影响渠道的存在性。

1.供给侧：助力创新创业

大众创业、万众创新是推进产业结构升级的根本动力。考虑到创新与创业之间相辅相成的内在关联，本文采用北京大学企业大数据研究中心编制的城市创新创业指数人均得分来衡量城市创新创业水平，该指数基于工商注册、专利商标等信息，涵盖新建企业数、吸引外来投资额、吸引风险投资额、专利授权量以及商标注册量5个维度，较为客观地反映了城市创新创业水平。表6模型（1）和模型（2）列示了该机制的检验结果，交乘项系数在1%的水平下显著为正，表明互联网发展通过助力城市创新创业推动了城市产业结构升级。互联网为万众创新提供了信息、技术和平台支持，且促进了创新成果的应用、推广与共享，提高了工业、服务业部门的劳动生产率，从而吸引大量劳动者进入工业、服务业部门，并掀起大众创业的浪潮，进而为产业结构升级提供了强劲的内生动力。

表6 机制检验结果

被解释变量	模型（1）	模型（2）	模型（3）	模型（4）	模型（5）	模型（6）
	Index_incr	*Index_qual*	*Index_incr*	*Index_qual*	*Index_incr*	*Index_qual*
Int	0.3932 (0.2593)	−1.1152** (0.5148)	0.2155 (0.4232)	−1.5043*** (0.3742)	0.7041*** (0.2301)	0.5324** (0.2513)
创新创业指数	0.0651 (0.0583)	−0.0410 (0.1031)	—	—	—	—
Int ×创新创业指数	2.2071*** (0.6765)	7.9997*** (0.9794)	—	—	—	—
社会消费水平	—	—	0.1853*** (0.0502)	−0.1493** (0.0744)	—	—
Int ×社会消费水平	—	—	0.4680** (0.2231)	1.9902*** (0.2560)	—	—
市场化水平	—	—	—	—	0.0983 (0.1074)	0.335* (0.203)
Int ×市场化水平	—	—	—	—	0.8551* (0.4967)	4.4702*** (0.5569)
控制变量	Y	Y	Y	Y	Y	Y
城市固定效应	Y	Y	Y	Y	Y	Y
年份固定效应	Y	Y	Y	Y	Y	Y
R^2	0.4901	0.8113	0.5425	0.8387	0.5293	0.8231
样本量	2 594	2 594	2 759	2 759	2 759	2 759

注：括号内为聚类在城市层面的稳健标准误，***、**和*分别表示在1%、5%和10%的显著性水平上显著。

资料来源：统计结果来自作者计算。

2.需求端：促进社会消费

作为国民经济循环中的重要组成部分，消费对经济发展具有基础性作用，各类产业生产发展均需以消费市场为导向。本文以历年《城市统计年鉴》中各城市社会消费品零售总额作为社会消费水平的代理变量，检验其在互联网发展影响城市产业结构升级中的作用机制。回归结果如表6模型（3）和模型（4）所示，交乘项系数显著为正，验证了促进社会消费是互联网发展推动城市产业结构升级的影响机制。商品供求关系的变化是产业结构调整升级的重要动力。随着我国居民收入的稳步增加，恩格尔系数持续下降，居民消费结构不断改善，依托于互联网提供的消费金融支持与便捷的消费信息和支付渠道，消费的个性化、多元化、品质化趋势使得高附加值商品的需求规模不断扩大，促进了企业集聚各类生产要素用于技术进步和服务升级（吴瑾，2017），进而推动了产业结构的优化升级。

3.流通领域：提高市场化水平

生产要素向高产值部门的流动是产业结构升级的重要表现，而资源配置效率取决于区域市场化水平。本文依据樊纲市场化指数各项指标，结合省份统计年鉴以及地级市统计公报，测算得到城市市场化指数作为市场化水平的代理变量。表6模型（5）和模型（6）的回归结果表明，互联网发展可以通过提高市场化水平对城市产业结构升级产生推动作用。在要素市场中，互联网起着破除信息壁垒、缓解信息不对称的重要作用，有利于实现要素有序流动，提高资源配置效率。在产品市场中，互联网发展推动了市场透明化，便于消费者自主选择合适产品，有利于实现产品优胜劣汰，优化市场竞争环境（江胜名等，2017）。市场化水平的提升有效引导了要素流动和资源配置，从而为城市产业结构升级提供了强力支撑。

（二）异质性分析

1.农村经济转型进程

农业对工业、服务业发展存在"乘数效应"，农业发展为工业和服务业提供大量劳动力与食物原料并提高了农村居民对工业产品的需求（Johnston，1970；Johnston and Mellor，1961）。因此，农业劳动生产率、农业生产结构和农村劳动力转移就业的差异可能导致互联网发展对产业结构升级的异质性影响。黄和史（Huang and Shi，2021）利用改革开放40年来我国24个省级行政区面板数据探讨了农村经济转型①与结构转型的关系，发现农村经济转型与结构转型息息相关，二者相辅相成，促进了农民收入的快速增长，而二者只要存在一方面欠缺，农民收入就难以实现较快增长，该文献对我国各省农村经济转型的趋势和速度进行了类型划分，根据其研究结论，本文将样本

---

① 在该研究中，农村经济转型的定义为农业生产结构从谷物和其他主要作物逐渐调整到更加多样化和商业化的高价值农业的过程，以及随着农业劳动生产率的提高，农村劳动力就业逐渐从农业转向非农产业的过程（Huang and Shi，2021）。

城市区分为农村经济转型较慢和农村经济转型较快两类，进行分组回归。

表7结果1列示了分样本回归结果。可以看出，对于农村经济转型进程较慢的城市，互联网发展对其产业结构不存在显著影响；而对于农村经济转型较快的城市，互联网发展对产业结构量化指数和质化指数均存在显著的正向影响。该结果再次印证了农村经济转型和结构转型的密切关系，表明农村经济转型使得互联网技术得到了更恰当的应用，网络信息得以更高效的传播，农民在生产结构调整和就业转移过程中广泛利用了互联网带来的农业生产技术和市场需求信息以及就业与创业机会。故对于农村经济转型较快的城市，互联网发展对产业结构升级的推动作用更为明显。

表7 互联网发展影响产业结构转型的异质性分析

被解释变量	Index_incr	Index_qual	Index_incr	Index_qual
结果1：基于农村经济转型速度分组	农村经济转型慢		农村经济转型慢	
Int	0.2636 (0.2903)	0.8604 (0.5733)	0.7782*** (0.2011)	1.2853*** (0.4362)
控制变量	Y	Y	Y	Y
城市固定效应	Y	Y	Y	Y
年份固定效应	Y	Y	Y	Y
R^2	0.6450	0.8352	0.5461	0.8496
样本量	1 075	1 075	1 479	1 479
结果2：基于城镇化水平分组	城镇化水平低		城镇化水平高	
Int	0.5902 (0.4531)	1.1683 (0.8562)	0.9627*** (0.1688)	1.3536*** (0.3952)
控制变量	Y	Y	Y	Y
城市固定效应	Y	Y	Y	Y
年份固定效应	Y	Y	Y	Y
R^2	0.5684	0.7582	0.6448	0.8687
样本量	1 384	1 384	1 375	1 375
结果3：基于产业结构合理化水平分组	合理化水平低		合理化水平高	
Int	0.7894 (0.5503)	0.8901 (0.6572)	0.9850*** (0.1787)	1.3316*** (0.3973)
控制变量	Y	Y	Y	Y

续表

被解释变量	Index_incr	Index_qual	Index_incr	Index_qual
城市固定效应	Y	Y	Y	Y
年份固定效应	Y	Y	Y	Y
R^2	0.5192	0.7675	0.6271	0.8764
样本量	1 383	1 383	1 376	1 376

注：括号内为聚类在城市层面的稳健标准误，***、**和*分别表示在1%、5%和10%的显著性水平上显著。

资料来源：统计结果来自作者计算。

2.城镇化水平

城市领导理论（Urban Leadership Theory）认为，城市为互联网发展提供了更完善的配套基础设施和应用场景支持资源，在城市中应用和推广互联网的成本更低。因此，互联网的增长效应在城镇化水平较高的地区更为显著。基于此，本文检验了互联网发展的产业结构调整效应是否因城镇化水平不同而存在差异。参照毛德凤等（2016）的做法，采用城市建成区面积作为衡量城镇化水平的代理变量，并依据该指标的中位数将样本分为低城镇化水平组和高城镇化水平组，分组回归的结果见表7结果2。

回归结果显示，互联网发展并未对城镇化水平较低城市的产业结构产生显著影响；而对于城镇化水平更高的城市，互联网发展显著推动了产业结构升级。互联网本质上是一种基于连接、互动和共享的虚拟网络，其结构调整作用的发挥离不开线下经济实体的支撑。城镇化一方面推动了互联网的普及和应用，更重要的是促进了城乡之间要素流动，实现了劳动力、资本等生产要素的空间集聚，从而拓展了互联网对产业分工、产业集聚与产业规模的影响，进而实现了更高层次的产业结构升级。

3.产业结构合理化水平

产业结构的变迁是产业结构逐步趋于合理并不断升级的动态过程，产业结构升级的实现必须建立在合理化的产业结构基础上，而产业结构发展水平越高，其结构合理化的要求也越高。为考察产业结构升级与产业结构合理化之间的密切关系，借鉴韩永辉等（2017）的做法，使用经产值加权的产业结构偏离度（SD）作为产业结构合理化的代理变量，该指数不仅考虑了三次产业的经济地位，还兼顾了不同产业的要素投入结构和产出结构的偏离度，能够准确反映产业之间的聚合质量和协调水平。其具体计算公式如式（6）：

$$SD_{it} = -\sum_{m=1}^{3} p_{imt} \left| (p_{imt}/l_{imt}) - 1 \right|, \quad m = 1, 2, 3 \tag{6}$$

其中，p_{imt} 为 i 城市在 t 年第 m 产业增加值占地区生产总值的比重，l_{imt} 表示 i 城市在 t 年第 m 产业从业人员占全社会从业人员的比重。SD 取值越小，意味着三次产业之间协调程度越低，产业结构越不合理，取值越大，表明产业结构越趋于均衡水平。

本文根据各城市产业结构合理化水平的中位数将样本分为两组，检验互联网发展对产业结构升级的影响差异。表 7 结果 3 列示了分样本回归结果。对于产业结构合理化水平较低的城市，互联网发展对其产业结构的影响无显著差异，而对于产业结构更为合理的城市，互联网发展对产业结构量化指数和质化指数均有显著的正向影响。这一差异表明了产业结构升级进程的复杂性和长期性，不可盲目追求更高水平的产业结构，脱离合理化的产业结构升级只会陷入"虚高级化"，注重解决产业结构不合理、不均衡的问题，打通阻碍资源优化配置和产业协同分工的体制机制堵点，方可为产业结构升级提供更为坚实的基础，稳中有进、稳中提质的方略更有利于协调产业结构升级与合理化，有效打造更高水平的产业结构。

六、结论与政策建议

在当前加快数字化发展、建设数字中国的发展趋势和背景下，以互联网为代表的信息通信技术有利于激发创新活力、培育新兴业态，对主动适应、把握、引领经济发展新常态与促进经济提质增效升级具有重要意义。本文基于 2003—2020 年我国 174 个城市的面板数据，采用双向固定效应模型实证检验了互联网发展对于城市产业结构升级的推动作用及其背后的影响机制。研究结果表明：其一，互联网发展对产业结构发展水平具有"增量提质"的双重效应，即改善了三次产业比例关系且提高了核心产业劳动生产率，并且这一结论在工具变量估计、控制宏观趋势、替换被解释变量、城市样本筛选以及"宽带中国"外生冲击的稳健性检验后仍然成立。其二，机制分析结果表明，助力创新创业、促进社会消费和提高市场化水平是互联网发展推动城市产业结构升级的主要渠道。其三，对于农村经济转型较快、城镇化水平更高、产业结构更为合理的城市，互联网发展对产业结构升级的推动作用更强。

推进产业结构升级是转变经济发展方式的有力抓手，也是扎实推动经济高质量发展的关键举措。基于上述研究结论，本文提出以下政策建议：第一，持续推进信息基础设施建设，不断提升互联网应用水平。尤其要注重加强农村地区的互联网基础设施建设和政策支持，深化电信普遍服务，加快缩小城乡数字鸿沟，协同推进新型城镇化和乡村振兴，促进城乡融合发展，以充分发挥农村经济转型与结构转型的协同作用。第二，深入实施"互联网+"行动，助力创新驱动发展战略。结合产业发展实际，完善新模式、新业态下数据共享方面的政策设计、统筹协调的管理机制以及公共服务和数据安全方面的治理机制，形成必要的金融政策支持，积极引导互联网应用从流量红利向技术红利转变，搭建基于"互联网+"的产学研协同创新平台，鼓励数字科技企业逐步向实体经济领域拓展，引导传统产业更好地实现数字化转型。第三，充分挖掘消费潜力，培育壮大新型消费。以数字化需求为导向培育新型消费，促进产业转型升级与消费结构升级的有效融合，形成供需互促产销并进的良性循环。在新冠肺炎疫情和全球经济下行等因素冲击下，坚持扩大内需、以培育新型消费带动国内国际双循环，是应对当前国内外经济形势的必然选择。第四，全面深化市场改革，提高地方市场化水平。为发挥市场在资源配置中的决定性作用，亟须破除制约各类要素自由流动的制度障碍，切实减少政府对微观经济活动的直接干预，加快营造稳定、公平、透明、可预期的营商环境，充分激发各类市场主体活力和创造力。与此同时，需要更好地发挥政府在发展战略规划、财税金融政策、市场监管和公共服务等领域的作用，做到政府有为但不越位，在政府与市场的边界重组和秩序重构中统筹产业结构升级与合理化协调发展，稳步推进产业结构优化升级。

参考文献

［1］范晓莉，李秋芳. 数字经济对产业结构转型升级的影响——基于中国省级面板数据的实证分析［J］. 现代管理科学，2021（7）：108-120.

［2］方刚，谈佳馨. 互联网环境下产学研协同创新的知识增值研究［J］. 科学学研究，2020（7）：1325-1337.

［3］干春晖，郑若谷，余典范. 中国产业结构变迁对经济增长和波动的影响［J］. 经济研究，2011（5）：4-16.

［4］郭家堂，骆品亮. 互联网对中国全要素生产率有促进作用吗？［J］. 管理世界，2016（10）：34-49.

［5］韩先锋，宋文飞，李勃昕. 互联网能成为中国区域创新效率提升的新动能吗［J］. 中国工业经济，2019（7）：119-136.

［6］韩永辉，黄亮雄，王贤彬. 产业政策推动地方产业结构升级了吗？——基于发展型地方政府的理论解释与实证检验［J］. 经济研究，2017（8）：33-48.

［7］何宗樾，宋旭光. 数字金融发展如何影响居民消费［J］. 财贸经济，2020（8）：65-79.

［8］侯汉坡，何明珂，庞毅，等. 互联网资源属性及经济影响分析［J］. 管理世界，2010（3）：176-177.

［9］黄季焜. 乡村振兴：农村转型、结构转型和政府职能［J］. 农业经济问题，2020（1）：4-16.

［10］黄群慧，余泳泽，张松林. 互联网发展与制造业生产率提升：内在机制与中国

经验 [J]. 中国工业经济, 2019 (8)：5-23.

[11] 黄卫东, 岳中刚. 信息技术应用、包容性创新与消费增长 [J]. 中国软科学, 2016 (5)：163-171.

[12] 江胜名, 江三良, 吴石英. 市场化、地方政府努力方向与产业结构升级 [J]. 福建论坛 (人文社会科学版), 2017 (2)：81-90.

[13] 李海舰, 田跃新, 李文杰. 互联网思维与传统企业再造 [J]. 中国工业经济, 2014 (10)：135-146.

[14] 李治国, 车帅, 王杰. 数字经济发展与产业结构转型升级——基于中国275个城市的异质性检验 [J]. 广东财经大学学报, 2021 (5)：27-40.

[15] 刘伟, 张辉, 黄泽华. 中国产业结构高度与工业化进程和地区差异的考察 [J]. 经济学动态, 2008 (11)：4-8.

[16] 柳志娣, 张骁. 互联网发展、市场化水平与中国产业结构转型升级 [J]. 经济与管理研究, 2021 (12)：22-34.

[17] 马香品. 数字经济时代的居民消费变革：趋势、特征、机理与模式 [J]. 财经科学, 2020 (1)：120-132.

[18] 毛德凤, 彭飞, 刘华. 城市扩张、财政分权与环境污染——基于263个地级市面板数据的实证分析 [J]. 中南财经政法大学学报, 2016 (5)：42-53.

[19] 宋丽颖, 张安钦. 中国"压力型"财政激励的产业结构调整效应 [J]. 财贸经济, 2021 (6)：21-36.

[20] 孙伟增, 牛冬晓, 万广华. 交通基础设施建设与产业结构升级——以高铁建设为例的实证分析 [J]. 管理世界, 2022 (3)：19-34.

[21] 田鸽, 张勋. 数字经济、非农就业与社会分工 [J]. 管理世界, 2022 (5)：72-84.

[22] 王娟. "互联网+"与劳动生产率：基于中国制造业的实证研究 [J]. 财经科学, 2016 (11)：91-98.

[23] 吴瑾. 居民消费结构、产业结构与经济增长 [J]. 经济问题探索, 2017 (12)：18-22.

[24] 谢绚丽, 沈艳, 张皓星, 等. 数字金融能促进创业吗？——来自中国的证据 [J]. 经济学 (季刊), 2018 (4)：1557-1580.

[25] 杨光, 吴晓杭, 吴芷翘. 互联网使用能提高家庭消费吗？——来自CFPS数据的证据 [J]. 消费经济, 2018 (1)：19-24.

[26] 叶初升, 任兆柯. 互联网的经济增长效应和结构调整效应——基于地级市面板数据的实证研究 [J]. 南京社会科学, 2018 (4)：18-29.

[27] 余文涛, 吴士炜. 互联网平台经济与正在缓解的市场扭曲 [J]. 财贸经济, 2020 (5)：146-160.

[28] 袁航, 朱承亮. 国家高新区推动了中国产业结构转型升级吗 [J]. 中国工业经济, 2018 (8)：60-77.

[29] 张红伟, 向玉冰. 网购对居民总消费的影响研究——基于总消费水平的数据分析 [J]. 上海经济研究, 2016 (11)：36-45.

[30] 张家平, 程名望, 潘烜. 信息化、居民消费与中国经济增长质量 [J]. 经济经纬, 2018 (3)：137-143.

［31］张庆君，宋小艳. 互联网金融发展对金融错配的影响研究［J］. 经济与管理，2020（5）：43-52.

［32］赵立昌. 互联网经济与我国产业转型升级［J］. 当代经济管理，2015（12）：54-59.

［33］郑湛，徐绪松，赵伟，等. 面向互联网时代的组织架构、运行机制、运作模式研究［J］. 管理学报，2019（1）：45-52.

［34］周广肃，樊纲. 互联网使用与家庭创业选择——来自 CFPS 数据的验证［J］. 经济评论，2018（5）：134-147.

［35］左鹏飞，姜奇平，陈静. 互联网发展、城镇化与我国产业结构转型升级［J］. 数量经济技术经济研究，2020（7）：71-91.

［36］ACEMOGLU D, GUERRIERI V. Capital Deepening and Nonbalanced Economic Growth［J］. Journal of Political Economy，2008，116（3）：467-498.

［37］BAUMOL W J.Macroeconomics of Unbalanced Growth：The Anatomy of Urban Crisis［J］. The American Economic Review，1967，57（3）：415-426.

［38］COMIN D, LASHKARI D, MESTIERI M. Structural Change with Long-Run Income and Price Effects［J］. Econometrica，2021，89（1）：311-374.

［39］CZERNICH N, FALCK O, Kretschmer T, et al. Broadband Infrastructure and Economic Growth［J］. The Economic Journal，2011，121（552）：505-532.

［40］FERGUSON C, FINN F, Hall J, et al.Speculation and E-commerce：The Long and The Short of IT［J］. International Journal of Accounting Information Systems，2010，11（2）：79-104.

［41］GLAVAS C, MATHEWS S. How International Entrepreneurship Characteristics Influence Internet Capabilities for The International Business Processes of The Firm［J］. International Business Review，2014，23（1）：228-245.

［42］HUANG J, SHI P. Regional Rural and Structural Transformations and Farmer's Income in The Past Four Decades in China［J］. China Agricultural Economic Review，2021，13（2）：278-301.

［43］JOHNSTON B F.Agriculture and Structural Transformation in Developing Countries：A Survey of Research［J］. Journal of Economic Literature，1970，8（2）：369-404.

［44］JOHNSTON B F, MELLOR J W.The Role of Agriculture in Economic Development［J］. The American Economic Review，1961，51（4）：566-593.

［45］KONGSAMUT P, Rebelo S, Xie D.Beyond Balanced Growth［J］. The Review of Economic Studies，2001，68（4）：869-882.

［46］KUZNETS S. Modern Economic Growth：Findings and Reflections［J］. The American Economic Review，1973，63（3）：247-258.

［47］MIYAZAKI S, IDOTA H, MIYOSHI H.Corporate Productivity and The Stages of ICT Development［J］. Information Technology and Management，2012，13（1）：17-26.

［48］NGAI L R, PISSARIDES C A.Structural Change in a Multisector Model of Growth［J］. The American Economic Review，2007，97（1）：429-443.

［49］NUNN N, QIAN N. Us Food Aid and Civil Conflict［J］. American Economic Review，2014，104（6）：1630-1666.

Internet Development and Industrial Structure Upgrading: Theoretical Mechanisms and Empirical Tests

CHEN Fei   ZHAO Heqing   WANG Youjun

(School of Economics of Dongbei University of Finance
and Economics, Liacaing, Dalian, 116025)

Abstract: In the context of digital China strategy, it is of great significance to evaluate the effect of industrial restructuring of Internet development for promoting high-quality economic development. Based on the theoretical exposition of the mechanism of Internet development promoting industrial structure upgrading, this paper uses urban panel data from 2003 to 2020 to conduct causal inference tests. It is found that Internet development has a dual effect of "increment and quality improvement" on the development level of urban industrial structure, which can effectively promote the upgrading of industrial structure. This conclusion is still valid after robustness tests such as instrumental variables estimation, controlling for macro trends, replacing explained variables, screening city sample, and taking "broadband China" demonstration cities as quasi-natural experiments. The results of the mechanism test show that boosting innovation and entrepreneurship, promoting social consumption and improving the level of marketization are important channels for Internet development to release the momentum of industrial structure upgrading. The results of heterogeneity analysis show that the industrial structure upgrading effect of Internet development is stronger for cities with faster rural transformation, higher level of urbanization and more reasonable industrial structure. The research in this paper has important theoretical value and policy implications for understanding the driving force of industrial structure upgrading.

Key Words: internet development; industrial structure upgrading; innovation and entrepreneurship; social consumption; marketization

JEL Classification: L16, P25

产粮大县奖励政策能否提升县域粮食生产韧性?

李少林[1]　马　里[1]　代洋洋[1]　钱希坤[2]

（1. 东北财经大学产业组织与企业组织研究中心，辽宁　大连　116025；
2. 东北财经大学投资工程管理学院，辽宁　大连　116025）

[内容提要] 在全球气候变化、极端灾害常态化以及地缘政治风险日益突出的背景下，提升粮食生产韧性已成为保障国家粮食安全和实现可持续发展的关键目标。本文利用2001—2022年全国1 948个区县的非平衡面板数据，采用双重差分模型系统性研究产粮大县奖励政策对县域粮食生产韧性的影响及其作用机制。研究结果发现，产粮大县奖励政策显著提升了县域粮食生产韧性，且该结论在经平行趋势检验、安慰剂检验和替换核心被解释变量等多项稳健性检验后仍然成立；异质性分析揭示，产粮大县奖励政策对粮食生产韧性的提升作用在收入水平较低、粮食主产区和产销平衡区、东部地区以及农业机械化水平高的地区更为凸显；机制分析发现，产粮大县奖励政策一方面会提高农业生产效率，促进人均播种面积、单位面积粮食产量的提升，另一方面会增加公共服务供给，改善地区的医疗和社会福利水平，从而增强粮食生产韧性。本研究为完善农业财政激励政策、提升粮食生产韧性进而保障国家粮食安全提供了重要的理论依据和实践参考。

[关键词] 产粮大县奖励政策；粮食生产韧性；双重差分模型

一、引　　言

粮食安全是国家安全的基石，也是全球可持续发展的核心议题。近年来，随着气候变化的加剧、地缘政治冲突的频发以及极端气候灾害的常态化，传

[基金项目] 国家社会科学基金重大项目"大宗商品产业链供应链韧性与安全水平评估及对策研究"（23&ZD048）；国家社科基金重点项目"脱钩风险下的粮食主产区产业链韧性和安全水平提升策略研究"（24AGL006）；国家社会科学基金后期资助项目"新质生产力发展的政策逻辑与路径优化研究"（24FJYB086）。

[作者简介] 李少林（通讯作者），男，1986年出生，湖北襄阳人，东北财经大学产业组织与企业组织研究中心研究员；马里，男，1978年出生，辽宁沈阳人，东北财经大学产业组织与企业组织研究中心博士研究生；代洋洋，男，1998年出生，山东泰安人，东北财经大学产业组织与企业组织研究中心博士研究生；钱希坤，男，1988年出生，山东日照人，东北财经大学投资工程管理学院讲师。

统以"产量增长"为导向的粮食安全观面临着前所未有的挑战。在这一背景下，联合国粮农组织（FAO，2021）在《粮食及农业状况：概要》中明确提出，提升粮食体系韧性，即抵御冲击、适应变化并实现可持续转型的能力已成为后疫情时代全球农业治理的核心目标。2024年6月1日，《中华人民共和国粮食安全保障法》开始实施，旨在保障粮食有效供给，确保国家粮食安全，提高防范和抵御粮食安全风险能力，维护经济社会稳定和国家安全。中国作为世界上最大的粮食生产国和消费国，其粮食安全面临的压力尤为巨大，粮食生产的区域不平衡和脆弱性问题依然突出，特别是在粮食主产区，自然灾害、资源约束和劳动力流失等问题对粮食生产的可持续性构成了严峻挑战。为缓解上述问题，中国自2005年起实施了"产粮大县奖励政策"，旨在通过财政奖励激励粮食主产区提高粮食产量和生产的稳定性。2024年中央"一号文件"也明确提出，"确保国家粮食安全""加大产粮大县支持力度"。

图1呈现了受产粮大县奖励政策支持的区县和未受政策支持的区县的粮食总产量的变化情况。其中，2005年、2008年、2011年、2014年和2018年代表产粮大县奖励政策的实施年份。图1显示，受奖励政策支持的产粮大县在全国粮食总产量中的占比极高，并且自政策实施以来，这些区域的粮食总产量呈现出明显的上升趋势。这表明，在政策激励下，地方政府和农户在粮食生产中投入力度显著增强，产量增长效应十分明显。然而，单纯关注产量的提升并不能全面反映粮食安全的全貌，尤其是在极端气候和其他外部冲击频发的背景下，仅依赖高产并不能确保粮食体系在面对风险时的稳定性和持续性。因此，本文关注的核心问题在于：产粮大县奖励政策在推动粮食产量增长的同时，能否更加有效地提升粮食生产韧性？

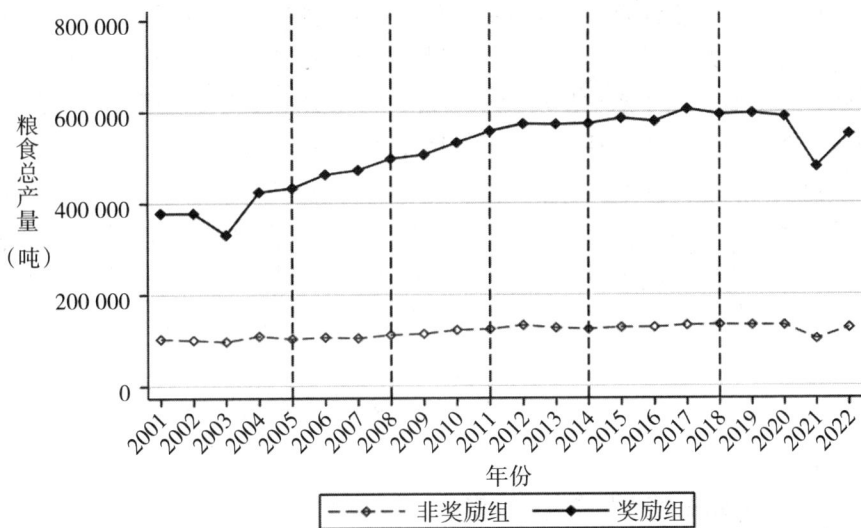

图1 产粮大县奖励政策激励下的粮食总产量变化情况

从理论角度来看，现有文献主要关注农业补贴与财政激励等对于粮食产量和生产效率的影响（杨青等，2023；罗斯炫、张俊飚，2024），而对粮食生产韧性这一维度的探讨则相对缺乏。粮食生产韧性不仅涉及对产量波动的控制，更反映了农业体系在面对自然灾害、市场波动和资源约束等外部冲击时的适应和转型能力。为弥补这一理论不足，本文在经济韧性测算方法的基础上，创新性地利用相对增长率的方法对县域粮食生产韧性进行测定，并探究奖励政策的影响，试图为粮食安全理论注入新的视角，拓展对农业体系综合抗风险能力的实证研究。从政策角度来看，粮食安全始终是国家战略的重中之重。在全球环境不确定性加剧的当下，如何构建既能确保粮食产量稳步增长，又具备较强风险抵御能力的粮食生产体系，是亟待解决的现实问题。产粮大县奖励政策作为我国农业财政支持体系的重要组成部分，其初衷不仅在于缓解粮食主产区的财政压力，激励地方政府加大农业投入，更旨在推动农业技术进步、提升机械化水平及完善公共服务体系。只有兼顾产量与韧性，才能构建起既高产又稳健的粮食安全保障体系。因此，深入研究产粮大县奖励政策对粮食生产韧性的影响及其作用机制，对优化政策设计、提升农业系统整体抗风险能力具有重要的现实意义。

本文可能的边际贡献在于：一是在研究视角上，本文突破了传统单纯关注粮食产量或生产效率的研究框架，创新性地从粮食生产韧性的视角出发，探讨产粮大县奖励政策对县域粮食生产韧性的制度性影响。特别地，本文引入相对增长率方法来构建粮食生产韧性指标，即利用县域实际粮食产量与所在城市粮食产量增长率之间的差异，衡量县域粮食生产在外部冲击下的恢复能力，不仅填补了现有文献在粮食生产韧性测度方面的空白，也为深入理解中国粮食连年丰收背后的内在机制提供了全新的视角和理论支撑。二是在研究内容上，本文不仅关注产粮大县奖励政策在提升粮食生产韧性方面的直接影响，还综合考量了农业生产效率和公共服务供给对粮食生产韧性的影响。同时，本文还从收入差异、粮食产销区差异、地区差异和农业机械化程度差异等角度开展异质性分析，以揭示奖励政策在不同区域和经济背景下表现出的多样化效应。这不仅有助于深入理解产粮大县奖励政策如何通过优化农业生产效率和提升公共服务水平来增强农业系统的抗风险能力，也为完善农业激励政策、优化区域间政策配比提供了详细的实证支撑和经验参考。

二、文献综述

（一）粮食生产韧性的内涵发展

"韧性"一词最早由霍林引入生态学，定义为面对冲击时系统维持其基本结构和功能的能力（Holling，1973）。随着研究的扩展，韧性逐步应用于气候变化、社会保障、城市发展等多个领域，并演变出经济韧性、城市韧性、产业链韧性等相关概念（章立、王述勇，2023；赵瑞东等，2020；肖兴志等，2024）。近年来，粮食安全问题日益受到全球关注。早期研究主要将粮食安全理解为确保足够粮食供给、保障产量稳定的能力，但随着全球气候变化、资源制约和市场波动等多重因素的影响，单一关注产量已无法全面反映粮食系统应对外部冲击的能力。基于此，粮食生产和粮食安全领域也开始采用"韧性"这一概念，粮食生产韧性成为保障粮食安全和实现可持续发展的关键目标。粮食生产韧性不仅关乎粮食生产能力，更关注粮食生产系统在面对内外部风险、灾害及不确定性冲击时的恢复力、适应力和稳定性。粮食安全韧性是指粮食产业链在应对自然或人为风险时能够有效减少损失，并迅速恢复正常状态（郭耀辉等，2025）。粮食产业链韧性则从生产到加工、流通等多个环节进行评估，强调产业链各环节的协调与支持，确保整个链条的稳定（王颜齐、何洋，2024）。粮食体系韧性作为粮食安全韧性的进一步延伸，强调粮食生产系统通过自主修复和调整，保障粮食有效供给和群众需求满足，涵盖了风险抵抗、危机恢复与变革适应等能力（李赫、刘畅，2025）。粮食生产韧性是一个多层面的综合概念，既包括短期的冲击应对，也涉及长期的适应与可持续发展，是确保粮食安全的核心所在。

（二）粮食安全与韧性的影响因素研究

粮食安全受到自然资源禀赋、生产要素投入、技术升级与管理进步以及政策和制度安排等多重因素的综合影响，各因素之间既相互独立，又彼此交织，共同构成了一个复杂的粮食安全保障体系。

首先，自然资源禀赋是粮食生产的根本保障。气候变化会导致中国的粮食作物和饲料作物种植面积发生结构性调整，尤其引发的干旱和极端降水则加剧耕地资源的不稳定性（郭燕、杜志雄，2024），降低土地生产率和劳动力效率，直接冲击粮食产量（王莹、陈卫洪，2024）。从系统视角来看，气候变化通过改变作物生长周期、病虫害风险和水资源分布威胁粮食安全（赵敏娟等，2024），亟需构建适应性农业体系。此外，土地利用效率与水资源配置同样关键。刘晗和张应良（2024）发现，集约化土地利用模式可显著提升粮食单产，但也要警惕土壤退化风险；李长松和周玉玺（2023）则强调，水资源非农化通过挤占灌溉用水加剧粮食生产脆弱性，尤其是在干旱地区。

其次，生产要素的合理配置是保障粮食产出的关键。从农业机械化角度来看，机械化、智能化通过降低劳动强度和提高作业精度增强粮食生产韧性（余澳等，2024），但机械化对粮食高质量生产的影响存在环节异质性，播种与收获环节的机械替代效应最为显著（徐志刚等，2022）。此外，彭超和张琛（2020）发现，机械化对小农户生产效率的提升作用弱于规模经营主体。然而，化肥的使用存在"双刃剑效应"，我国化肥使用过量问题明显，化肥"零增长"政策未显著威胁粮食安全，反而倒逼技术替代，进而有助于提升粮食产量（林珊等，2024）；然而，化肥减量需与土壤改良措施协同推进，否则可能抑制单产提升（张志新等，2025）。

再次，技术升级与管理进步是提升农业竞争力和增强粮食安全韧性的关键支撑。在数字技术领域，信息整合与风险预警机制的构建成为关键突破点。孙远太和王剑菊（2024）基于产业链韧性理论发现，数字技术通过实时监测农田环境数据、预测气象灾害和协调供应链各环节，显著降低粮食生产的系统性风险。马翠萍等（2024）进一步利用2022年农户调查数据验证，数字技术采纳可通过缩短市场信息时滞和优化生产要素配置，使农户收入提升，间接强化粮食生产的可持续性。与此同时，保护性耕作技术的环境经济协同效应逐渐凸显，该技术通过免耕播种与秸秆覆盖减少土壤侵蚀，在提升粮食生产效率的同时降低了氮磷流失量，破解了传统农业"增产-污染"的困局（邓远远、朱俊峰，2023）。此外，人力资本积累对技术落地的桥梁作用不可忽视，参与技术培训的农户在极端气候下的产量波动幅度比未受训群体低，其关键在于技术知识的内化增强了农户对智能农机、节水灌溉等新技术的适配能力（马永喜等，2024）。

最后，政策和制度安排为粮食安全提供了宏观保障。高标准农田建设政策通过改善农田基础设施和促进农业机械化，显著提升了粮食单产和生产安全（龚燕玲、张应良，2023；朱华东等，2025），而水权交易政策则通过加大农田水利设施建设、优化种植结构和推广节水灌溉技术，有效提高了粮食综合生产能力（张柯贤、黎红梅，2025）。此外，耕地轮作休耕政策在恢复地力、促进粮食绿色生产方面取得了积极成效，为绿色生产技术进步和全要素生产率提升提供了支持（肖青奕等，2024）；新一轮农地确权政策通过推动农地市场化流转和规模经营，实现了资源优化配置，从而促进了粮食增产（耿鹏鹏等，2024）。在财政激励措施方面，产粮大县奖励政策和农机购置补贴在提高地方财政激励水平、改善农机社会化服务以及提升农业全要素生产率上均显示出显著效应（杨青等，2023；罗斯炫、张俊飚，2024；赵和楠等，2024）。同时，完全成本保险试点、正规金融支农机制及农业信贷担保机构的设立等市场导向型政策，通过风险分担和缓解信贷约束，进一步推动了粮食产出增长（张锦华、徐雯，2023；洪炜杰，2024；孙华臣等，2023）。此外，粮食安全省长责任制也通过强化地方政府责任、提高领导抓粮积极性，实现了对粮食生产的有效激励（甘林针等，2024）；而粮食收储制度市场化改革尽管在短期内加剧了市场波动，但为完善粮食价格形成机制和构建长效安全保障体系提供了重要启示（李光泗，2023）。

（三）农业激励政策的影响效应研究

为激励我国农业种植，政府出台了农业保险保费补贴政策、产粮大县奖励政策等众多激励政策，整体来看，这类政策旨在通过降低风险、提高生产积极性和优化资源配置，从而促进粮食产量提升和农业结构优化。

一方面，农业保险保费补贴政策不仅通过提高粮食作物的种植面积来优化作物结构，并展现出持续性（江生忠等，2022），还能通过提升经营收入保障和鼓励农民扩大生产投入来提高粮食作物的单位产出水平，但当前多数地区的补贴水平仍偏低，导致实际激励效应有限（张伟等，2019）。农业保险保费补贴政策的设计更多向大型经营者倾斜，虽然小型农户的参保意愿较强，但单纯提高补贴不足以改变其保险参与率（张若瑾，2018），同时在经济欠发达地区，该政策还具有减贫效应（展凯等，2021）。此外，农资综合补贴、良种补贴这两类政策短期内能够有效缓解农户生产压力，确保农业基本生产要素投入和农业基本供给（彭诗淳、张向达，2024）。

另一方面，关于产粮大县奖励政策的研究则较为丰富。现有研究普遍认为，产粮大县奖励政策能够显著促进县域粮食生产，并对农户种植积极性、农业机械化水平以及复种指数等方面产生正向作用。该政策不仅能够提高县域粮食单产，还在空间上具有明显的溢出效应，其影响范围可扩展到邻近县域（罗斯炫、张俊飚，2024）。另外，该政策对粮食生产的激励作用具有一定的滞后性，长期效应逐步显现，并主要通过促进农户扩大播种面积、增加化肥投入以及提升农业机械化来实现（赵和楠、侯石安，2021；赵和楠等，2024）。同时，从农民增收和县域经济发展的角度来看，产粮大县奖励政策对农民收入具有显著的正向影响，尤其在贫困落后地区表现更为明显，但其对地方经济整体效益的促进作用存在波动（伍骏骞、张星民，2023）。

（四）文献评述

粮食生产韧性是指粮食生产系统在面对外部冲击时，维持稳定供给、迅速恢复生产并适应长期变化的能力。与传统的粮食安全研究侧重于保障粮食总量和供应的稳定性不同，粮食生产韧性更加强调系统应对各种不确定性和风险的能力，对于保障国家粮食安全、实现可持续发展至关重要。目前，有关粮食生产韧性的影响因素研究主要从自然资源禀赋、农业生产要素、技术和管理以及政策制度四个方面进行了详细讨论，同时指出了产粮大县奖励政策在提升农业机械化水平、促进粮食增产、提升农民收入方面具有积极作用。

然而，现有研究多集中于农业生产效率、粮食产量等传统粮食安全层面的讨论，对于粮食生产韧性，尤其是其恢复力和适应性的研究相对较少。虽然产粮大县奖励政策的效果在提升粮食生产方面已经取得了显著成效，但关于该政策如何提升粮食生产韧性，特别是在应对外部冲击和灾害的背景下如何加强粮食系统的恢复力的讨论较为匮乏。基于这一背景，本文深入探讨了产粮大县奖励政策对粮食生产韧性的影响及其作用机制，并为如何推动粮食系统在面对各种外部风险时展现出更强的韧性提出了政策建议。

三、研究缘起、理论分析与研究假设

(一) 研究缘起

进入21世纪后，我国粮食生产面临耕地减少、自然灾害频发、农民种粮积极性下降等多重挑战。2004年中央提出"工业反哺农业"方针，逐步取消农业税并实施粮食直补政策，但产粮大县因资源过度集中于粮食生产，导致二三产业发展滞后、财政收支矛盾突出，形成"产粮越多、财政越穷"的困境。为保障粮食持续稳定供给，2005年中央"一号文件"提出利用中央财政对粮食主产县给予奖励和补助，同年4月财政部开始实施产粮大县奖励政策，旨在通过转移支付弥补地方政府因保障粮食安全而牺牲的经济机会成本，形成"重农抓粮"的长效激励机制。

产粮大县承担着全国约80%的粮食调出任务，但其财政资源大量用于农业基础设施建设和粮食生产补贴，导致工业化和城镇化进程滞后，部分产粮大县因缺乏工业税收支撑，公共服务支出长期依赖中央转移支付。2005年政策实施之初，中央财政每年安排55亿元奖励资金，但规模有限，难以有效缓解地方财政压力。政策设计强调"测算到县、拨付到县"原则，通过粮食商品量、产量和播种面积等指标动态分配资金，既体现公平性，又强化粮食调出贡献的激励。

随着粮食安全形势的变化，奖励政策逐步扩展和优化。2008年新增产油大县奖励，2013年引入商品粮大省奖励，并建立"超级产粮大县"动态调整机制（如全国前100名产粮县重点奖励），形成多层级、分类别的奖励体系。该政策还通过绩效评价强化资金使用约束，要求奖励资金优先用于粮油生产、仓储物流等粮食安全相关领域，禁止用于"形象工程"或行政开支，确保资金效益。截至2022年，中央财政累计投入超2 000亿元，覆盖全国1 000多个产粮大县，并通过取消粮食风险基金地方配套、加大高标准农田建设投入等配套措施，形成政策合力。通过持续的政策迭代与资金投入，中央逐步构建起"激励生产—缓解财政—促进转型"三位一体的政策框架。

(二) 理论分析与研究假设

1.产粮大县奖励政策与县域粮食生产韧性

在我国粮食生产体系中，部分产粮大县长期面临显性与隐性利益流失的困境。显性利益流失主要表现为粮食调出过程中部分财政支持资金的流失，而隐性利益则体现在粮食生产过程中因高强度投入所产生的机会成本上。这种双重损失容易导致地方政府在粮食生产领域的资源调配不均，从而形成"高产穷县"的局面。为此，中央推出了产粮大县奖励政策，旨在弥补这些损失，补充县域财政短板，从而激发地方政府和农户重视种粮生产、加大农业投入。奖励资金的注入为县域农业提供了重要的资金支持，使得地方政府能够在不增加额外财政负担的前提下，改善农业生产条件，优化资源配置，并有效抵御市场波动和自然灾害等外部冲击，从而提高粮食生产系统的整体韧性。

具体来说，奖励政策为县级政府提供了额外的财政资源，这些资源能够用于农业基础设施建设、技术推广、农机购置和农产品补贴等方面。资金的专项使用不仅能降低私人投资风险，还能够形成对农业生产的直接激励，从而引导农户扩大粮食播种面积和加大生产投入。与此同时，该奖励机制能够激发地方政府在农业领域的主动性和创造性，使其在资金使用上更为灵活，因地制宜地设计农业扶持项目，提高公共产品和服务的供给水平。此外，奖励政策的实施有助于缓解地方财政的短期压力，使得县级政府在应对粮食安全挑战时更具韧性。通过弥补因种粮生产而导致的隐性利益损失，奖励政策实际上强化了地方政府的"内生激励"机制，促使其更加关注农业领域的长期发展和稳定增长。因此，在面对自然灾害、市场风险以及政策变动时，受奖励政策激励的县域粮食生产系统能够更快恢复、持续稳定运行，从而体现出较高的抗风险能力和系统韧性。因此，本文提出如下研究假设：

假设1：产粮大县奖励政策能够提升县域粮食生产韧性。

2.产粮大县奖励政策、农业生产效率与县域粮食生产韧性

一方面，产粮大县奖励政策在设计上旨在直接激励地方政府和农户增加粮食生产投入，进而推动现代农业生产要素的应用和技术进步。产粮大县奖励政策实施后，县级政府为争取奖励资金，会主动加大对农业生产的财政支持力度，不仅通过直接的资金补贴降低农户的生产成本，而且鼓励农户采用先进机械设备、改进耕作方式，并积极引进优良种子和现代化管理模式。奖励政策促使各地在农业机械化、化肥及农药合理使用等方面投入更多资源，从而在技术与投入上形成规模效应。此外，政策还推动了农业技术推广和培训工作的开展，使得农户能够及时掌握新技术、新工艺，提高作业效率。通过对农业生产要素的再配置和优化，奖励政策有效地促使粮食生产从传统模式向现代化、集约化转型，进而大幅提升了单位面积产出的水平和农业整体生产效率。

另一方面，农业生产效率的提升不仅体现在产量增长上，更重要的是提高了粮食生产系统面对外部冲击时的恢复能力和适应性。高效的生产模式意味着在遭遇自然灾害、市场波动或其他突发风险时，现代农业技术和机械化经营能够使生产活动迅速恢复正常，减少产量波动。具体来说，通过高水平的机械化和信息化管理，农户可以更精准地调整播种、灌溉和施肥策略，及时应对环境变化，从而实现快速复产。此外，规模化经营降低了边际成本，增强了抗风险能力，使得农户在经济不景气或遭遇灾害时，依然能够保持基本的生产水平。高生产效率还带来了一系列正向反馈效应：农户收入增加后有更多能力投资于农业改进，进一步提高生产技术；同时，整体农业系统效率的提升也促进了农业产业链各环节的协同发展，形成了区域性的抗风险网络。据此，本文提出如下研究假设：

假设 2：产粮大县奖励政策能够通过提高农业生产效率进而提升县域粮食生产韧性。

3.产粮大县奖励政策、公共服务供给与县域粮食生产韧性

一方面，产粮大县奖励政策不仅直接向粮食生产领域注入资金，还间接推动了县级政府在公共服务领域的投入力度。奖励资金往往具有专项性，要求县级政府将部分资金用于改善农业生产条件，这包括了农业技术推广、农技培训、信息服务、基础设施建设以及风险预警和应急管理等公共服务领域。政策实施后，县域内往往会建立或完善农业服务中心、技术示范园区和现代化仓储物流设施，从而形成一个完善的农业支持系统。与此同时，奖励政策促使政府部门更加重视农业信息化建设，利用数字平台及时传递农业技术和市场信息，提高农户对新技术的接受度和应用率。此外，完善的公共服务还包括提高农村教育、医疗和社会保障水平，这些举措可以降低农户因突发事件而中断生产的风险，增强农户持续投入农业生产的信心。

另一方面，完善的公共服务体系在保障农业持续稳定发展中具有不可替代的作用。首先，农业技术推广和培训服务能够提升农户的技能水平和新技术应用能力，使他们在面对自然灾害、市场波动时能更迅速地调整生产策略，保障产量稳定。其次，信息服务和风险预警系统的建立，为农户提供了及时的市场动态和气象预警，帮助他们做出科学决策，减少因信息滞后带来的生产损失。与此同时，基础设施建设的改善，则为粮食生产提供了坚实的物理保障，降低了运输和储存过程中的损耗风险。更重要的是，公共服务体系的完善能够有效分散生产风险，通过医疗保障、社会救助等措施，减轻农户因突发事件所面临的经济压力，从而提高其在逆境中持续生产的能力。整体而言，公共服务供给的改善构建了一道防护屏障，使得粮食生产系统在遭遇外部冲击时不仅能够迅速恢复，而且具备较强的长期适应和持续发展能力，这正是构建粮食生产韧性的核心要素。据此，本文提出如下研究假设：

假设3：产粮大县奖励政策能够通过提高公共服务供给进而提升县域粮食生产韧性。

四、研究设计

（一）数据来源

本文使用2001—2022年的区县数据研究产粮大县奖励政策对粮食生产韧性的影响。所用数据主要来源于《中国县（市）社会经济统计年鉴》、《中国县域统计年鉴》和各省市的统计年鉴。由于部分地区在研究期间存在较严重的数据缺失问题，本文剔除数据缺失严重的地区，最终构建得到1 948个区县、共计26 247个样本观测值的非平衡面板数据集。

（二）变量说明

1.被解释变量：粮食生产韧性（RES）

粮食生产韧性反映粮食生产系统在遭受外部冲击后，能够维持稳定供应、迅速恢复生产并适应长期变化的能力。其不仅强调短期内对不利因素的抵抗能力，更注重长期内通过资源优化、技术革新和政策响应来实现粮食生产的可持续性。为测度粮食生产韧性，本文借鉴马丁（Martin et al.，2016）、张蕾蕾和宋林（2024）关于经济韧性的测算方法，以区县实际粮食总产量为核心变量，利用所在城市的粮食产量增长率作为各区县的反事实参照，计算实际粮食产量与预期粮食产量的差值，并计算相对变动率来衡量区县粮食生产韧性水平。

首先，假设区县i的粮食产量变化应该与其所在城市的粮食产量变化相一致，即该区县的粮食产量的预期变化应当与城市的平均变化率相符。因此，区县的预期粮食产量变化为：

$$\Delta Y_{i,\,t+T}^{e} = g_{t+T}^{T} Y_{i,\,t} \tag{1}$$

其中，$Y_{i,\,t}$表示区县i在年份t的实际粮食产量；g_{t+T}^{T}是所在城市在T年内的粮食产量增长率（即城市的实际增长率）；$\Delta Y_{i,\,t+T}^{e}$是预期区县i的粮食产量变化。

其次，计算区县i的实际粮食产量变化：

$$\Delta Y_{i,\,t+T} = \frac{Y_{i,\,t+T} - Y_{i,\,t}}{Y_{i,\,t}} \tag{2}$$

其中，$\Delta Y_{i,\,t+T}$是区县i在T年内的实际粮食产量变化率。考虑到重点关注区县层面，本文基于韧性测算中的普遍做法，将T取值为1。

最后，粮食生产韧性$Res_{i,\,t+T}$衡量区县i在T年期间粮食产量变化相对于所在城市的变化的偏离程度，具体公式如下：

$$Res_{i,\,t+T} = \frac{\Delta Y_{i,\,t+T} - \Delta Y^e_{i,\,t+T}}{\left|\Delta Y^e_{i,\,t+T}\right|} \tag{3}$$

其中，$Res_{i,\,t+T}$表示区县i的粮食生产韧性。如果$Res_{i,\,t+T}>0$，则表示该区县的粮食产量增长高于所在城市平均水平，反映出较强的粮食生产韧性；如果$Res_{i,\,t+T}<0$，则表示该区县的粮食产量增长低于所在城市平均水平，反映出较弱的粮食生产韧性。此外，为了验证回归结果的稳健性，本文以所在省份的粮食产量增长率作为各县的反事实参照，重新计算粮食生产韧性。

2.核心解释变量：产粮大县奖励政策的政策冲击变量

如果所在区县受到产粮大县奖励政策的激励，则虚拟变量取值为1，否则取值为0。根据《财政部关于印发中央财政对产粮大县奖励办法的通知》的规定，奖励政策的入围条件以县为基本单位，要求该县1998—2002年的平均粮食产量大于4亿斤，且粮食商品量大于1 000万斤。考虑到数据缺失问题，本文使用2000—2004年的粮食产量数据计算5年间的平均粮食产量，如果平均产量超过4亿斤，则认为该区县受到产粮大县奖励政策的影响，其虚拟变量取值为1；其他地区则取0。

3.机制变量

一是对于农业生产效率，本文使用"人均播种面积"和"单位面积产量"评价产粮大县奖励政策对农业生产效率的影响。人均播种面积反映了农业资源的合理配置和土地利用效率，较大的播种面积通常意味着更多的土地用于粮食生产，从而提升农业生产潜力；而单位面积产量则直接反映农业生产的技术水平和资源使用效率。

二是对于公共服务供给，本文选取"医疗供给"和"社会服务供给"评价产粮大县奖励政策对公共服务供给的影响，其中，医疗供给使用医院和卫生院床位数加1取自然对数衡量，社会服务供给使用社会福利性收养单位床位数加1取自然对数来衡量，这两个变量能够全面反映县域内公共卫生和社会福利服务的水平，进而分析公共服务对粮食生产系统的支持作用，尤其是在面对外部冲击时，良好的公共服务能够为粮农提供更多保障，从而提升农业生产的韧性。

4.控制变量

为控制地区层面其他因素对粮食生产韧性的影响，本文选取如下控制变量：收入水平（*income*），使用农村居民人均可支配收入来衡量，并取自然对数；产业结构状况（*indus*），使用第二产业增加值与地区国内生产总值的比值衡量；金融发展水平（*fin*），使用年末金融机构贷款余额与城乡居民储蓄存款余额的比值衡量；财政自给水平（*self*），使用地方财政一般预算收入与地方财政一般预算支出的比值衡量；人口密度（*den*），使用年末总人口与行政区域土地面积的比值衡量；农业机械化（*machinery*），使用农业机械总动力加1取自然对数衡量。表1为主要变量的定义及其描述性统计结果。

表1　　　　　　　　主要变量的定义及其描述性统计结果

变量		符号	说明	均值	标准差
被解释变量	粮食生产韧性	*RES*	前文测算求得	0.0009	0.0674
核心解释变量	产粮大县奖励政策	*did*	政策冲击的虚拟变量	0.3073	0.4614
机制变量	人均播种面积	*area*	农作物总播种面积/年末总人口	1.5914	1.1615
	单位面积产量	*yield*	粮食总产量/常用耕地面积	1.5407	0.8138
	医疗供给	*medical*	医院卫生院床位数加1取自然对数	6.7813	0.8187
	社会服务供给	*fuli*	各种社会福利收养性单位床位数加1取自然对数	6.0915	1.4600
控制变量	收入水平	*income*	农村居民人均可支配收入取自然对数	8.4466	0.6742
	产业结构状况	*indus*	第二产业增加值/地区国内生产总值	0.4147	0.1460
	金融发展水平	*fin*	年末金融机构贷款余额/城乡居民储蓄存款余额	0.8778	0.4083
	财政自给水平	*self*	地方财政一般预算收入/地方财政一般预算支出	0.3333	0.2030
	人口密度	*den*	年末总人口/行政区域土地面积	0.0311	0.0260
	农业机械化	*machinery*	农业机械总动力加1取自然对数	3.2525	0.8739

（三）模型设定

本文使用双重差分模型（DID）检验产粮大县奖励政策对县域粮食生产

韧性的影响。双重差分模型的主要优点在于通过比较政策实施前后，受政策影响地区与未受政策影响地区的变化差异，有效控制了时间趋势和地区间的不可观测因素，能够更准确地识别政策的因果效应。因此，双重差分模型有助于清晰地分析政策实施对粮食生产韧性的实际影响，本文构建了基准回归模型，模型设定如式（4）所示：

$$RES_{it} = \alpha + \beta did_{it} + \gamma X_{it} + \lambda_i + \mu_t + \varepsilon_{it} \tag{4}$$

其中，RES_{it} 表示区县 i 在 t 年的粮食生产韧性，did_{it} 为政策冲击变量，表示是否受到产粮大县奖励政策的影响；X_{it} 为控制变量，包括收入水平、产业结构状况、金融发展水平、财政自给水平、人口密度和农业机械化水平；λ_i 和 μ_t 分别为县域固定效应和时间固定效应，用于控制地区和时间的不可观察特征对粮食生产韧性的影响；ε_{it} 为随机扰动项。

双重差分模型除了需要满足上述模型构建条件以外，还应满足平行趋势假设，即在政策实施之前，实验组和控制组的粮食生产韧性水平应当具有相同的趋势。换言之，若没有产粮大县奖励政策的干预，实验组和控制组的粮食生产韧性变化应该遵循相同的时间变化趋势。为检验产粮大县奖励政策实施前实验组和控制组的粮食生产韧性水平是否存在显著差异，本文采用事件研究法进行平行趋势检验，具体模型设定如式（5）所示：

$$RES_{it} = \alpha + \beta_k \sum_{k=-4,\ k \neq -1}^{4} D_{ik} + \gamma X_{it} + \lambda_i + \mu_t + \varepsilon_{it} \tag{5}$$

其中，D_{ik} 为一系列虚拟变量，表示产粮大县奖励政策实施前4个时期、奖励政策实施当期和奖励政策实施后4个时期的时间窗口。由于政策实施后的时期较长，本文将产粮大县奖励政策实施后第4年以上的时期归并到第4年，同时借鉴已有文献的普遍做法，将 $k=-1$ 作为基期。其他变量的含义与式（4）一致。

五、实证结果分析

（一）产粮大县奖励政策对粮食生产韧性的影响

表2汇报了产粮大县奖励政策对县域粮食生产韧性影响的基准回归结果。其中，第（1）列只加入核心解释变量，第（2）列进一步加入县域和年份固定效应，第（3）列在第（2）列的基础上增加了一系列控制变量。结果显示，产粮大县奖励政策对粮食生产韧性具有显著正向影响，在第（3）列中，did 估计系数在1%的水平上显著为0.0088，表明产粮大县奖励政策对粮食生产韧性具有显著的正向影响，印证了前文的研究假设1。

表2 产粮大县奖励政策对粮食生产韧性的影响

变量	（1）	（2）	（3）
	粮食生产韧性（RES）		
did	0.0053*** (0.0007)	0.0086*** (0.0020)	0.0088*** (0.0021)
income			−0.0013 (0.0035)
indus			0.0007 (0.0075)
fin			−0.0057*** (0.0019)
self			0.0125** (0.0058)
den			0.0789 (0.2103)
machinery			0.0007 (0.0019)
常数项	−0.0006 (0.0005)	−0.0016*** (0.0006)	0.0053 (0.0303)
县域固定效应	否	是	是
年份固定效应	否	是	是
N	26 256	26247	26247
R^2	0.0013	0.0622	0.0626

注：***、**、*分别表示在1%、5%、10%的显著性水平下显著，括号内是区县层面的聚类稳健标准误，下表同。

（二）产粮大县奖励政策的平行趋势检验

基准回归分析发现，与非产粮大县相比，产粮大县受奖励政策影响会提升粮食生产韧性，但这种差异可能在政策实施前就已经存在。因此，只有证实政策实施前实验组与控制组之间没有显著差异，双重差分模型的结果才能确保政策效应的准确性。为此，本文基于事件研究法（式（5））进行平行趋势检验，结果如图2所示。从图2的结果可以看出，在政策实施前，实验组与控制组的粮食生产韧性变化趋势基本平行，没有显著差异，表明政策实施前两组的粮食生产韧性水平在时间上的变化趋势是相似的。因此，平行趋势假设得到了验证。进一步地，政策实施后的粮食生产韧性变化明显高于实施前的水平，且其影响持续显著，表明产粮大县奖励政策对粮食生产韧性的提升具有正向影响。

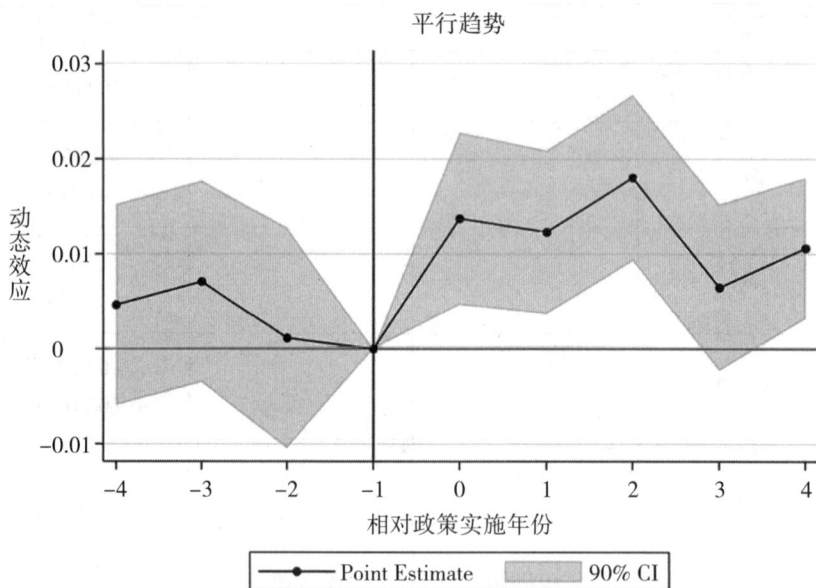

图2　产粮大县奖励政策对粮食生产韧性影响的平行趋势检验

（三）产粮大县奖励政策的安慰剂检验

　　粮食生产韧性的提升可能并非完全由产粮大县奖励政策所带来，存在其他不可观测因素或偶然性事件对结果的干扰，从而导致估计结果的偏误。为了排除这些潜在的干扰因素，并确保回归结果的稳健性，本文进行安慰剂检验。具体地，通过随机抽样的方式，构建虚假的实验组和控制组，并重复500次后进行回归分析，检验虚拟的政策实施是否也会显示出显著的效应。图3展示了500次随机抽样的估计系数和对应的P值分布。从图3中可以看出，所有虚假的实验组的估计系数均集中在0附近，且大多数估计系数的P值远大于0.1，表明在没有实际政策实施的情况下，虚拟的实验组未能显示出任何显著的效应。同时，所有虚拟组的估计系数均小于基准回归结果中的0.0088，说明假设的政策效应远低于实际政策效应，通过了安慰剂检验。

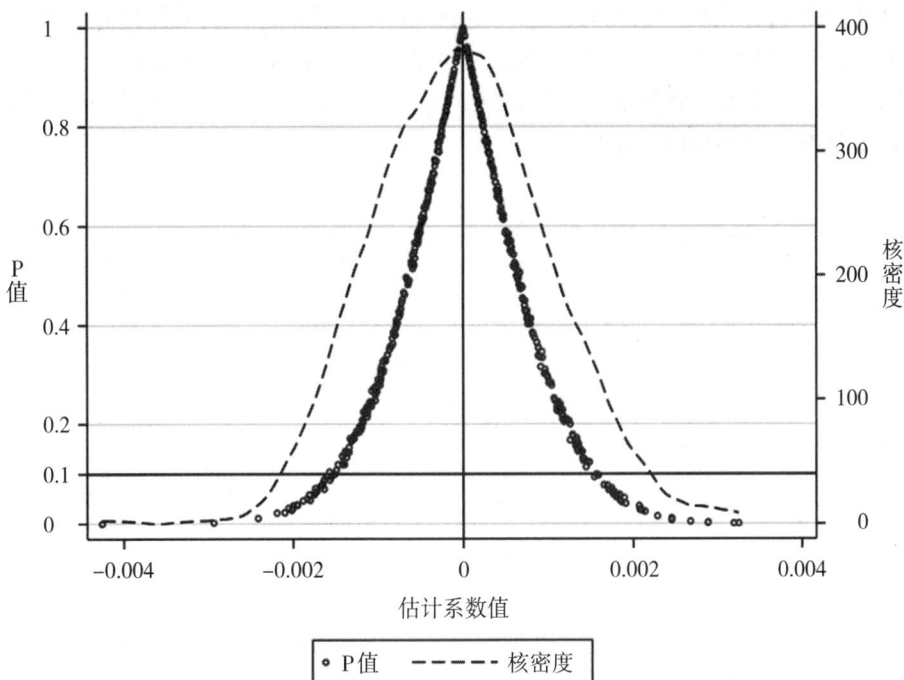

图3 产粮大县奖励政策对粮食生产韧性影响的安慰剂检验

（四）产粮大县奖励政策的稳健性检验

为进一步说明基准回归结果的稳健性，本文接下来围绕可能影响产粮大县奖励政策的其他潜在因素，使用双重机器学习、PSM-DID、替换被解释变量、排除其他政策的影响等方法进行稳健性检验。

第一，使用双重机器学习。双重机器学习方法的优势在于，它能够有效控制大量协变量，同时减少传统回归方法中由于模型误设所带来的内生性问题。传统的回归分析可能会受到变量选择不当或者遗漏变量的影响，导致政策效应的估计结果不准确。双重机器学习方法通过结合机器学习和传统回归模型，能够在保留大部分预测能力的同时，解决上述问题。本文使用双重机器学习方法对基准回归进行估计（Chernozhukov et al.，2018），构建模型如式（6）和式（7）所示：

$$RES_{i,\,t} = did_{i,\,t}\theta_0 + g\left(X_{i,\,t}\right) + U_{i,\,t},\ \ E\left(U_{i,\,t}|X_{i,\,t},\ did_{i,\,t}\right) = 0 \tag{6}$$

$$did_{i,\,t} = m\left(X_{i,\,t}\right) + V_{i,\,t},\ \ E\left(V_{i,\,t}|X_{i,\,t}\right) = 0 \tag{7}$$

其中，$g\left(X_{i,\,t}\right)$ 和 $m\left(X_{i,\,t}\right)$ 为控制变量的未知形式，需要通过机器学习方法进行估计，$U_{i,\,t}$ 和 $V_{i,\,t}$ 为误差项，其他变量的含义与式（4）一致。具体地，本文将研究样本的随机分割比例确定为1∶4，并使用随机森林算法进行预测求解，回归结果如表3第（1）列所示。回归结果显示，产粮大县奖励政策的估计系数为0.0091，并且在1%的水平上显著，表明即便在控制了大量协变量后，产粮大县奖励政策对粮食生产韧性依然具有显著的正向影响，进一步证实了产粮大县奖励政策的效应在更复杂的条件下依然稳健，增强了基准回归结果的可信度。

表3 稳健性检验（一）

变量	(1) 双重机器学习	(2) 半径匹配	(3) 近邻匹配
	RES		
did	0.0091*** （0.0014）	0.0085*** （0.0021）	0.0082*** （0.0021）
income		−0.0004 （0.0036）	−0.0004 （0.0036）
indus		0.0007 （0.0075）	0.0007 （0.0075）
fin		−0.0056*** （0.0020）	−0.0056*** （0.0020）
self		0.0119** （0.0058）	0.0119** （0.0058）
den		0.1122 （0.2124）	0.1122 （0.2124）
machinery		0.0010 （0.0020）	0.0010 （0.0020）
常数项	−0.0003 （0.0004）	−0.0044 （0.0306）	−0.0044 （0.0306）
县域固定效应	是	是	是
年份固定效应	是	是	是
N	26 247	25 611	26 232
R^2	—	0.0642	0.0614

第二，使用PSM-DID。为解决潜在的样本选择偏差问题的影响，确保实验组和控制组的可比性，本文采用半径匹配和近邻匹配两种PSM-DID方法进行稳健性检验。具体来说，将基准回归中的控制变量作为协变量，将某一年是否受产粮大县奖励政策影响作为实验组虚拟变量，使用半径匹配、1:

3的近邻匹配以及Logit估计方法逐期对样本期的每一年进行倾向得分匹配，为实验组找到对应的控制组。图4展示了两种PSM-DID方法的平衡性检验结果，匹配后的实验组和控制组的样本偏差较小，均围绕在0附近，说明匹配效果较好。表3第（2）和第（3）列呈现了两种PSM-DID的回归结果。结果显示，无论是通过半径匹配还是近邻匹配，产粮大县奖励政策对粮食生产韧性的正向影响均在1%的水平上显著。

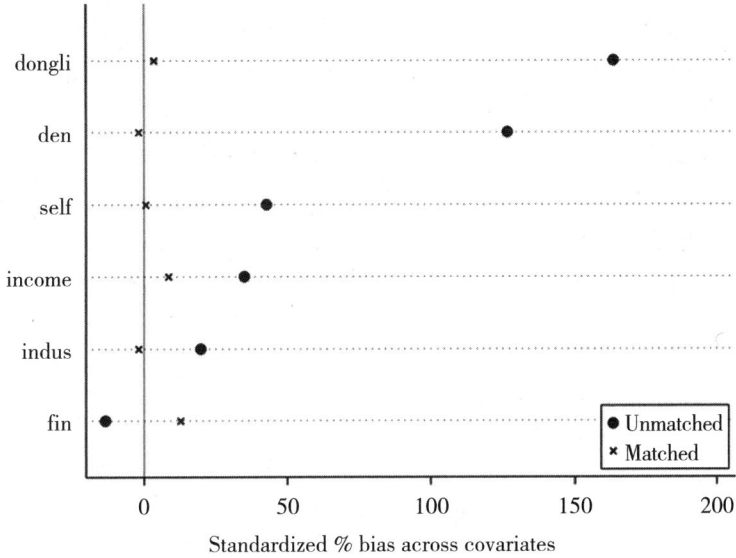

（a）半径匹配

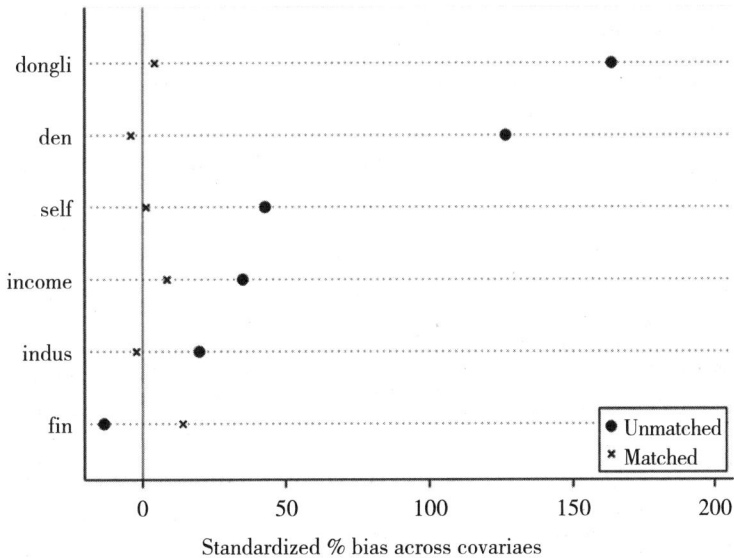

（b）近邻匹配

图4　平衡性检验结果

　　第三，替换被解释变量。基准回归中的被解释变量是假设同一城市的区县可能会受到相同的外部冲击，在此基础上，本文进一步放宽这一假设，改为假设同一省份内的区县可能受到相同的影响。具体来说，重新测度被解释变量时，本文基于每个区县所在省份的粮食产量增长率作为反事实参照。替换被解释变量以后的回归结果如表4第（1）列所示。结果显示，*did* 的估计系数为0.0066，在5%的水平上显著，并且与基准回归结果相差不大，验证了基准回归结果的稳健性。

　　第四，排除相关政策的影响。考虑到其他相关政策对估计结果的影响，本文在基准回归结果的基准上加入数字乡村试点的政策冲击，结果如表4第（2）列所示。结果显示，数字乡村试点的虚拟变量（*did_dig*）的估计系数不显著，表明数字乡村试点对粮食生产韧性的影响较小，且 *did* 的估计系数仍在1%的水平上显著为正，进一步支持了产粮大县奖励政策对粮食生产韧性提升效应的稳健性。

　　第五，剔除研究样本。考虑到直辖市和省会城市在资源、政策支持等方面的特殊性，本文剔除了这些地区的样本，本文依次剔除直辖市、剔除直辖市和省会城市，结果分别如表4第（3）和第（4）列所示。结果显示，剔除这些地区后，*did* 估计系数仍显著为正，且与基准回归结果接近，进而验证了基准回归结果的稳健性。

表4　　　　　　　　　　　　　稳健性检验（二）

变量	（1）	（2）	（3）	（4）
	替换被解释变量	排除相关政策的影响	剔除直辖市	剔除直辖市和省会城市
	RES_prov	*RES*		
did	0.0066** (0.0026)	0.0088*** (0.0021)	0.0093*** (0.0021)	0.0091*** (0.0022)
did_dig		0.0009 (0.0129)		
income	0.0066 (0.0044)	−0.0013 (0.0035)	−0.0020 (0.0035)	−0.0032 (0.0037)
indus	−0.0075 (0.0090)	0.0007 (0.0075)	0.0014 (0.0076)	0.0065 (0.0077)
fin	−0.0032 (0.0025)	−0.0057*** (0.0019)	−0.0058*** (0.0019)	−0.0060*** (0.0020)

续表

变量	（1）替换被解释变量	（2）排除相关政策的影响	（3）剔除直辖市	（4）剔除直辖市和省会城市
	RES_prov	*RES*		
self	−0.0036 (0.0073)	0.0125** (0.0058)	0.0129** (0.0059)	0.0118* (0.0062)
den	0.0341 (0.2670)	0.0788 (0.2104)	0.1055 (0.2099)	−0.0266 (0.2301)
machinery	−0.0015 (0.0024)	0.0007 (0.0019)	0.0002 (0.0020)	0.0005 (0.0020)
常数项	−0.0453 (0.0376)	0.0053 (0.0303)	0.0116 (0.0302)	0.0231 (0.0315)
县域固定效应	是	是	是	
年份固定效应	是	是	是	
N	26 247	26 247	25 702	23 838
R^2	0.0719	0.0626	0.0627	0.0612

（五）产粮大县奖励政策对粮食生产韧性影响的异质性检验

尽管前文证实了产粮大县奖励政策对粮食生产韧性的正向影响，但在政策的具体实施过程中，可能受到经济发展水平、粮食生产定位等多重因素的影响，导致政策效果存在明显差异。为此，本文从收入差异、粮食产销区差异、地区差异和机械化水平差异等方面对产粮大县奖励的政策效果进行异质性检验。

首先，进行收入异质性检验。考虑到不同地区经济发展水平和财政状况的差异，进行收入差异的异质性检验十分重要。低收入地区通常面临较为严峻的财政困境，农业生产能力较弱，因此需要更多的外部支持。对于这些地区，产粮大县奖励政策能够提供更多的财政支持，直接促进农业生产条件的改善，从而显著提升粮食生产韧性。相反，高收入地区可能已经具备较为完善的农业生产体系和较强的市场资源，奖励政策对其粮食生产韧性的提升效果相对较小。本文基于收入水平的中位数将研究样本划分为低收入水平地区和高收入水平地区，分组检验奖励政策对不同收入水平地区粮食生产韧性的影响，结果如表5第（1）和第（2）列所示。结果显示，在低收入水平地区，产粮大县奖励政策的估计系数在1%的水平上显著为正，但是在高收入水平地区不显著，说明产粮大县奖励政策对低收入地区的粮食生产韧性具有显著的提升效应。这表明，低收入地区更依赖政府提供的财政奖励政策来提高粮食生产韧性，因其相对较低的收入水平和农业生产能力使得这些地区在面临外部冲击时对政策的响应更为敏感。相比之下，高收入地区的粮食生产条件相对较好，政策的作用效果相对较弱。

表5 收入异质性和粮食产销区异质性检验

变量	(1) 低收入水平	(2) 高收入水平	(3) 主产区	(4) 主销区	(5) 产销平衡区
	RES				
did	0.0107*** (0.0027)	0.0041 (0.0090)	0.0099*** (0.0031)	0.0089 (0.0057)	0.0073** (0.0037)
income	0.0118* (0.0066)	−0.0111* (0.0058)	−0.0002 (0.0059)	−0.0060 (0.0077)	−0.0030 (0.0065)
indus	−0.0147 (0.0133)	0.0040 (0.0127)	0.0034 (0.0103)	0.0066 (0.0255)	−0.0027 (0.0122)
fin	−0.0059* (0.0032)	−0.0070* (0.0040)	−0.0061** (0.0029)	0.0052 (0.0057)	−0.0059* (0.0030)
self	0.0122 (0.0109)	0.0190** (0.0092)	0.0133 (0.0086)	−0.0068 (0.0166)	0.0139 (0.0099)
den	−0.2765 (0.6005)	0.2166 (0.2725)	−0.0222 (0.2523)	0.7118 (0.5302)	0.1919 (0.6212)
machinery	−0.0061* (0.0036)	0.0073** (0.0037)	0.0028 (0.0028)	0.0048 (0.0073)	−0.0031 (0.0030)
常数项	−0.0618 (0.0538)	0.0623 (0.0545)	−0.0127 (0.0512)	0.0042 (0.0769)	0.0339 (0.0536)
县域固定效应	是	是	是	是	是
年份固定效应	是	是	是	是	是
N	13 124	13 123	13 817	2 762	9 668
R^2	0.0987	0.1300	0.0598	0.0818	0.0658

注：粮食主产区包括黑龙江省、吉林省、辽宁省、内蒙古自治区、河北省、河南省、山东省、江苏省、安徽省、江西省、湖北省、湖南省和四川省；粮食主销区包括北京市、天津市、上海市、浙江省、福建省、广东省和海南省；粮食产销平衡区包括山西省、宁夏回族自治区、青海省、甘肃省、西藏自治区、云南省、贵州省、重庆市、广西壮族自治区、陕西省和新疆维吾尔自治区。

其次，进行粮食产销区异质性检验。考虑到我国粮食主产区和主销区在农业发展方向和政策需求上的差异，进行粮食产销区差异的异质性检验同样至关重要。粮食主产区通常具备较好的农业生产条件和较高的粮食产量，而主销区则依赖外部粮食供给，因此在农业政策的实施上，主产区和主销区的侧重点可能不同。奖励政策在粮食主产区可以直接改善生产条件，增加粮食产量，提高粮食生产的韧性；而主销区则更依赖于市场和政策的配合，奖励政策的效果可能相对较弱。本文根据中国的粮食产销区划，将研究样本划分为粮食主产区、粮食主销区和粮食产销平衡区，并分组进行回归，结果如表5第（3）~第（5）列所示。结果显示，在粮食主产区，产粮大县奖励政策的估计系数在1%的水平上显著为0.0099，产销平衡区的估计系数在5%的水平上显著为0.0073，而在粮食主销区不显著，说明在粮食主产区和产销平衡区，奖励政策对粮食生产韧性的提升具有显著的正向影响，而在主销区没有显著影响。这一结果表明，粮食主产区和产销平衡区的地区更加依赖粮食生产的稳定性和持续性，而这些地区的粮食生产韧性提升主要通过奖励政策的激励效果来实现。相比之下，主销区的粮食生产较少，更多依赖外部粮食调配，政策效应相对较弱，可能受到市场机制和外部资源流动的影响较大。

再次，进行地区异质性检验。东、中、西部地区的农业发展水平和经济发展状况存在显著差异，东部地区通常经济较为发达，农业现代化水平较高，粮食生产系统的韧性和适应性较强；而中、西部地区，特别是西部，经济发展相对滞后，农业生产条件艰苦，面临更多的自然和社会冲击。因此，本文将研究样本划分为东部地区、中部地区和西部地区，分别进行回归分析，探讨不同地区政策效应的异质性。表6第（1）~第（3）列显示了不同地区的回归结果。结果显示，在东部地区，产粮大县奖励政策的估计系数在1%的水平上显著为0.0152，远大于基准回归结果，但是在中部地区和西部地区并不显著。这是因为东部地区具有发达的农业基础设施和经济支撑，使得政策能够在较短时间内产生明显的激励效果，提升农业生产系统的抗冲击能力和恢复能力，但是在经济相对滞后的中、西部地区，产粮大县奖励政策的效果受限于地区经济基础薄弱、农业生产条件较差等因素，政策无法像东部地区那样显著改善粮食生产韧性。

表6   **地区异质性和机械化水平异质性检验**

变量	（1） 东部地区	（2） 中部地区	（3） 西部地区	（4） 机械化水平高	（5） 机械化水平低
	RES				
did	0.0152*** （0.0041）	0.0048 （0.0038）	0.0062 （0.0045）	0.0126** （0.0049）	0.0074** （0.0036）

变量	（1）东部地区	（2）中部地区	（3）西部地区	（4）机械化水平高	（5）机械化水平低
	RES				
income	−0.0111* (0.0062)	0.0058 (0.0080)	0.0031 (0.0065)	−0.0076 (0.0050)	0.0021 (0.0057)
indus	0.0089 (0.0145)	−0.0159 (0.0142)	0.0017 (0.0114)	−0.0007 (0.0107)	0.0060 (0.0119)
fin	−0.0012 (0.0040)	−0.0047 (0.0041)	−0.0058** (0.0029)	−0.0029 (0.0029)	−0.0070** (0.0028)
self	−0.0022 (0.0111)	0.0258** (0.0110)	0.0097 (0.0094)	0.0214*** (0.0080)	0.0109 (0.0099)
den	0.2516 (0.3561)	−0.2081 (0.2675)	0.5589 (0.6048)	0.1872 (0.2354)	0.6323 (0.5616)
machinery	0.0110** (0.0047)	−0.0035 (0.0031)	−0.0007 (0.0032)	0.0052 (0.0035)	−0.0064** (0.0031)
常数项	0.0382 (0.0554)	−0.0283 (0.0692)	−0.0304 (0.0542)	0.0277 (0.0455)	−0.0126 (0.0460)
县域固定效应	是	是	是	是	是
年份固定效应	是	是	是	是	是
N	7 578	8 324	10 345	13 080	13 060
R^2	0.0716	0.0605	0.0635	0.0843	0.0809

注：东部地区包括北京市、天津市、河北省、辽宁省、上海市、江苏省、浙江省、福建省、山东省、广东省和海南省；中部地区包括山西省、吉林省、黑龙江省、安徽省、江西省、河南省、湖北省和湖南省；西部地区包括内蒙古自治区、广西壮族自治区、重庆市、四川省、贵州省、云南省、西藏自治区、陕西省、甘肃省、青海省、宁夏回族自治区和新疆维吾尔自治区。

最后，进行机械化水平异质性检验。我国农业机械化水平在不同地区和不同县域之间存在较大差异，机械化水平较高的地区通常具备更强的农业生产能力和更高的生产效率，而机械化水平较低的地区则面临较大的农业生产挑战。为了探讨机械化水平对产粮大县奖励政策效果的差异化影响，本文依据农业机械总动力的中位数将研究样本划分为机械化水平高和机械化水平低两组，分别进行回归分析。表6第（4）和第（5）列展示了不同机械化水平下的回归结果。结果显示，在机械化水平较高的地区，产粮大县奖励政策的估计系数为0.0126，并在5%的显著性水平上显著，而在机械化水平较低的地区，估计系数为0.0074，同样在5%的水平上显著。由此可见，奖励政策在两个组别中都发挥了积极的激励作用，但在机械化水平较高的地区效果更加显著。产生这一差异的原因在于，机械化水平较高的地区能够更高效地利用农业资源，提高生产效率，从而使得奖励政策对粮食生产的促进作用更加明显。而在机械化水平较低的地区，由于生产效率较低和资源配置较为紧张，奖励政策的效果相对较弱。

（六）产粮大县奖励政策对粮食生产韧性影响的机制检验

前文论述了产粮大县奖励政策对粮食生产韧性产生的正向影响，但这一影响可能并非直接作用于粮食生产韧性，而是通过一些具体机制间接实现的。为了深入探讨这一点，本文结合理论分析，从农业生产效率和公共服务供给两个方面进行机制检验。

1.农业生产效率机制

农业生产效率是粮食生产韧性的重要决定因素，尤其是通过提高人均播种面积和单位面积产量来提升粮食生产能力。表7第（1）和第（2）列汇报了农业生产效率的机制检验的结果。结果显示，人均播种面积（$area$）的估计系数为0.0855，且通过了1%的显著性水平，说明产粮大县奖励政策能够显著促进县域内人均播种面积的增加；单位面积产量（$yield$）的估计系数为0.0748，也显著为1%，表明奖励政策能够有效促进农业生产效率的提升，提高单位土地的产出。农业生产效率的提升不仅意味着更高的粮食产出，还能帮助农民更有效地应对自然灾害、市场波动等外部冲击。通过提高农业生产的规模效应和单产效率，农户能够在资源更加充足的情况下，有效减少对外部变化的敏感度，并能够更快地恢复生产。这使得农业系统在面对短期和长期的不确定性时具有更强的适应能力，直接增强了粮食生产韧性。

表7　　　　产粮大县奖励政策对粮食生产韧性影响的机制检验结果

变量	(1)	(2)	(3)	(4)
	$area$	$yield$	$medical$	$fuli$
did	0.0855*** (0.0179)	0.0748*** (0.0239)	0.0533*** (0.0133)	0.0319*** (0.0061)

变量	（1）	（2）	（3）	（4）
	area	*yield*	*medical*	*fuli*
income	0.2577***	0.1977***	0.0586***	0.1976***
	(0.0468)	(0.0386)	(0.0214)	(0.0554)
indus	−0.3036***	−0.0260	0.0826*	0.1947
	(0.0851)	(0.1071)	(0.0454)	(0.1291)
fin	−0.0931***	−0.0391	−0.0163	−0.1049***
	(0.0186)	(0.0244)	(0.0141)	(0.0349)
self	0.2865***	0.1648**	0.0562	0.0454
	(0.0602)	(0.0766)	(0.0358)	(0.0866)
den	−1.9659	−23.5261***	11.2252***	9.6899**
	(3.5338)	(2.2969)	(1.3885)	(4.0202)
machinery	0.0482**	0.1906***	0.0529***	−0.1525***
	(0.0232)	(0.0251)	(0.0140)	(0.0354)
常数项	−0.5845	0.0184	5.7117***	4.6025***
	(0.3859)	(0.3425)	(0.1906)	(0.4825)
县域固定效应	是	是	是	是
年份固定效应	是	是	是	是
N	18 411	16 949	26 247	25 824
R^2	0.9088	0.9352	0.9401	0.8443

2.公共服务供给机制

公共服务供给是提升粮食生产韧性的重要机制，特别是通过增加医疗和社会福利供给，改善农民的生产条件和生活质量，进一步增强农业生产系统的适应能力和恢复能力。表7第（3）和第（4）列报告了公共服务供给机制的回归结果。结果显示，医疗供给（*medical*）的估计系数为0.0533，并且在1%的显著性水平上显著，表明产粮大县奖励政策能够显著提升县域内的医疗资源供给。而社会福利供给（*fuli*）的估计系数为0.0319，且在1%的显著性水平上也显著，表明奖励政策有助于增加社会福利服务，尤其是为农民提供更好的社会保障和福利支持。医疗和社会福利供给的改善对增强粮食生产韧性至关重要。随着医疗服务的改善，农民的健康状况得到有效提升，进而提升了其劳动能力和生产效率。健康的农民能更好地参与农业生产，从而提高农业系统的稳定性和抵御外部冲击的能力。与此同时，增加社会福利供给为农民提供了更为稳定的收入来源和更好的生活保障，在面对突发性灾害或市场波动时，农民的生产积极性会有所提高且应对能力会有所增强，进一步促进粮食生产的恢复和稳定。因此，公共服务供给不仅提高了农民的生产条件，还增强了农业生产系统在短期和长期不确定性下的适应能力，进而直接增强了粮食生产韧性。

六、研究结论与政策建议

本文基于2001—2022年全国1 948个县域的非平衡面板数据，采用双重差分模型，深入分析了产粮大县奖励政策对县域粮食生产韧性的影响及其作用机制。研究结果表明，产粮大县奖励政策显著提升了县域粮食生产韧性，且通过平行趋势检验、安慰剂检验以及替换核心被解释变量等多项检验，结果依然稳健。异质性分析进一步揭示，奖励政策在收入水平较低、粮食主产区和产销平衡区、东部地区以及农业机械化水平较高的地区效果更加显著。机制分析显示，奖励政策一方面通过提升农业生产效率，促进人均播种面积和单位面积粮食产量的增长；另一方面通过增加公共服务供给，改善地区医疗和社会福利水平，从而提升粮食生产韧性。本研究为完善农业财政激励政策、增强粮食生产韧性、保障国家粮食安全提供了重要的理论依据和实践指导，同时也为未来相关政策的制定提供了有力的实证支持。

就粮食生产韧性提升与县域经济发展而言，本文的研究结论具有重要的政策启示：第一，要加大对产粮大县的政策支持力度，特别是强化农业生产效率的提升和公共服务的改善。产粮大县在粮食生产方面面临诸多挑战，尤其是在低收入地区、粮食主产区以及农业机械化水平较低的地区。因此，政府应通过加大财政转移支付、优化公共资源配置、提升农业生产能力来增强粮食生产韧性。政策应重点关注这些地区的生产性投资，尤其是提高人均播种面积、单位面积产量等农业生产效率，促进粮食产量的稳步增长，从而增强粮食生产对外部冲击的适应能力。同时，还应注重提升公共服务水平，如改善医疗、社会福利、教育等领域的公共品供给，增强贫困地区的整体韧性，减少灾害和市场波动对粮食生产的负面影响。

第二，产粮大县奖励政策不仅在提升粮食生产韧性上具有显著作用，还能够平衡不同地区的发展差异。政策的设计应具有多维度的目标，既要促进粮食生产的可持续性，又要推动区域协调发展。通过对奖励政策的优化，可以更好地激发各地区政府在农业生产方面的积极性，尤其是在相对落后的地区。政府应通过精准化的奖励政策，调动各县政府发展地方特色产业的积极性，充分利用各地区的比较优势，推动区域均衡发展。政策应根据不同地区的经济和农业条件，灵活调整奖励资金的分配，推动资源向贫困和低收入地区倾斜，从而增强这些地区的生产能力和经济发展潜力。

第三，奖励政策的内容应与时俱进，结合每年的农业生产、经济发展和外部冲击变化进行调整。政策不应一成不变，而是应根据当前的社会经济环境和农业生产条件的变化，动态调整奖励措施，以确保政策效果的长期稳定性和持续性。在此基础上，政府还应加强对奖励资金使用情况的监督和评估，引导资金流向农业生产、基础设施建设、公共服务等关键领域。只有通过精细化管理，确保奖励资金能够真正落地，才有可能在提升粮食产量的同时，改善基础设施和社会服务水平，提高粮食生产的长期可持续性。对于落后地区，政策应注重改善农田水利设施、交通运输、储备设施等方面的基础设施建设，以提高农业生产的稳定性。

第四，地方政府的粮食生产管理应与官员的政绩考核挂钩，强化粮食生产的政策执行力度。为了保障粮食生产目标的实现，政府应进一步完善地方政府的绩效评估机制，推动更加科学和合理的考核体系。在这一过程中，粮食生产不仅仅是短期的粮食产量提升，更要关注长期的粮食生产韧性和可持续发展。具体而言，应结合地方经济、社会和环境发展情况，合理设置绩效指标，注重粮食生产的质量与稳定性，而非单纯追求数量增长。同时，应加强对地方官员的激励措施，确保政策执行的深入实施。通过强化政府各级部门的政策执行能力，激励地方政府更加积极地应对粮食生产和粮食安全问题，为保障国家粮食安全提供有力的制度支持和实践保障。

参考文献

[1] 邓远远，朱俊峰. 保护性耕作技术对粮食生产效率和环境效率的提升效应 [J]. 中国人口·资源与环境，2023，33（12）：218-228.

[2] 甘林针，钱龙，钟钰. 成效不彰 VS 行之有效：粮食安全省长责任制促进了粮食生产吗？[J]. 经济评论，2024（2）：22-35.

[3] 耿鹏鹏，汪成云，赵亮. 新一轮农地确权政策与中国粮食安全——基于农地流转市场化转型视角 [J]. 财经问题研究，2024（9）：90-102.

[4] 龚燕玲，张应良. 高标准基本农田建设政策对粮食产能的影响 [J]. 华中农业大学学报（社会科学版），2023（4）：175-190.

[5] 郭燕，杜志雄. 气候变化对中国粮食作物与饲料作物播种面积的影响 [J]. 西北农林科技大学学报（社会科学版），2024，24（6）：96-106.

[6] 郭耀辉，谢蕾，杜兴端. 粮食安全韧性评价：体系构建、发展差异及障碍度分析 [J]. 农村经济，2025（1）：29-37.

[7] 洪炜杰. 正规金融支农能保障粮食安全吗？——基于县域金融机构涉农贷款增量奖励试点的准实验评估 [J]. 中国农业大学学报（社会科学版），2024，41（2）：

142-161.

[8] 江生忠，付爽，李文中. 农业保险财政补贴政策能调整作物种植结构吗？——来自中国准自然实验的证据 [J]. 保险研究，2022（6）：51-66.

[9] 李光泗. 粮食收储制度市场化改革与粮食安全保障体系构建——基于临时收储政策改革的观察 [J]. 江西社会科学，2023，43（9）：17-28.

[10] 李赫，刘畅. 大食物观视域下我国粮食体系韧性提升策略 [J/OL]. 中国农业资源与区划，1-9 [2025-03-10]. http://kns.cnki.net/kcms/detail/11.3513.s.20250127.1507.038.html.

[11] 李长松，周玉玺. 水资源非农化与粮食生产脆弱性 [J]. 华南农业大学学报（社会科学版），2023，22（5）：25-37.

[12] 林珊，于法稳，代明慧. 化肥"零增长"政策会影响粮食安全吗：基于准自然实验的RD检验 [J]. 中国软科学，2024（1）：12-23.

[13] 刘晗，张应良. 藏粮于地：土地利用对粮食单产的影响 [J]. 湖南农业大学学报（社会科学版），2024，25（5）：46-54.

[14] 罗斯炫，张俊飚. 丰收的嘉奖：财政激励与粮食增产 [J]. 中国农村经济，2024（8）：27-46.

[15] 马翠萍，刘文霞，方燕. 数字技术赋能农户增收的理论机制与实证检验：基于CRRS 2022农户调查数据 [J]. 中国软科学，2024（7）：69-78.

[16] 马永喜，丁芮，俞书傲. 技术培训对农户粮食生产韧性的影响效应与作用机制 [J]. 湖南农业大学学报（社会科学版），2024，25（5）：27-37.

[17] 彭超，张琛. 农业机械化对农户粮食生产效率的影响 [J]. 华南农业大学学报（社会科学版），2020，19（5）：93-102.

[18] 彭诗淳，张向达. 我国农业补贴政策的即时效应与长期战略影响 [J]. 产业组织评论，2024，18（1）：109-135.

[19] 孙华臣，孙瑞琪，张继武. 财政支农机制创新与国家粮食安全——基于政策性农业担保机构设立的准自然实验 [J]. 改革，2023（6）：126-141.

[20] 孙远太，王剑菊. 数字赋能粮食产业链韧性提升的生成机制与推进路径 [J]. 中州学刊，2024（8）：46-54.

[21] 王颜齐，何洋. 大食物观视域下粮食产业链韧性的时代价值、现实研判与提升路径 [J]. 农村经济，2024（8）：53-62.

[22] 王莹，陈卫洪. 极端气候、农机作业服务市场与粮食产量——基于13个粮食主产区面板数据的实证分析 [J]. 农业技术经济，2024（10）：70-90.

[23] 伍骏骞，张星民. 粮食生产激励能促进农民增收和县域经济发展吗？——基于产粮大县奖励政策的准自然实验 [J]. 财经研究，2023，49（1）：124-138.

[24] 肖青奕，侯娇，柳溪，等. 耕地轮作休耕政策对粮食绿色生产的促进作用——基于中国耕地轮作休耕制度试点的准自然实验 [J]. 安徽农业科学，2024，52（18）：255-260.

[25] 肖兴志，王振宇，李少林. 产业链韧性测度方法研究进展 [J]. 经济学动态，2024（4）：144-160.

[26] 徐志刚，郑姗，刘馨月. 农业机械化对粮食高质量生产影响与环节异质性——基于黑、豫、浙、川四省调查数据 [J]. 宏观质量研究，2022，10（3）：22-34.

［27］杨青，贾杰斐，刘进，等. 农机购置补贴何以影响粮食综合生产能力？——基于农机社会化服务的视角［J］. 管理世界，2023，39（12）：106-123.

［28］余澳，李进，贾卓强. 农业机械化智能化保障粮食安全的机理与路径研究［J］. 农村经济，2024（11）：33-44.

［29］展凯，朱少芬，邓超，等. 农业保险保费补贴政策的减贫效应及其区域异质性［J］. 财经理论与实践，2021，42（5）：42-49.

［30］张锦华，徐雯. 完全成本保险试点能激励粮食产出吗？［J］. 中国农村经济，2023（11）：58-81.

［31］张柯贤，黎红梅. 水权交易政策对粮食综合生产能力的影响［J/OL］. 系统工程理论与实践，［2025-03-10］. http：//kns.cnki.net/kcms/detail/11.2267.N.20241218.1349.033.html.

［32］张蕾蕾，宋林. 数字治理与城市经济韧性［J］. 经济学动态，2024（10）：109-127.

［33］张若瑾. 农业保险保费补贴政策的激励实效研究［J］. 华南农业大学学报（社会科学版），2018，17（6）：31-41.

［34］张伟，易沛，徐静，等. 政策性农业保险对粮食产出的激励效应［J］. 保险研究，2019（1）：32-44.

［35］张志新，杨在顺，周家乐. 国家农业绿色发展先行区化肥减量效果评估——兼论化肥减量与粮食安全的关系［J/OL］. 中国农业资源与区划，［2025-03-10］. http：//kns.cnki.net/kcms/detail/11.3513.S.20250110.1341.022.html.

［36］章立，王述勇. 经济韧性理论、测度与影响研究综述［J］. 产业组织评论，2023，17（3）：256-278.

［37］赵和楠，侯石安. 产粮大县奖励政策促进了县域粮食生产吗？——来自河南县域面板数据的证据［J］. 地方财政研究，2021（11）：75-85.

［38］赵和楠，刘雨诗，李智慧. 产粮大县奖励政策对县域粮食生产的影响：有效激励抑或有限福利［J］. 改革，2024（6）：93-107.

［39］赵敏娟，姚柳杨，赵明恩，等. 气候变化对中国粮食安全的影响：理论逻辑和应对措施［J］. 农业经济问题，2024（10）：34-43.

［40］赵瑞东，方创琳，刘海猛. 城市韧性研究进展与展望［J］. 地理科学进展，2020，39（10）：1717-1731.

［41］朱华东，柴朝卿，温榕昊，等. 高标准农田建设政策对粮食生产安全的影响研究［J/OL］. 中国农业资源与区划，［2025-03-10］. http：//kns.cnki.net/kcms/detail/11.3513.S.20250127.1357.036.html.

［42］CHERNOZHUKOV V，CHETVERIKOV D，DEMIRER M，et al.Double/debiased machine learning for treatment and structural parameters［J］. The Econometrics Journal，2018，21（1）：C1-C68.

［43］HOLLING C S.Resilience and Stability of Ecological Systems［J］. Annual Review of Ecology and Systematics，1973（4），1-23.

［44］MARTIN R，SUNLEY P，GARDINER B，et al.How regions react to recessions：Resilience and the role of economic structure［J］. Regional Studies，2016，50（4）：561-585.

Can the Incentive Policy for Large Grain-Producing Counties Enhance Regional Food Production Resilience？

LI Shaolin[1]   MA Li[1]   DAI Yangyang[1]   QIAN Xikun[2]

（1.Center for Industrial and Business Organization of Dongbei University of
Finance and Economics，Liaoning，Dalian，116025；
2.School of Investment and Construction Management of Dongbei University of
Finance and Economics，Liaoning，Dalian，116025）

Abstract：In the context of global climate change，the normalization of extreme disasters，and the increasing prominence of geopolitical risks，enhancing food production resilience has become a critical goal for ensuring national food security and achieving sustainable development. This study utilizes unbalanced panel data from 1，948 counties across China from 2001 to 2022，employing a difference-in-differences （DID） model to systematically explore the impact of the Incentive Policy for Large Grain-Producing Counties on regional food production resilience and its underlying mechanisms. The results show that the policy significantly improves regional food production resilience，and this conclusion remains robust even after conducting various tests，including parallel trend tests，placebo tests，and the replacement of core dependent variables. Heterogeneity analysis reveals that the policy's impact on food production resilience is more pronounced in regions with lower income levels，major grain-producing areas，balanced supply-demand zones，eastern regions，and areas with higher agricultural mechanization levels. Mechanism analysis demonstrates that the policy enhances agricultural production efficiency by promoting increases in per capita sown area and unit-area grain yield，while also boosting public service supply，improving regional healthcare and social welfare，thereby strengthening food production resilience. This study offers important theoretical foundations and practical insights for improving agricultural fiscal incentive policies，enhancing food production resilience，and ensuring national food security.

Key Words：incentive policy for large grain-producing counties；food production resilience；difference-in-differences model

JEL Classification：C23，Q18

我国电网企业供电可靠性成本测算：一个探索性研究

王惠贤[1] 李姝[2]

（1. 大连外国语大学日本语学院，辽宁 大连 116044；
2. 东北财经大学产业组织与企业组织研究中心，辽宁 大连 116025）

[内容提要] 电力供应的可靠性反映了电网企业的服务质量，正确把握供电中断边际成本（MCPO）能够更好地约束电网企业的行为，促使其提升服务质量。基于此，本文使用半参数、非参数和参数三种方法测算了2010—2021年我国24家电网企业的MCPO，并对其在电网企业质量监管中的应用进行了探索性研究。凸分位数回归法的测算研究发现：①样本期间各省电网企业的MCPO为每小时1.0961百万元至1 839.7636百万元，经济发达省份较高，落后省份较低；②相对增加资本投入而言，增加人力资本是减少MCPO更经济的选择。借鉴芬兰的实践经验，本文将MCPO作为质量指标加入到效率测算模型中，但是模型的测算结果显示省间差异不够明显，故反映质量指标的变量选取方法值得进一步探讨。本文还根据测算的MCPO分析了目前我国部分地区供电可靠性监管办法的有效性，结果表明当前的监管办法较为保守，难以有效激励电网公司主动提高供电稳定性。

[关键词] 电网企业质量监管；供电中断边际成本；影子价格；凸分位数回归

一、引　　言

我国经济发展已由高速增长阶段转向高质量发展阶段，电力工业发展的主要矛盾也从以往的"国民经济快速发展和人民群众生活水平日益提高所必

[基金项目] 国家自然科学基金"效率变革视阈下输配电成本的溯源识别、实证测度与监管进路"（72173016）。

[作者简介] 王惠贤，女，1972年生，河北唐山人，大连外国语大学日本语学院教授，管理学博士；李姝（通讯作者），女，1977年生，辽宁沈阳人，东北财经大学产业组织与企业组织研究中心副研究员，经济学博士。

需的用电需要与落后的电力生产之间的矛盾"，历史性地转变为"人民日益增长的美好生活所需的多元化用电需要和电力工业不平衡不充分发展的矛盾"，而电力工业高质量发展正是解决这一矛盾的方向与主线（刘世宇、刘思远，2020）。2015年我国启动新一轮电力体制改革，逐步确立了以"准许成本+合理收益"为核心的输配电价监管框架。根据规制理论和国外经验，在准许收入上限规制下，电网企业具有通过降低服务质量减少成本的动机（Sappington，2005）。尽管电力服务质量有多个维度，但以电网企业对用户的断电时间和次数来衡量的供电可靠性是许多国家的重要服务质量标准（Yuan et al.，2021）。因此，如果将供电中断边际成本（Marginal Cost of Power Outage，MCPO）量化，并以此为基准制定针对电网企业的奖惩方案，则电网企业需要在提升服务质量与接受惩罚之间做出权衡，产生主动维持并提高服务质量的动机。因此，科学准确地把握MCPO有利于完善输配电业务"准许成本+合理收益"监管方式，推进电力市场高质量发展。

电力行业是关系国计民生的基础产业，安全、稳定和充足的电力供应是经济发展、社会稳定的重要前提。世界范围内大规模断电事件的发生频率逐渐提高，且部分事件带来了严重后果，比如2003年美国加州大停电事件波及了5 000万人口，造成近300亿美元的损失（朱成章，2003）；2019年英国近1.5小时的大规模断电波及了约100万人口（孙华东等，2019）。同时，在"碳中和"情景下，能源体系将随着非化石能源大规模高比例开发利用而深度改变，非化石能源主要是通过转化为电能供终端使用，因此电力体系需要为适应能源系统的高水平电力电子化而转型，高比例可再生能源和高比例电力电子设备的"双高"特性日益凸显，加大了电力系统安全稳定运行的难度。此外，"能耗双控"政策背景下，部分地区的限电政策也给一些高度依赖电力供应的企业带来损失，给居民生活带来不便，因此如何在多变的自然环境和市场中保持稳定的电力供应、降低断电影响值得深入研究。由于电网互联互通，断电可能出现在发电、输电、配电中的一个或多个环节，而对这些环节的检测、改造与投资都需要经济性考量，因此科学测算断电的经济成本至关重要（Schröder and Kuckshinrichs，2015）。但是由于现实中并不存在以电力中断为标的物的市场，因此先行研究多是将MCPO的测算结果应用于评估电力供应可靠性的价值、测算经济最优的电力中断水平、设定更加合理的可靠性标准（De Nooij et al.，2007）。

综上，MCPO的研究与应用是完善供电可靠性监管方式的科学依据，是全面实施"准许成本+合理收益"监管框架的必要补充，是实现我国电网企业高质量发展的制度保证。考虑到需求侧视角下供电可靠性的测算结果更适用于补偿电力中断对消费者的损失，而供给侧测算出的影子价格反映的则是电网企业供电可靠性改进的边际成本，更适用于对电网企业的监管，因此本文选择从供给侧测算MCPO，也就是将电力中断视为电力生产过程的"非期待产出"，通过测算电力中断的影子价格来表示MCPO。供给侧的测算方法主要有参数法和非参数法，二者各有优缺点，而如何弥合二者之间的差异一直备受学术界关注，本文选用半参数、非参数和参数三种方法，将测算结果与部分地区的供电可靠性监管实践相结合，对推动我国MCPO的理论研究和实践应用有一定的借鉴意义。

二、供电中断边际成本测算的方法述评

（一）研究视角

MCPO是电力正常供应给用户带来的经济价值或电网公司为了减少断电需要付出的经济成本。基于此，其研究可以从电力需求侧和供给侧两个视角进行探讨。

1.需求侧视角

从电力需求侧衡量MCPO的指标有电力失负荷价值（Value of Lost Load，VoLL）、客户中断成本（Customer Interruption Cost，CIC）等[①]。VoLL是指断电给用户造成的经济损失，也是电力的经济价值（施泉生、李士动，2013）。需求侧的测算可以考虑多种多样的断电场景，通常利用客户调查、生产函数法等方法。瓦克等（Wacker et al.，1983）使用客户调查法测算了加拿大住宅部门消费者的电力中断成本，向客户提供不同的供电可靠性场景，让客户评估供电可靠性对他们的价值。客户调查法灵活性大，场景设计有多种选择，但是很难将不同地区的结果进行对比。为了减少客户调查法的误差，布法罗和莱顿（Küfeoğlu and Lehtonen，2015）建立了混合模型，结合客观数据和调查结果测算了芬兰服务行业各子部门在意外和计划中断时的CIC。莱希和托尔（Leahy and Tol，2011）利用生产函数法测算了北爱尔兰和爱尔兰共和国家庭和非家庭部门的VoLL，结果显示在不同部门之间VoLL存在较大差异。何永秀等（2006）建立了投入产出法分析模型，用各部门增加值与电力消费量的比值测算电力价值，将电力价值与其对应的累积电力使用量排序获得电力价值曲线。在设定电力平衡点的基础上，基于损失最小也就是VoLL最小的角度，测算了不同电力缺口下的VoLL，还测算了在电力平衡点下不同失负荷水平的VoLL及其边际值和平均值，指出VoLL在各部门之间具有较大差异，并提出了VoLL的应用前景。谭显东和胡兆光（2008）在投入产出法的基础上作了改进，在测算电力价值时除了考虑直接价值外还测算了间接价值，即考虑到电力中断不仅影响其他部门的电力使用，还会影响

---

① 关于VoLL的测算方法和应用，参见李宏舟等（2023）。

电力部门自身对其他部门投入品的使用，并绘制了电力价值曲线，测算了损失最大时的 VoLL。在应用方面，施泉生和李士动（2013）利用投入产出法测算 VoLL，并结合 VoLL 和需求曲线测算了消费者剩余损失，从而设计出可中断负荷的定价。胡博等（2018）利用改进的投入产出法测算 VoLL，然后将 VoLL 作为负荷权重，在此基础上利用萤火虫算法[①]测算了分布式电源分配方案和配电网孤岛的运行范围。叶泽和邹颖（2020）通过生产函数法对八个电力现货市场试点地区以及广东省不同行业的 VoLL 进行了测算，并提出了优化现货市场价格上下限的建议。

2.供给侧视角

从供给侧衡量 MCPO 的指标一般为电力中断的影子价格。影子价格表示为减少非期望产出（undesirable output）亦即电力中断的边际成本，进而被视为提高供电可靠性的边际成本。从供给侧测算 MCPO，通常通过电网公司的投入产出数据对生产前沿建模，电力中断被视为电网公司的非期望产出，通过已知的投入或者期望产出的价格可以测算非期望产出的影子价格。这种方法完全依赖客观数据，不存在主观因素误差，但以输配电公司为研究视角得到的是各地区的平均结果，无法测量不同行业、不同细分部门的 MCPO。从不同角度测算的 MCPO 表征方式不同，但都利用了电力中断相关指标，将电力中断的成本或造成的损失量化，反映了稳定电力供应的经济价值。科埃利等（Coelli et al.，2013）利用投入距离函数法测算了法国配电公司电力中断的影子价格及其所表示的供电质量改进的边际成本，将影子价格与监管机构的质量监管价格对比，发现前者明显高于后者。布法罗等（Küfeoğlu et al.，2018）用方向产出距离函数测算了芬兰 78 个配电系统运营商 2013—2015 年电力中断影子价格，并将测算结果和芬兰 2015 年的客户补偿价格进行了对比，发现影子价格明显高于补偿价格。袁等（Yuan et al.，2021）采用方向距离函数法估算了我国各省电网系统断电的影子价格。

（二）监管应用

面临可能发生的断电风险，首先要掌握风险的价值，才能更有效避免风险。部分国家的电力监管部门已经尝试在国家层面统一测算 MCPO，并试图或已经将测算结果应用于电力系统质量监管中，从而约束电网企业提升电力供应的可靠性。目前我国对 MCPO 的研究尚处于起步阶段，且无统一的测算方法，各个省市制定的供电可靠性管制办法多处于试行和探索阶段。表 1 列举了一些国家或地区的监管部门开展 MCPO 研究的情况。

---

① 萤火虫算法（Firefly Algorithm）的灵感来自于萤火虫的闪烁行为，基于群体搜索的随机优化，首先设置一组解，然后通过多次迭代更新解，直至搜索得到最优解（胡博等，2018）。

表1 部分国家/地区 MCPO 应用情况

国家/地区	研究机构发布时间	研究概述	应用价值
英国	气电市场办公室（2013）	经济咨询公司 London Economics 受气电市场办公室（Office of Gas and Electricity Markets，Ofgem）和能源与气候变化部（Department of Energy and Climate Change，DECC）委托测算了英国不同部门的 VoLL，对家庭和中小企业用户使用非市场评价调查和选择实验法测算，对工业和商业用户使用风险价值法测算	①电力紧缺时，根据 VoLL 调度电力以减少断电损失；②用于确定电力供应安全的价格；③用于容量市场的设计
新西兰	国家电网运营商 Transpower（2018）	Transpower 委托 PwC 和 Advisian 测算了全国不同类型用户的 VoLL。二者均采用了基于客户调查的方法（WTP/WTA 法和条件估值法）。基于调查结果，Transpower 结合电力消费数据测算了新西兰各电力供应点的 VoLL	①用于测算提升电力供应可靠性的收益，进行投资决策的成本收益分析；②根据各电力供应点的 VoLL 进行服务目标分类，设置符合各供应点特性的服务绩效指标
澳大利亚	澳大利亚能源监管局（Australian Energy Regulator，AER）（2019）	AER 受澳大利亚能源市场委员会（Australian Energy Market Commission，AEMC）委托制定了全国统一的用户可靠性价值（VCR）测算方法并进行了实证测算，要求使用客户调查法，对不同客户和中断类型分别采用不同方法，如直接成本法、WTP 法等；要求每年按照 CPI-X 机制调整 VCR 值（X 为影响可靠性偏好的因素），每五年更新一次测算结果	①用于制定输配电可靠性标准和目标；②在配电服务目标绩效激励计划中，把 VoLL 作为将结果绩效与目标绩效激励挂钩的关键措施；③用于电网规划和集成系统规划的成本收益分析；④用于可靠性和应急储备交易商采购（以上均为 VCR 在澳大利亚已实际应用的领域）
欧洲	能源监管合作机构（Agency for the Cooperation of Energy Regulators，ACER）（2020）	ACER 指出为在欧洲形成统一的可靠性标准，欧盟成员国应该采用统一方法测算 VoLL。各成员国统一采用客户调查法，应首选 WTA 法测算，为获取更稳健的测算，可辅以 WTP 法和直接成本法。欧盟公布了测算程序和调查问卷的模板供各成员国进行 VoLL 测算，若测算区域发生重大变化，应至少五年更新一次测算结果	①用于形成统一的可靠性标准，提升市场效率；②用于获得社会经济剩余最大的电力供应安全性水平

通过对现有文献的整理发现，国外关于MCPO的理论研究和实证测算虽然较多，但在测算方法上存在较大差异，因此针对同一地区采取不同测算方法得到的实证结果也存在较大差异。

三、MCPO 的实证测算

（一）凸分位数回归法

1.测算框架

凸分位数回归法（Convex Quantile Regression Approach）源于库奥斯曼和周（Kuosmanen and Zhou，2021），他们将分位数回归和方向距离函数（Directional Distance Function，DDF）相结合，测算了二氧化碳的边际减排成本。具体而言，首先将马丁和库奥斯曼（Matin and Kuosmanen，2009）的DDF对偶公式与库奥斯曼和约翰逊（Kuosmanen and Johnson，2010）的数据包络分析（Data Envelopment Analysis，DEA）回归公式相结合：

$$\min_{\alpha,\ \beta,\ \gamma,\ \delta,\ \varepsilon^-} \sum_{i=1}^{n} \varepsilon_i^-$$

$$s.t.$$

$$
\begin{aligned}
&(1)\ \gamma_i' y_i = \alpha_i + \beta_i' x_i + \delta_i' b_i - \varepsilon_i^- \ \forall i \\
&(2)\ \alpha_i + \beta_i' x_i + \delta_i' b_i - \gamma_i' y_i \leqslant \alpha_h + \beta_h' x_i + \delta_h' b_i - \gamma_h' y_i \ \forall i,\ h \\
&(3)\ \beta_i' g^x + \delta_i' g^b + \gamma_i' g^y = 1 \ \forall i \\
&(4)\ \beta_i \geqslant 0,\ \ \gamma_i \geqslant 0,\ \ \delta_i \geqslant 0 \ \forall i \\
&(5)\ \varepsilon_i^- \geqslant 0 \ \forall i
\end{aligned}
\tag{1}
$$

在式（1）中，ε_i^-是DDF中观测个体i的DEA估计量，α是控制规模收益的参数，$\alpha = 0$、$\alpha > 0$、$\alpha < 0$分别表示规模收益不变、递增和递减；γ_i、β_i、δ_i分别表示期望产出y、投入x、非期望产出b的系数；g^x、g^y、g^b分别表示投入x、期望产出y、非期望产出b投射到前沿面的方向。第一个约束是生产技术的函数表示；第二个约束是对函数施加凸性；第三个约束施加了转移属性；第四个约束通过限制参数符号施加了弱处置性。

该模型测算影子价格时仅考虑无效率项，忽略了随机噪声的影响。除此之外，方向向量决定了各观测个体投射到前沿面的方向，模型求解过程会将所有个体投射到同一前沿面，即假定远离前沿的低效个体与高效个体具有相同的影子价格，这使得低效个体对方向向量的选择十分敏感，以上两方面都可能增大影子价格的测算误差。为了解决这些问题，库奥斯曼和周（2021）在概率DDF模型（Kuosmanen and Johnson，2017）的基础上提出了凸分位数回归模型，在概率DDF模型中引入了复合误差项 $\varepsilon_i = u_i + v_i$，即同时考虑了无效率和随机噪声对模型的影响，从而得到式（2）：

$$\vec{D}(\mathbf{x}_i,\ y_i,\ b_i,\ g^x,\ g^y,\ g^b) = \varepsilon_i \tag{2}$$

将概率DDF模型与分位数法结合：

$$\vec{D}_\tau(x_i,\ y_i,\ b_i,\ g^x,\ g^y,\ g^b) =$$

$$sup\left\{\theta\,\middle|\,Pr.[(x_i - \theta g^x,\ y_i + \theta g^y,\ b_i - \theta g^b)\in T]\geq 1-\tau\right\} \tag{3}$$

在式（3）中，T为生产集合，$\tau\in[0,\ 1]$为分位数，确定性DEA式（1）是分位数 $\tau = 1$ 时的特例。假定根据式（3）求解出的非期望产出 j 在分位数 τ 的影子价格为 $MAC_{j,\ \tau}$，则根据传统DEA模型求解出的所有个体的影子价格都为 $MAC_{j,\ 1}$，因为分位数法根据与每个观测个体距离最近的分位数前沿 τ 来求解影子价格，使结果源于个体更真实的绩效水平，同时对噪声和方向向量的选择更加稳健。

为了求解给定分位数下的影子价格，库奥斯曼和周（2021）提出以下线性规划问题：

$$\min_{\alpha,\ \beta,\ \gamma,\ \delta,\ \varepsilon^-,\ \varepsilon^+} (1-\tau)\sum_{i=1}^{n}(\varepsilon_i^-)^2 + \tau\sum_{i=1}^{n}(\varepsilon_i^+)^2$$

$$s.t.$$

$$(1)\ \gamma_i' y_i = \alpha_i + \beta_i' x_i + \delta_i' b_i - \varepsilon_i^- + \varepsilon_i^+\ \forall i$$

$$(2)\ \alpha_i + \beta_i' x_i + \delta_i' b_i - \gamma_i' y_i \leqslant \alpha_h + \beta_h' x_i + \delta_h' b_i - \gamma_h' y_i\ \forall i,\ h \tag{4}$$

$$(3)\ \beta_i' g^x + \delta_i' g^b + \gamma_i' g^y = 1\ \forall i$$

$$(4)\ \beta_i \geqslant 0,\ \ \gamma_i \geqslant 0,\ \ \delta_i \geqslant 0\ \forall i$$

$$(5)\ \varepsilon_i^- \geqslant 0,\ \ \varepsilon_i^+ \geqslant 0\ \forall i$$

与式（1）相比，式（4）的特点是允许观测个体在前沿的上方或下方，因此，存在正负复合误差项（ε_i^- 和 ε_i^+）。式（4）中的大部分参数与式（1）含义相同，其中 τ 和 $1-\tau$ 分别是正负误差的分位数权重，误差项的估计值为残差，分别由 e^- 和 e^+ 表示。每个观测个体在前沿面的上方、下方或者位于前沿面上，所以 e^- 和 e^+ 必有一个为0，即 $e_i^-\cdot e_i^+ = 0$（Wang et al.，2014）。

式（4）的最优解满足式（5）：

$$\tau = \sum_{i=1}^{n} e_i^- \middle/ \left(\sum_{i=1}^{n} e_i^- + \sum_{i=1}^{n} e_i^+\right) \tag{5}$$

库奥斯曼和周（2021）使用式（4）估计的系数来测算二氧化碳的影子价格，拓展了传统DEA测算影子价格的方法。传统DEA大多以控制生产规模减少非期望产出为思路来测算非期望产出影子价格，而库奥斯曼和周（2021）同时从投入和产出两个方面来进行测算，将边际减排成本定义为用投入和产出侧测算出的影子价格的较小值，在投入 k 的价格为 x_k、期望产出 h 的价格

为 y_h 的情况下，非期望产出 b 的边际减排成本可以通过式（6）测算：

$$MAC_j(x, y, b) = \min_{h, k} \left\{ p_h MRT(y_h, b), w_k MP(x_k, b_j) \right\} \quad (6)$$

其中 MRT 是期望产出和非期望产出之间的边际转换率（Marginal Rate of Transformation，MRT），MP 是投入对非期望产出的边际产品（Marginal Product，MP），MRT 与 MP 的表达式如式（7）和式（8）所示：

$$MRT(y_h, b_j) = -\frac{\partial \vec{D}/\partial b_j}{\partial \vec{D}/\partial y_h} \quad (7)$$

$$MP(x_k, b_j) = \frac{\partial \vec{D}/\partial b_j}{\partial \vec{D}/\partial x_k} \quad (8)$$

库奥斯曼和周（2021）考虑了增加投入和缩减生产规模两种方式来减少非期望产出，但电力行业属于城市公用事业，普遍服务义务限制了通过减小生产规模测算边际成本的可能性，因此本文只能从投入角度来测算影子价格，并将重点放在影子价格的测算而非减少非期望产出（即电力中断）方面。

在式（4）的基础上，本文用成本函数（原文为生产函数）表示生产前沿，将截面数据扩展到面板数据，并添加环境变量来控制各省之间的环境异质性，添加个体和时间固定效应来控制个体和时间差异，得到式（9）：

$$\min_{\alpha, \beta, \gamma, \delta, \varepsilon^-, \varepsilon^+} (1-\tau) \sum_{i=1}^{n} \sum_{t=1}^{T} (\varepsilon_{it}^-)^2 + \tau \sum_{i=1}^{n} \sum_{t=1}^{T} (\varepsilon_{it}^+)^2$$

$$s.t.$$

$$(1) \beta_{it}' x_{it} = \alpha_{it} + \gamma_{it}' y_{it} - \delta_{it}' b_{it} + \eta' z_{it} + \psi k + \varphi t + \varepsilon_{i, t}^- - \varepsilon_{i, t}^+ \, \forall i, t$$

$$(2) \gamma_{it}' y_{it} + \alpha_{it} - \delta_{it}' b_{it} - \beta_{it}' x_{it} \geqslant \gamma_{sh}' y_{it} + \alpha_{sh} - \delta_{sh}' b_{it} - \beta_{sh}' x_{it} \, \forall i, s, t, h$$

$$(3) \beta_{it}' g^x + \delta_{it}' g^b + \gamma_{it}' g^y = 1 \, \forall i, t \quad (9)$$

$$(4) \beta_{it} \geqslant 0, \quad \gamma_{it} \geqslant 0, \quad \delta_{it} \geqslant 0 \, \forall i, t$$

$$(5) \varepsilon_{it}^- \geqslant 0, \quad \varepsilon_{it}^+ \geqslant 0 \, \forall i, t$$

式（9）中的大部分参数含义与式（1）和式（4）相同，其中 z 为环境变量，k 为个体固定效应，t 为时间固定效应，η、ψ、φ 分别是 z、k 和 t 的待估系数。假定投入 x_k 的价格为 w_k，通过式（9）估计出各变量的系数后，通过式（10）测算非期望产出 b 的影子价格 P_b：

$$P_b = w_k \times MP(x_k, b_j) = w_k \times \frac{\partial \vec{D}/\partial b_j}{\partial \vec{D}/\partial x_k} = w_k \times \frac{\delta_j}{\beta_k} \quad (10)$$

2.指标选取与数据处理

本文研究对象为国家电网公司下属的 24 家省级电网公司，对象期间为

2010—2021年，选取的投入、产出和环境变量如下：

（1）投入变量。通过对生产技术建模来测算断电影子价格的研究普遍采用资本存量和运营费用作为投入，考虑到数据来源的限制，同时为了尽可能从多个投入角度来测算非期望产出的影子价格，本文选取资本存量（总资产额）和人力资本作为投入，其中人力资本通过电力行业平均工资和电网公司员工数量相乘后获得。

（2）产出变量。本文选取供电量、城乡居民用户数、输电线路长度作为期望产出，选取断电时间作为非期望产出。电网公司的主要职能是向客户提供电力，因此选取供电量作为期望产出能够直接反映其生产状况，用户数和输电线路长度反映了电网公司的生产规模。各省的年平均断电时间是城乡居民年平均断电时间的加权总和，权重为城乡居民用户数占总用户数的比重。

（3）环境变量。本文选取上网电价、容量密度和非居民用户占比作为环境变量。容量密度为变压器容量与客户数量的比值，非居民用户占比为行业用户数占全社会用户数的比例。选取环境变量是为了反映产出变量和投入变量难以捕捉的运营环境异质性，上网电价和容量密度反映不同地区的生产和经营情况，非居民用户占比反映各地区不同类型用户的异质性。

上述指标的数据主要来源于《中国电力年鉴》和国家统计局。为保证数据的可比性，本文以2010年为基期，利用GDP平减指数对用货币表示的非比例形式指标进行了处理，对环境变量取对数去均值，变量的描述性统计如表2所示。

表2　　　　　　　　　　　变量的描述性统计

变量名称	样本数量	平均值	标准差	最小值	最大值
资本存量 x_1（百万元）	288	97 236.11	62 494.33	13 503.43	326 307
人力资本 x_2（百万元）	288	2 632.29	1 652.8	317.31	8 192.9
供电量 y_1（百亿千瓦时）	288	15.73	11.38	1.92	64.01
城乡居民用户数 y_2（百万人）	288	15.37	10.32	0.99	45.00
输电线路长度 y_3（千公里）	288	42.74	22.25	9.43	113.18
全部用户平均断电时间（千万小时）	288	17.64	14.90	0.18	66.95
上网电价 z_1（元/千瓦时）	288	0.39	0.05	0.25	0.50
容量密度 z_2（千瓦/人）	288	9.73	5.77	2.28	38.10
非居民用户占比 z_3（%）	288	10.99	2.78	5.35	22.65

资料来源：统计结果来自作者计算。

3.实证结果分析

本文参照库奥斯曼和周（2021），将方向向量设定为 $(g^x, g^y, g^b) = (\bar{x}, 0, 0)$，同时参照科埃利等（2013）将两个资本投入的价格 w 均设为 1 元。分位数的设定不固定，可以根据样本大小调整，本文参照库奥斯曼等（2020）和库奥斯曼和周（2021）设定十个分位数，即分别测算出 τ 分别为 0.05、0.15、0.25、0.35、0.45、0.55、0.65、0.75、0.85 和 0.95 时式（9）的参数，通过残差找到与每个省份距离最近的两个分位数前沿，将其影子价格的加权平均值作为最终结果，具体步骤如下：

（1）找出每年每个观测个体 i 非负残差 $(e_i = (e_i^+ - e_i^-) \geqslant 0)$ 最大时的 τ^*。残差表示观测个体到前沿面的距离，正负残差分别表示观测个体位于前沿面上方和下方，每个观测个体正负残差必然有一个为零，最大非负残差值对应的 τ^* 和 $\tau^* + 1$ 就是距离该个体最近的两个前沿面。

（2）用分位数 τ^* 和 $\tau^* + 1$ 两个前沿面的影子价格加权平均得到每个观测个体的影子价格，权重为个体到前沿面的距离占两个前沿面距离的比例①。如果观测个体恰好位于前沿面 τ^*，那么就用前沿面 τ^* 的影子价格表示该个体的影子价格；如果所有残差均为负值，那么用残差最大的分位数前沿的影子价格表示个体的影子价格。

本文选择了资本存量和人力资本两个投入，因此可以测算出两个影子价格②。断电的影子价格可以表示供电可靠性改进的边际成本，即 MCPO，假定每个公司会选取成本最低的方案以减少非期望产出，基于此选取两个影子价格的较小值来表示最终的 MCPO，从而得到式（11）：

$$供电可靠性成本（MCPO）= \min\{w_1 \times MP_1, w_2 \times MP_2\} \quad (11)$$

将测算出的各省单个用户的影子价格乘以各省用户数得到各省全部用户的断电影子价格，表3描述了各省 MCPO。通过表3可以发现，样本期间凸分位数回归法测算出的各省 MCPO 是每小时 1.0961 百万元~1 839.7636 百万元，各省之间差异较大，供电可靠性较高的地区通常为经济发达地区，如浙

---

① 残差表示个体到前沿面的距离，残差越小表示距离越近，此处对两个前沿面的影子价格赋予反向权重：如某个体在前沿面 A 和前沿面 B 的残差分别为 e_a 和 e_b，对前沿面 A 的影子价格赋予的权重为 $e_b/e_a + e_b$，对前沿面 B 的影子价格赋予的权重为 $e_a/e_a + e_b$。

② 影子价格的结果剔除了接近于零和明显异常大的极端值，使用半参数法测算非期望产出的影子价格出现异常值并非偶然现象，库奥斯曼和周（2021）测算的二氧化碳影子价格也出现了极端值，梅卡罗恩和约翰逊（Mekaroonreung and Johnson，2012）测算的二氧化碳影子价格最小值为 0，最大值异常高于均值。本文剔除异常值的方法带有一定的主观性，但由于本文样本量较少且各省之间的影子价格本身就存在一定的差异，而常用的统计学剔除异常值的方法会导致正常范围内的结果被剔除，因此没有采用该方法。

江、上海、北京等。此外，本文测算的 MCPO 包含全部用户，因此结果会受到经济规模的影响，经济规模大的省份有更多的用户数量，从而会导致较高的 MCPO，如吉林、湖北、陕西等省份。经济落后且规模小的省份 MCPO 偏低，如甘肃、青海、宁夏回族自治区等省区。

表3 　　　　　2010—2021 年各省全部用户 MCPO 测算结果 单位：百万元/小时

地区	均值	最小	最大	排名	地区	均值	最小	最大	排名
浙江	478.3918	16.1507	1 110.6064	1	江苏	127.2539	50.3981	391.9645	13
上海	352.5248	100.1513	1 289.6005	2	湖南	109.3260	12.0588	577.7733	14
北京	312.7497	31.2878	1 839.7636	3	天津	87.5934	10.5684	415.2056	15
吉林	308.3389	16.7253	861.6003	4	山西	83.4044	21.5976	230.9981	16
湖北	272.4239	15.9197	818.1471	5	四川	63.2293	14.4310	160.3274	17
辽宁	250.0330	17.5163	901.7735	6	山东	37.8634	17.2191	63.6727	18
陕西	228.6059	15.8280	764.1334	7	安徽	37.2405	13.3104	70.2815	19
河北	221.7220	11.2489	960.6355	8	河南	25.0933	2.6677	108.7025	20
黑龙江	153.4196	10.7471	567.8394	9	蒙东	21.3157	2.0368	137.9134	21
江西	147.9083	12.4661	924.3718	10	宁夏	15.9797	8.9127	22.7149	22
福建	140.7751	13.5966	640.4034	11	青海	12.3102	4.4326	43.8442	23
重庆	134.0020	24.5875	418.5205	12	甘肃	6.9634	1.0961	18.8230	24

资料来源：统计结果来自作者计算。

袁等（2021）和陈等（Chen et al., 2021）使用参数法测算了我国各省的断电影子价格，各省之间差异也较大，本文采用的方法、对象和研究期间与其均不同，因此对测算结果的绝对值的比较意义不大。就各省影子价格的相对大小而言，本文的研究结果与已有研究差异不大，影子价格较高的通常为经济发达、经济规模较大的省份，较低的通常为经济落后、经济规模较小的省份。但江苏省的断电影子价格在袁等（2021）和陈等（2021）的测算结果中均较高，在本文的测算中位置居中，这可能是因为江苏省极端值较多，剔除极端值可能会导致其影子价格偏离真实情况。除此之外，本文测算的MCPO 选取了投入测算的两个影子价格的较小值，二者本身有一定的差异，可能会导致最终结果与已有研究略有不同。

通过不同投入价格测算出的非期望产出的影子价格有较大差异。表4为本文测算的影子价格和MCPO的描述性统计。MCPO是影子价格 $w_1 \times MP_1$ 和 $w_2 \times MP_2$ 的较小值，从均值和中位数可以看出，通过人力资本测算出的平均影子价格 $w_2 \times MP_2$ 要小于通过资本存量测算出的平均影子价格 $w_1 \times MP_1$，也就是说，大部分电网公司如果想通过增加投入来减少电力中断，增加人力资本可能是更加经济的选择。人力资本的规模受到员工数量和平均工资的影响，因此电网公司可以选择增加员工数或者提高平均工资来减少电力中断。

表4 　　　　　　　　2010—2021年全部省份MCPO与影子价格 单位：百万元/小时

	全部省份MCPO	$w \times MP_1$	$w \times MP_2$
均值	159.4232	6 140.8792	202.7913
中位数	46.9274	1 076.4268	39.5504
标准差	2.6836	336.4854	6.3996

资料来源：统计结果来自作者计算。

（二）DEA法

1.测算结果

凸分位数回归法是传统DEA的拓展，传统DEA是凸分位数回归法在 $\tau=1$ 的极限情况。为了对比凸分位数回归和传统DEA的差别，本文测算了 $\tau=1$ 时的情况。传统DEA仅通过已知的期望产出的价格测算非期望产出的影子价格，鉴于研究行业的特殊性，本文仅从投入角度测算了DEA框架下的影子价格，MCPO为影子价格中的较小值。如表5所示，从均值和中位数可以看出，用DEA测算出的平均供电可靠性成本要明显高于凸分位数回归测算出的平均MCPO。分别对比资本存量和人力资本测算出的平均影子价格，可以发现DEA通过资本存量测算的平均影子价格 $w_1 \times MP_1$ 明显高于凸分位数回归法，两种方法通过人力资本测算出的平均影子价格 $w_2 \times MP_2$ 相差不大，这表明传统DEA法测算的影子价格偏高，与库奥斯曼和周（2021）的结论一致。DEA设置单一前沿面，观测个体被投射到前沿面来测算的影子价格是完全有效时的价格，可能导致结果的高估；而凸分位数回归法设置多个前沿面测算影子价格，可以反映观测个体更真实的绩效水平。凸分位数回归法和DEA都可以得出通过人力资本测算出的影子价格低于通过资本存量测算出的影子价格的结论，说明增加人力资本投入是减少非期望产出的更经济性的途径。

表 5   凸分位数回归与传统 DEA 对比

	凸分位数回归法			DEA		
	MCPO1	$w_1 \times MP_1$	$w_2 \times MP_2$	MCPO2	$w_1 \times MP_1$	$w_2 \times MP_2$
均　值	159.42	6 140.88	202.79	509.13	121 070.46	196.55
中位数	46.93	1 076.43	39.55	81.36	1 058.15	47.62
标准差	2.68	336.49	6.40	13.22	9 448.39	5.14

资料来源：统计结果来自作者计算。

2.方法比较

库奥斯曼和周（2021）从产出和两个投入的角度测算了美国电厂二氧化碳的影子价格，并将较低的影子价格作为二氧化碳的 MAC，MAC 是通过期望产出测算出的影子价格 $p \times MRT$、通过固定成本（资本化成本）测算出的影子价格 $w \times MP_1$ 和通过可变成本（生产费用）测算出的 $w \times MP_2$ 的较小值，由于电网公司的特性，本文并没有利用期望产出的价格来测算非期望产出的影子价格。本文选取的投入变量与库奥斯曼和周（2021）略有不同，根据投入的性质，可以将资本存量视为固定资本，将人力资本视为可变资本，如果仅对比本文与库奥斯曼和周（2021）从投入侧测算的影子价格，可以发现，改变可变投入的平均成本要低于改变固定投入的平均成本。同时，库奥斯曼和周（2021）测算出的影子价格的均值、中位数和标准差表明不同电厂之间的影子价格差异较大，均值受到了异常值的影响。本文测算出的结果也出现类似的异常值，这表明通过凸分位数回归法测算影子价格的缺陷之一可能是结果出现异常值，但这并不影响凸分位数回归法的方法学贡献，具体而言：

（1）凸分位数回归法将方向距离函数和传统 DEA 结合，在不同分位数前沿面上测算出非期望产出的影子价格。方向距离函数的方向向量直接决定了观测个体投射到前沿面的方向，方向向量的选择会对影子价格造成较大的影响（Lee et al., 2002），目前并没有方向向量的选取准则，也就是说方向向量的选择具有较大的主观性，进而会造成结果的误差。凸分位数回归法并没有提供更准确的方向向量选取方法，但通过设定多个分位数前沿可以将观测点投射到距离最近的前沿面，观测点到前沿面的投射距离是传统单一前沿面投射距离的一部分，从而使得影子价格对方向向量的选择更加稳健。

（2）传统 DEA 方法仅通过期望产出的价格测算非期望产出的影子价格，将缩小生产规模作为减少非期望产出的唯一选择。凸分位数回归法通过期望产出和不同投入的价格测算非期望产出的影子价格，提供了增加投入减少非期望产出的思路，并选择最低的影子价格作为减少负产出边际成本，使生产个体可以选择更加经济的方案。

（3）通过生产技术建模来测算影子价格的研究大都将全部观测个体投射到同一个有效前沿面测算影子价格，高效率个体减少非期望产出的边际成本应该高于低效率个体，从而高效个体的影子价格应该更高，而将全部个体投射到同一前沿面测算出的是全部观测值有效的影子价格，可能导致整体的影子价格偏高，前文测算结果也表明了测算影子价格的传统方法 DEA 导致结果的高估。凸分位数回归法设置了多个前沿面可有效解决这一问题，使影子价格的结果基于每个观测个体更加真实的绩效水平。

（三）投入距离函数法

1.测算框架

为验证凸分位数回归结果的稳健性，本文选用投入距离函数法再次测算断电影子价格。距离函数常用函数形式主要有二次项和超越对数，本文选取超越对数函数来进行测算[①]。

参照科埃利等（2013），生产集合 $L(y)$ 和投入距离函数 D_I 可以分别用式（12）和式（13）表示：

$$L(y) = \left\{ x \in R_+^K : x 生产出 y \right\} \tag{12}$$

$$D_I(x, y) = \max \left\{ \rho : (x/\rho) \in L(y) \right\} \tag{13}$$

投入距离函数假定产出是固定的，生产集中的每个数据点可表示为 (x, y)，距离函数试图在产出一定时找到 ρ 的最大值，并使 $(x/\rho, y)$ 在可行的生产集中。ρ 是企业的技术效率值，一个公司可以减少 $1/\rho$ 的投入，同时仍然保持相同的产出。在有 M 个投入、K 个产出和 J 个环境变量的情况下，决策单元 i 在时期 t 的超越对数投入距离函数如下所示：

$$
\begin{aligned}
\ln D_i^t = & \alpha_0 + \sum_{m=1}^{M} \alpha_m \ln y_{mi}^t + \frac{1}{2}\sum_{m=1}^{M}\sum_{n=1}^{M} \alpha_{mn} \ln y_{mi}^t \ln y_{ni}^t + \sum_{k=1}^{K} \beta_k \ln x_{ki}^t + \\
& \frac{1}{2}\sum_{k=1}^{K}\sum_{l=1}^{K} \beta_{kl} \ln x_{ki}^t \ln x_{li}^t + \sum_{k=1}^{K}\sum_{m=1}^{M} \delta_{km} \ln x_{ki}^t \ln y_{mi}^t + \sum_{j=1}^{J} \theta_j z_{ji}^t + \\
& \sum_{i=1}^{N} D_{Id_i} Id_i + \varphi
\end{aligned}
\tag{14}
$$

如式（14）所示，x、y 分别为投入和产出变量，为了捕捉各生产个体的环境异质性设立了环境变量 z，为了控制个体和时间的差异设立了个体虚

---

① 二次项函数形式比超越对数函数形式更加灵活，本文也尝试使用二次项来进行测算，但结果未通过零联合（none-jointness）假设，因此采用了超越对数的函数形式。

拟变量 Id_i 和时趋势项 t。式（14）的参数值可以通过最小化目标函数和前沿面的距离求解，具体形式如下：

$$\min \sum_{t=1}^{T}\sum_{i=1}^{N}\left(\ln D_i^t - 0\right)$$
$$s.t. \ln D_i^t \geqslant 0 \; i = 1, 2, ..., I \; t = 1, 2, ..., T$$
$$\frac{\partial \ln D_i^t(x_i^t, \; y_i^t)}{\partial \ln y_i^t} \leqslant 0$$
$$\frac{\partial \ln D_i^t(x_i^t, \; y_i^t)}{\partial \ln x_i^t} \geqslant 0$$
$$\beta_{kl} = \beta_{lk} \; k = 1, 2, ..., K \; l = 1, 2, ..., K;$$
$$\alpha_{mn} = \alpha_{nm} \; m = 1, 2, ..., M \; n = 1, 2, ..., M \qquad (15)$$
$$\sum_{k=1}^{K}\beta_k = 1$$
$$\sum_{k=1}^{K}\beta_{kl} = 0 \; k = 1, 2, ..., K$$
$$\sum_{k=1}^{K}\delta_{km} = 0 \; m = 1, 2, ..., M$$

如上所示，在式（15）中，第一个约束确保所有观测个体位于生产集合内，第二和第三个约束分别约束产出和投入的单调性，第四个约束表示距离函数的对称性，第五个约束到第七个约束对距离函数施加齐次性限制。

断电时间作为投入被引入式（14），通过常规投入的价格（资本投入）可以测算出非常规投入的价格（断电时间）。投入距离函数和成本函数之间存在对偶关系（Hailu and Veeman，2000），通过投入距离函数的导数之比可以得到投入的影子价格之比，那么就可以通过已知的投入价格测算未知的投入价格：

$$\frac{w_{ki}^t}{w_{oi}^t} = \frac{\partial D_i^t / \partial x_{ki}^t}{\partial D_i^t / \partial x_{oi}^t} \qquad (16)$$

将式（16）代入式（14），可得式（17）：

$$w_{ei}^t = w_{oi}^t \frac{x_{oi}^t}{x_{ei}^t} \frac{\beta_e + \sum_{l=1}^{K}\beta_{el}\ln x_{li}^t + \frac{1}{2}\sum_{m=1}^{M}\delta_{em}\ln y_{mi}^t}{\beta_o + \sum_{l=1}^{K}\beta_{ol}\ln x_{li}^t + \frac{1}{2}\sum_{m=1}^{M}\delta_{om}\ln y_{mi}^t} \qquad (17)$$

2. 指标选取与数据处理

本文的研究对象与变量的选取与凸分位数回归法相同。研究对象为国家电网公司下属的24家省级电网公司，研究时间为2010—2021年。测算影子价格时选取的投入变量为断电时间（x_1）、资本存量（x_2）、人力资本（x_3）；产出变量为供电量（y_1）、城乡居民用户数（y_2）、输电线路长度（y_3）；环境变量为上网电价（z_1）、容量密度（z_2）和非居民用户占比（z_3）。本节采用的数据与上一节使用凸分位数回归法测算影子价格使用的数据完全一致，在此不再描述数据的统计特征。本节对涉及货币的数据都以研究起始年份为基期，使用GDP平减指数做了平减处理，并参照法勒等（Fare et al., 2005），为了避免求解过程难以收敛，对投入、产出和环境变量都做了去均值的标准化处理。

3.实证结果分析

根据式（14）和式（15），可得各变量的系数，如表6所示，其中个体虚拟变量结果过多，不再具体描述。

表6 　　　　　　　　　　　超越对数投入距离函数参数估计结果

变量	待估参数	估计值	变量	待估参数	估计值
常数项	α_0	0.10999	$x_2 \times x_2$	β_{22}	0.05258
y_1	α_1	−0.06157	$x_2 \times x_3$	$\beta_{23} = \beta_{32}$	−0.11463
y_2	α_2	−0.32840	$x_3 \times x_3$	β_{22}	0.20267
y_3	α_3	−0.46955	$x_1 \times y_1$	δ_{11}	0.00828
x_1	β_1	0.07291	$x_1 \times y_2$	δ_{12}	0.01378
x_2	β_2	0.49959	$x_1 \times y_3$	δ_{13}	−0.06733
x_3	β_3	0.42749	$x_2 \times y_1$	δ_{21}	0.00582
$y_1 \times y_1$	α_{11}	0.08905	$x_2 \times y_2$	δ_{22}	0.13294
$y_1 \times y_2$	$\alpha_{12} = \alpha_{21}$	−0.04221	$x_2 \times y_3$	δ_{23}	0.02018
$y_1 \times y_3$	$\alpha_{13} = \alpha_{31}$	−0.03145	$x_3 \times y_1$	δ_{31}	−0.01410
$y_2 \times y_2$	α_{22}	0.18288	$x_3 \times y_2$	δ_{32}	−0.14672
$y_2 \times y_3$	$\alpha_{23} = \alpha_{32}$	−0.07436	$x_3 \times y_3$	δ_{33}	0.04715
$y_3 \times y_3$	α_{33}	−0.21037	z_1	θ_1	0.30656
$x_1 \times x_1$	β_{11}	0.02600	z_2	θ_2	−0.27760
$x_1 \times x_2$	$\beta_{12} = \beta_{21}$	0.06204	z_3	θ_3	−0.11350
$x_1 \times x_3$	$\beta_{13} = \beta_{31}$	−0.08804	t	φ	0.01637

资料来源：统计结果来自作者计算。

通过表6测算出的系数和式（16）可得出不同投入测算的断电影子价格，本文借鉴凸分位数回归法使用两种投入的价格来测算非期望产出的影子价格，最终选取两个影子价格中的较小值作为MCPO。如表7所示，投入距离函数法测算出的我国各省MCPO为每小时0.1178百万元~26.7952百万元，各省之间差距较大。经济发达、经济规模较大的地区（如上海、北京、江苏、浙江等地）的MCPO较大，经济落后、经济规模较小的地区（如蒙东、甘肃、青海等地）的MCPO较小，各省MCPO相对大小基本符合预期。

表7   2010—2021年各省全部用户MCPO测算结果 单位：百万元/小时

地区	均值	最小	最大	排名	地区	均值	最小	最大	排名
上海	13.6060	9.3972	18.2949	1	黑龙江	0.8900	0.2700	2.0200	13
北京	11.2215	5.5354	26.7952	2	湖北	0.8543	0.6725	1.2362	14
江苏	5.5507	2.1097	9.1286	3	陕西	0.7776	0.4079	1.8246	15
浙江	4.0632	1.2941	7.2746	4	山西	0.7643	0.4038	1.0908	16
天津	3.2567	1.5242	6.2310	5	吉林	0.7041	0.4959	1.1768	17
山东	2.1027	0.1686	3.8997	6	宁夏	0.6520	0.3504	0.9457	18
福建	1.9273	1.2366	3.3363	7	四川	0.6351	0.4211	0.8301	19
重庆	1.5962	0.7016	2.8556	8	江西	0.5767	0.3414	0.9616	20
辽宁	1.3726	1.0112	2.2743	9	河北	0.5139	0.3355	0.6592	21
安徽	1.1122	0.6656	1.4776	10	蒙东	0.3676	0.2179	0.5223	22
湖南	0.9936	0.6155	2.3670	11	甘肃	0.3035	0.1204	0.6896	23
河南	0.9873	0.5295	2.7912	12	青海	0.1892	0.1178	0.2591	24

资料来源：统计结果来自作者计算。

表8为投入距离函数法测算的影子价格和MCPO的描述性统计。w_{12}和w_{13}分别为通过投入x_2资本存量和投入x_3人力资本测算的断电影子价格。通过表8可以发现w_{12}的均值略小于w_{13}，二者差异较小，从而可以得出与前文一致的结论，即通过增加人力资本减少断电时间是更经济的方案。

表8   2010—2021年全部省份MCPO与影子价格 单位：百万元/小时

	MCPO	w_{12}	w_{13}
均值	2.2730	4.8148	3.2580
中位数	0.8674	1.0699	1.9594
标准差	3.6601	12.5469	4.0886

资料来源：统计结果来自作者计算。

凸分位数回归法、DEA 法和投入距离函数法的测算结果有较大差异，凸分位数回归法和 DEA 法测算出的 MCPO 波动更大，整体结果比投入距离函数法测算结果高，袁等（2021）和陈等（2021）均使用参数法（投入距离函数法）测算我国各省断电影子价格，两者的结果也有较大差异。

本文采用不同方法的测算结果得到的一致性结论包括：①经济发达地区有较高 MCPO，符合预期；②通过人力资本测算出的电力中断影子价格低于通过资本存量测算出的电力中断影子价格，说明增加人力资本投入是更经济地减少电力中断的途径，一致结论增加了结论的可靠性。

四、我国供电中断边际成本监管应用

（一）考虑质量因素的电网企业输配电业务效率测算

电力行业具有自然垄断性质，世界各国的监管机构都致力于制定有效的制度来提升电网企业的效率，提高服务质量。比如芬兰已经将断电价值这一质量指标引入了电网企业的相对绩效比较分析，本节借鉴芬兰的方法，测算了考虑质量因素的电网企业效率，并与不考虑质量因素时测算的电网企业效率进行了对比。

1.测算框架

参照约翰逊和库奥斯曼（2014）与库奥斯曼和约翰逊（2020），借鉴芬兰的实践经验，本文将断电价值（即 MCPO）作为非期望产出，采用半参数的 StoNED 框架进行建模，测算电网企业成本效率，并与不考虑非期望产出时测算的效率对比，具体步骤如下：

第一步，使用凸非参数最小二乘法（Convex Non-parametric Least Squares，CNLS）求解残差和待估参数：

$$\min \sum_{i=1}^{N}\sum_{t=1}^{T}\varepsilon_{it}^2$$

$s.t.\,(1)\ln x_{it} = \ln\phi_{it} + \delta z_{it} + \varepsilon_{it}\,\forall i = 1,\ 2,\ ...,\ I,\quad t = 1,\ 2,\ ...,\ T$

$(2)\,\phi_{it} = \alpha_{it} + \beta_{it}y_{it} + \gamma_{it}b_{it}\,\forall i = 1,\ 2,\ ...,\ I,\quad t = 1,\ 2,\ ...,\ T$ (18)

$(3)\,\gamma_{it} \geqslant 0\,\forall i = 1,\ 2,\ ...,\ I,\quad t = 1,\ 2,\ ...,\ T$

$(4)\,\beta_{it} \geqslant 0\,\forall i = 1,\ 2,\ ...,\ I,\quad t = 1,\ 2,\ ...,\ T$

$(5)\,\phi_{it} \geqslant 0\,\forall i = 1,\ 2,\ ...,\ I,\quad t = 1,\ 2,\ ...,\ T$

式（18）是一个部分线性的半参数模型，由非参数的成本函数、环境变量的线性函数和复合误差项组成，结合了 DEA 和 SFA 的特征。其中 α 是控制规模报酬的参数，β、γ、δ分别是期望产出、非期望产出和环境变量的系数，产出的系数表示产出的边际成本，ε_{it}是复合误差项，由无效率u_{it}和随机噪声v_{it}组成，通过CNLS求解式（18），得到各参数系数的估计值和复合误差项的估计值$\hat{\varepsilon}_{it}^{CNLS}$。

式（18）包含非参数函数和线性函数两部分，非参数函数的存在不影响线性函数中参数估计量的极限分布，约翰逊和库奥斯曼（2011）指出可以使用线性回归的常规统计推断方法来得到StoNED模型中环境变量系数的渐进推断，那么环境变量除了反映投入变量无法捕捉的环境异质性外，还应当符合统计要求，可以通过普通最小二乘法（Ordinary Least Squares，OLS）来检验环境变量的统计特征，具体模型如式（19）所示：

$$\ln x_{it} - \ln(\hat{\phi}_{it}) = \delta z_{it} + \varepsilon_{it} \tag{19}$$

其中，$\hat{\phi}_{it}$是求解式（18）得到的估计值，通过OLS可以得出式（19）中环境变量z的系数和统计特征，式（18）与式（19）估计出的环境变量的系数δ是相同的。

第二步，通过准似然估计法（quasi-likelihood）测算出无效率期望值μ、无效率标准差σ_u和噪声项标准差σ_v的估计值：

准似然估计法需要假定噪声项和无效率项的分布，假定无效率u服从截断正态分布，噪声项v服从正态分布：$u_i \sim N^+(0,\ \sigma_u^2)$，$v_i \sim N(0,\ \sigma_v^2)$。准似然函数可以表示为信噪比$\lambda$的函数（Fan et al.，1996；Kuosmanen and Kortelainen，2010）：

$$\ln L(\lambda) = -n\ln\hat{\sigma} + \sum_{i=1}^{n}\ln\Phi\left[\frac{-\hat{\varepsilon}_i\lambda}{\hat{\sigma}}\right] - \frac{1}{2\hat{\sigma}^2}\sum_{i=1}^{n}\hat{\varepsilon}_i^2 \tag{20}$$

$$\lambda = \frac{\sigma_u}{\sigma_v} \tag{21}$$

$$\hat{\varepsilon}_i = \hat{\varepsilon}_i^{CNLS} - (-\sqrt{2}\lambda\hat{\sigma})\left/\left[\pi(1+\lambda^2)\right]^{1/2}\right. \tag{22}$$

$$\hat{\sigma} = \left\{\frac{1}{n}\sum_{j=1}^{n}(\hat{\varepsilon}_i^{CNLS})\left/\left[1 - \frac{2\lambda^2}{\pi(1+\lambda)}\right]\right.\right\}^{1/2} \tag{23}$$

在式（20）中，Φ是标准正态分布N（0，1）的累积分布函数，$\hat{\varepsilon}_{it}^{CNLS}$是CNLS法得到的残差估计值，将式（22）和式（23）代入式（20），可以得到由单一参数λ表示（见式（21））的准似然函数，再使用网格搜索或更复杂的搜索算法，通过枚举λ来最大化准似然函数。假定$\hat{\lambda}$为准似然函数最大时的λ值，将$\hat{\lambda}$代入式（22）和式（23）可以得到无效率和噪声项标准差的估计值，具体见式（24）和式（25）：

$$\hat{\sigma}_u = \hat{\sigma}\hat{\lambda}/(1 + \hat{\lambda}) \tag{24}$$

$$\hat{\sigma}_v = \hat{\sigma}\hat{\lambda}/(1 + \hat{\lambda}) \tag{25}$$

第三步，根据乔德鲁等（Jondrow et al.，1982），本文使用混合误差分解方法（JLMS）和步骤（2）求出的参数值测算特定个体的无效率值：

乔德鲁等（1982）提出了在噪声项和无效率项分别为双边分布和单侧分布情况下、给定复合误差项 ε_i 时无效率项 u_i 的条件分布公式，假定噪声项和无效率分别服从正态分布和半正态分布：$v_i \sim N(0, \sigma_v^2)$，$u_i \sim N^+(0, \sigma_u^2)$。结合约翰逊和库奥斯曼（2014）提出的方法，特定个体的效率可以通过下式测算：

$$E(u_i|\hat{\varepsilon}_i) = \frac{\hat{\sigma}_u\hat{\sigma}_v}{\sqrt{\hat{\sigma}_u^2 + \hat{\sigma}_v^2}}\left[\frac{\phi\left(\frac{\hat{\varepsilon}_i\hat{\sigma}_u}{\hat{\sigma}_v\sqrt{\hat{\sigma}_u^2 + \hat{\sigma}_v^2}}\right)}{1 - \Phi\left(\frac{\hat{\varepsilon}_i\hat{\sigma}_u}{\hat{\sigma}_v\sqrt{\hat{\sigma}_u^2 + \hat{\sigma}_v^2}}\right)} - \frac{\hat{\varepsilon}_i\hat{\sigma}_u}{\hat{\sigma}_v\sqrt{\hat{\sigma}_u^2 + \hat{\sigma}_v^2}}\right] \tag{26}$$

$$\hat{\varepsilon}_i = \hat{\varepsilon}_i^{CNLS} - \hat{\sigma}_u\sqrt{2/\pi} \tag{27}$$

如式（26）所示，ϕ 和 Φ 分别是标准正态分布 N（0，1）的密度函数和累积分布函数，式（27）中的 $\hat{\varepsilon}_i^{CNLS}$ 是第一步中根据CNLS法得到的残差估计值，$\hat{\sigma}_u$ 是根据第二步式（24）测算出的无效率的方差估计值。

2.指标选取和数据处理

本节的研究对象为国家电网公司下属的24家省级电网公司，研究时间为2010—2021年，选取的投入变量为电网公司主营业务成本；期望产出变量为供电量、城乡居民用户数和输电线路长度；非期望产出为平均每户断电时间或者断电价值，断电价值为凸分位数回归法的测算结果乘以平均每户断电时间，由于部分地区在部分年份剔除了MCPO异常值，因此断电价值为0[①]。环境变量为上网电价、容量密度、非居民用户占比、时间效应、改革虚拟变量。模型中包含改革虚拟变量是由于我国2015年实施了电力体制改革，如果数据属于2016年之前的年份，那么改革虚拟变量取值为0，反之为1。环境变量反映了产出变量无法捕捉的环境异质性，而且在统计上是显著的。与货币相关的数据都以研究起始年份为基期使用GDP平减指数做了平减处理。变量的描述性统计如表9所示。

---

① 也可以设定为样本断电均值，或者其他方法测算出的断电价值。

表9 变量描述性统计

变量名称	样本数量	平均值	标准差	最小值	最大值
主营业务成本 x（百万元）	288	70 712.49	51 130.11	7 273.14	267 132.3
供电量 y_1（百亿千瓦时）	288	15.73	11.38	1.92	64.01
城乡居民用户数 y_2（百万户）	288	15.37	10.32	0.99	45
输电线路长度 y_3（千公里）	288	42.74	22.25	9.43	113.18
平均每户断电时间 b_1（小时/户）	288	12.36	7.79	0.19	42.13
断电价值 b_2（百万）	288	912.80	1 924.79	0	16 198.08
上网电价 z_1（元/千瓦时）	288	0.39	0.05	0.25	0.5
容量密度 z_2（千瓦/人）	288	9.73	5.77	2.28	38.1
非居民用户占比 z_3（百分比）	288	10.99	2.78	5.35	22.65

资料来源：统计结果来自作者计算。

3. 实证结果分析与检验

本节首先通过式（18）测算出各变量的系数估计值，再根据式（19）检验环境变量的统计特征，重复这个步骤以获得同时符合经济和统计要求的环境变量。本节测算了非期望产出 b 为断电价值、断电时间和不考虑非期望产出三种模型下各省电网公司的效率值，最终各模型选取的环境变量的回归结果如表10所示。非期望产出为断电价值和不考虑非期望产出的模型选取的环境变量一致，且非期望产出为断电价值时全部环境变量分别在不同显著性水平上显著。在非期望产出为断电时间的模型中，为了使大多数环境变量显著，添加时间效应的平方项 z_6 来拟合更真实的模型。进一步观察表10的回归结果可以发现非期望产出为断电价值时，改革虚拟变量在10%的显著性水平上显著，且符号为负，这表明2015年电力体制改革有降低成本的效果，对电网企业产生了积极影响，而非期望产出为断电时间和不考虑非期望产出的情况下，均无法得出改革产生积极影响的结论。

表10 环境变量回归结果

变量	b 为断电价值	b 为断电时间	不考虑 b
上网电价 z_1	0.400*** (7.92)	0.439*** (5.54)	3.352*** (16.33)
容量密度 z_2	-0.029** (-2.08)	0.149*** (7.68)	0.247*** (4.35)

续表

变 量	b为断电价值	b为断电时间	不考虑b
非居民用户占比z_3	-0.056^{**} (-2.04)	0.323^{***} (8.53)	0.452^{***} (4.10)
时间效应$z_4(t)$	-0.010^{***} (-5.33)	-0.010^{*} (-1.76)	0.104^{***} (13.27)
改革虚拟变量z_5	-0.045^{*} (-1.94)	0.116^{***} (3.07)	0.0995 (1.05)
时间效应$z_6(t^2)$	—	-0.002^{**} (-2.34)	—
R^2	0.35	0.51	0.77
F	30.79	47.03	194.24

注：$* p < 0.1$，$** p < 0.05$，$*** p < 0.01$；括号内为t值，以下各表同。
资料来源：回归结果来自作者计算。

在确定模型变量之后，从第一步开始先获得残差的CNLS估计量$\hat{\varepsilon}_{it}^{CNLS}$，然后通过第二步测算无效率期望值$\mu$、无效率标准差$\sigma_u$和噪声项标准差$\sigma_v$的估计值，前沿估计的相关文献大都假定复合误差项是同方差的，即σ_u^2和σ_v^2都是常数，但这样的假设并不现实。复合误差项异方差有无效率项异方差、随机噪声项异方差、无效率项和噪声项均为异方差三种情况，异方差情况下的CNLS估计量仍然是无偏和一致的，异方差无效率会比异方差噪声项产生更严重的后果，因为异方差噪声项不影响前沿生产函数的形状，但异方差无效率可能导致前沿生产函数形状发散（Kuosmanen and Kortelainen，2010）。因此在分解复合误差项测算各公司效率之前，应该首先验证是否存在异方差，怀特检验不假定特定的异方差模型和分布假设，因此适用于半参数模型的异方差检验，怀特检验建立在如下的OLS回归模型上：

$$\hat{\varepsilon}_{it}^{CNLS} = \alpha + \sum_{j=1}^{m} \beta_j y_{ij} + \gamma b + \frac{1}{2} \sum_{h=1}^{m} \sum_{h=1}^{j} \delta_{jh} y_{ij} y_{ih} + \sum_{j=1}^{m} \eta_j y_{ij} b + \varepsilon_{it} \qquad (28)$$

如式（28）所示，$\hat{\varepsilon}_{it}^{CNLS}$是通过式（18）得到的复合误差项估计值。怀特检验的原假设是复合误差项同方差，式（28）构建了统计量nR^2，nR^2服从χ^2分布，如果检验统计量nR^2的值在给定的显著性水平下低于χ^2临界值，则同方差性原假设成立，反之可以拒绝原假设。怀特检验可以说明复合误差项是否存在异方差，但无法分辨出异方差是由无效率引起的，还是由噪声项引起的，或是由两者共同引起的。如表11所示，三个模型的OLS回归结果可以发现，三个模型的怀特检验统计量nR^2的数值明显大于显著性为1%时的临界值，可以拒绝同方差原假设，即复合误差项是异方差的。

表 11 怀特检验结果（异方差检验）

变量	b为断电价值	b为断电时间	不考虑b
y_1	0.00249*** (3.66)	−0.00154 (−0.81)	0.00285 (0.49)
y_2	−0.00441*** (−5.03)	−0.00938*** (−3.97)	−0.0417*** (−5.44)
y_3	−0.000715* (−1.88)	0.00335*** (3.66)	0.0167*** (4.86)
b	−0.00000566 (−1.46)	−0.00299** (−2.02)	—
$y_1 \times y_1$	0.000045 (1.57)	0.000117** (2.06)	0.000231 (0.87)
$y_2 \times y_2$	0.000179*** (3.03)	−0.00000343 (−0.03)	0.00135** (2.51)
$y_3 \times y_3$	−0.000000882 (−0.11)	0.0000999*** (6.75)	−0.000152** (−2.06)
$b \times b$	2.10E−10 (1.02)	0.0000798** (2.5)	—
$y_1 \times y_2$	−0.000183** (−2.59)	0.000338** (2.44)	0.000672 (1.04)
$y_1 \times y_3$	−0.00000271 (−0.10)	−0.000280*** (−5.64)	−0.000335 (−1.36)
$y_1 \times b$	−0.000000198 (−1.46)	0.000209** (2.26)	—
$y_2 \times y_3$	0.0000171 (0.53)	−0.000117* (−1.89)	−0.000194 (−0.65)
$y_2 \times b$	0.000000323 (1.54)	0.000366*** (4.14)	—
$y_3 \times b$	5.63E−08 (0.5)	−0.000249*** (−7.79)	—
常数项	0.0454*** (8.55)	0.0527*** (3.62)	0.116** (2.51)
R^2	0.289	0.489	0.32
nR^2	83.232	140.832	92.16
F	7.933	18.67	14.5

资料来源：检验结果来自作者计算。

检验出模型存在异方差后，由于无法识别异方差是噪声项还是无效率导致的，在使用准似然估计时使用无效率和噪声项都存在异方差的双重异方差模型，准似然估计可以通过Stata前沿建模工具实现，将式（18）测算出的残差估计值 $\hat{\varepsilon}_u^{CNLS}$ 作为被解释变量，常数项作为解释变量，假定无效率和噪声项在异方差下的分布情况，然后测算出无效率期望值 μ_i、无效率标准差 $\sigma_{u,i}$ 和噪声项标准差 $\sigma_{v,i}$ 的参数值。然后通过第（3）步的JLMS方法，借助Stata可以测算出三个模型在双重异方差时特定个体的无效率值 $E(u_i|\hat{\varepsilon}_i)$，结果如表12、表13和表14所示。

表12　　　　非期望产出为断电价值时各省电网公司效率值

地区	均值	最小值	最大值	排名	地区	均值	最小值	最大值	排名
河南	0.9913	0.9876	0.9941	1	陕西	0.9721	0.9613	0.9825	13
山东	0.9908	0.9849	0.9956	2	重庆	0.9708	0.9531	0.9794	14
江苏	0.9892	0.9861	0.9944	3	青海	0.9703	0.9621	0.9766	15
四川	0.9868	0.9699	0.9951	4	黑龙江	0.9696	0.9601	0.9770	16
河北	0.9810	0.9724	0.9879	5	甘肃	0.9661	0.9496	0.9717	17
安徽	0.9803	0.9720	0.9888	6	吉林	0.9626	0.9495	0.9705	18
辽宁	0.9792	0.9698	0.9875	7	山西	0.9615	0.9507	0.9767	19
浙江	0.9791	0.9731	0.9881	8	蒙东	0.9582	0.9307	0.9680	20
湖北	0.9784	0.9727	0.9874	9	上海	0.9512	0.9441	0.9592	21
湖南	0.9776	0.9584	0.9892	10	天津	0.9505	0.9220	0.9611	22
江西	0.9752	0.9644	0.9801	11	北京	0.9476	0.9420	0.9561	23
福建	0.9736	0.9603	0.9832	12	宁夏	0.9244	0.8648	0.9610	24

整体均值：0.9703

资料来源：表中结果来自作者计算。

表13　　　　非期望产出为断电时间时各省电网公司效率值

地区	均值	最小值	最大值	排名	地区	均值	最小值	最大值	排名
四川	0.9783	0.9658	0.9829	1	天津	0.9540	0.9349	0.9669	13
蒙东	0.9702	0.9599	0.9825	2	河北	0.9530	0.9271	0.9891	14
甘肃	0.9700	0.9540	0.9785	3	陕西	0.9504	0.9288	0.9695	15

续表

地区	均值	最小值	最大值	排名	地区	均值	最小值	最大值	排名
湖南	0.9695	0.9642	0.9723	4	重庆	0.9502	0.8967	0.9739	16
安徽	0.9674	0.9575	0.9730	5	山东	0.9468	0.8079	0.9807	17
江西	0.9645	0.9433	0.9700	6	山西	0.9440	0.9302	0.9568	18
河南	0.9627	0.9144	0.9825	7	浙江	0.9416	0.9141	0.9752	19
湖北	0.9608	0.9406	0.9697	8	上海	0.9406	0.9066	0.9553	20
黑龙江	0.9586	0.9386	0.9730	9	辽宁	0.9376	0.8897	0.9611	21
江苏	0.9580	0.9179	0.9848	10	宁夏	0.9370	0.8541	0.9743	22
青海	0.9570	0.9396	0.9683	11	北京	0.9235	0.8129	0.9626	23
吉林	0.9553	0.9403	0.9677	12	福建	0.9218	0.7384	0.9573	24

整体均值：0.9530

资料来源：表中结果来自作者计算。

表14 不考虑非期望产出时各省电网公司效率值

地区	均值	最小值	最大值	排名	地区	均值	最小值	最大值	排名
青海	0.9761	0.9708	0.9813	1	上海	0.9271	0.9156	0.9366	13
蒙东	0.9751	0.9639	0.9835	2	北京	0.9018	0.8800	0.9229	14
甘肃	0.9750	0.9644	0.9803	3	福建	0.8931	0.8543	0.9260	15
陕西	0.9565	0.9228	0.9782	4	湖北	0.8740	0.8257	0.9166	16
宁夏	0.9552	0.9495	0.9631	5	四川	0.8545	0.7239	0.9425	17
天津	0.9527	0.9491	0.9575	6	河北	0.8253	0.7190	0.9015	18
吉林	0.9522	0.9486	0.9612	7	辽宁	0.8141	0.7754	0.9051	19
黑龙江	0.9512	0.9416	0.9578	8	安徽	0.8031	0.7216	0.8696	20
山西	0.9445	0.9003	0.9579	9	浙江	0.6341	0.5272	0.7161	21
江西	0.9382	0.9260	0.9531	10	江苏	0.5440	0.3053	0.8630	22
重庆	0.9364	0.9201	0.9538	11	山东	0.5368	0.2819	0.8966	23
湖南	0.9323	0.8836	0.9817	12	河南	0.5001	0.3453	0.7885	24

整体均值：0.8564

资料来源：表中结果来自作者计算。

结合表12、表13、表14和图1可以发现，三个模型测算出的效率值差距较小，各省的效率值年波动也较小，整体效率值偏高。不考虑非期望产出的效率结果与考虑非期望产出有一定的差距；考虑不同的非期望产出得出的效率值也有差距，但差距较小，三个模型结果反映出各省的相对排名有较大差异。表10显示模型中包含非期望产出时，改革虚拟变量在不同显著性水平上显著，说明2015年电力体制改革有效降低了电网公司成本，而图1显示各省的平均效率值在改革前后变化并不明显，这说明改革虽然降低了成本，但对效率值的影响比较小。

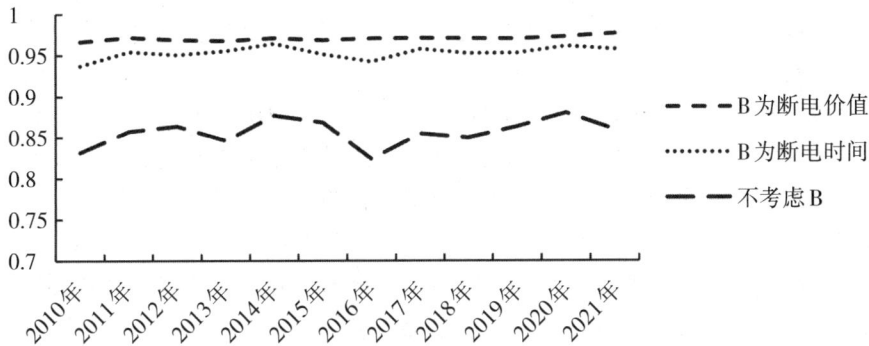

图1 不同模型年均效率值波动情况

（二）我国部分地区供电可靠性规制效果分析

1.供电可靠性监管实践

我国电力行业正步入高质量发展的阶段，可以考虑将MCPO的测算结果应用到监管实践中。我国国家发展和改革委员会在2022年4月发布的《电力可靠性管理办法（暂行）》中指出：发电、输变电和供电的可靠性管理都可以基于可靠性数据提升运行可靠性，地方政府可依据本地区供电可靠性水平，按照合理成本和优质优价原则，完善可靠性电价机制。目前各省对供电可靠性的管理主要参照几个关键指标，附表1列举了部分指标，各省市根据这些指标设定了供电可靠性管理办法，如附表2所示。

2.效果分析（以北京为例）

根据附表1可以推算出ASAI与SAIDI的关系如下式：

$$ASAI = \left(1 - \frac{SAIDI}{统计期间时间}\right) \times 100\% \tag{29}$$

根据式（29）可知，在统计时间为1年（365天）时，SAIDI每降低1分钟，ASAI相应提升0.00019%。以北京为例，使用凸分位数回归法测算出的MCPO均值为每小时31 274.97万元，即每分钟MCPO约为521.25万元；根据投入距离函数法测算出的MCPO均值为每小时1 122.15万元，相当于每分钟MCPO约为8.69（521.25/60）万元和18.70（1 122.5/60）万元，将MCPO测算结果与北京地区的供电可靠性规制办法对比可得：

（1）若ASAI提升0.002%，相当于SAIDI减少约10.53分钟，根据凸分位数回归法测算出供电可靠性改进成本约为5 488.76万元，根据投入距离函数法测算的供电可靠性改进成本约为196.91万元，根据附表2可知目前北京地区ASAI提升0.002%的奖励金额仅为100万元，两种方法测算出的供电可靠性改进成本均大于奖励金额，也就是说电网公司没有动机去提升供电可靠性以获得奖励。

（2）若ASAI降低0.002%～0.004%，相当于SAIDI增加10.53～21.05分钟，此时北京地区对企业的处罚为5万元，如果企业想要避免惩罚，那么则需要提升供电可靠性，也就是需要使SAIDI降低10.53～21.05分钟，根据凸分位数回归法的测算结果可得改进成本为5 488.76万～10 972.31万元，根据投入距离函数法可得改进成本为196.91万～393.64万元，两种方法测算出的改进成本远大于惩罚金额，那么企业会选择支付罚款而非改进供电可靠性。

（3）若ASAI降低0.004%～0.006%，相当于SAIDI增加21.05～31.58分钟，此时北京地区对企业的处罚为20万元，如果企业想要避免惩罚，那么则需要提升供电可靠性，也就是需要使SAIDI降低21.05～31.58分钟，根据凸分位数回归法的测算结果可得改进成本为10 972.31万～16 461.08万元，根据投入距离函数法可得改进成本为393.64万～590.55万元，惩罚金额都远低于供电可靠性改进成本。同样的当ASAI降低0.006%时，惩罚金额50万元也远低于凸分位数回归法得出的改进成本16 461.08万元和投入距离函数法得出的改进成本590.55万元，电网公司没有提升供电质量的动机。

通过附表1、附表2可知，目前我国已经颁布了统一的供电可靠性衡量指标，但尚未形成统一的管理办法，较多省份只是在部分地区颁布试行措施，未公布奖惩依据，这导致许多省份的规制办法较为粗糙，只是简单根据指标的大致变动而非精确的临界值来制定规则，导致无法根据本文的测算结果分析其规制办法的有效性（北京除外）。

通过北京的事例研究可以发现，目前的供电可靠性管制办法难以起到激励和约束电网公司提高供电质量的作用，电网公司可能更偏向于支付罚款而非投入高额成本来提升供电质量。各省的经济结构各异，制定不同制度标准情有可原，但在制定可靠性管理制度时应当依据客观指标，而客观指标的测算方法也应尽可能规范统一。因此为实现更加有效的电网可靠性监管，我国可以考虑制定统一的MCPO测算方法，各省在此基础上结合可靠性数据和具体情况制定更有针对性的管理办法，提升供电可靠性并约束企业行为。

五、主要结论、研究局限性与政策启示

电力体制改革的深入提升了对电网公司服务质量的要求，但各地区相继出台的供电可靠性管制办法均缺失对供电质量改进成本的科学衡量，因此影响预期规制目标的实现。正确掌握MCPO有助于科学监管电网公司的服务质量，因此，本文使用凸分位数回归法、DEA法和投入距离函数法测算了2010—2021年我国24家电网公司的MCPO，并探索了MCPO的监管应用。

本文得到的主要结论是：①凸分位数回归法测算出2010—2021年间我国各省电网公司MCPO为每小时1.0961百万元至1 839.7636百万元，各省之间差异较大，MCPO较高的基本为经济发达地区，如浙江、上海、北京等，较低的基本为经济落后地区，如甘肃、青海、宁夏等。吉林、陕西等省份的MCPO偏高可能是受经济规模的影响。②投入距离函数法测算出2010—2021年间我国各省电网公司MCPO为每小时0.1178百万元至26.7952百万元，各省之间差距较大。经济发达、经济规模较大的地区MCPO较大，经济落后、经济规模较小地区的MCPO较小，与凸分位数回归法得到的结论一致。③凸分位数回归法和投入距离函数法的结果都表明通过人力资本测算的影子价格偏低，表明增加人力资本提高供电可靠性可能是更经济的选择。④借鉴芬兰的实践经验，本文将MCPO加入到效率测算模型，使用StoNED框架分别测算了非期望产出为断电时间、断电价值和不考虑非期望产出三种情况下的电网公司效率。各模型的测算结果差异不够明显，因此需要进一步探讨如何选取反映质量因素的指标。本文还根据MCPO分析了我国部分地区供电可靠性管制办法的有效性，结果表明各地区的供电可靠性管制办法难以约束电网公司行为。

本研究的局限性主要体现在如何减少和处理凸分位数回归法测算结果中的异常值问题。相对于非参数的DEA法和参数的距离函数法，凸分位数回归法的优势表现在：①同时考虑了无效率和随机噪声对测算结果的影响，克服了DEA测算框架忽视随机噪声的弊端；②根据与各观测个体距离最近的分位数前沿来求解影子价格，使测算结果源于个体更真实的绩效水平，减少了测算结果对噪声和方向向量的敏感性；③现有测算框架以控制生产规模减少非期望产出为思路测算非期望产出影子价格，不适合于具有普遍服务义务的供电、供水等城市公用事业，而库奥斯曼和周（2021）从投入和产出两个方面来测算非期望产出的影子价格，克服了上述方法的弊端，并将边际成本定义为影子价格中的较小值。

但是基于StoNED的凸分位数回归法对数据的选择比较苛刻，可能使测算结果出现较多的异常值。使用半参数法（StoNED是半参数法的一种）测算非期望产出的影子价格出现异常值并非偶然现象，库奥斯曼和周（2021）测算的二氧化碳影子价格也出现了极端值，梅卡罗恩和约翰逊（2012）测算的二氧化碳影子价格最小值为0，最大值异常高于均值，这些文章并没有给出处理异常值的方法。本文根据常识剔除异常值的方法带有一定的主观性，这是因为各省之间的影子价格本身就存在一定的差异，使用常用的统计学剔除异常值的方法会导致正常范围内的结果被剔除。从结果来看，凸分位数回归法与投入距离函数法测算结果在趋势上（各省MCPO排名）具有较高的一致性，说明本文的主观删除并没有影响最终结果，但根据常识的删除异常值方法缺乏科学性和可复制性。

电力行业的高质量发展离不开对质量因素的监管，科学测算MCPO有利于完善输配电业务"准许成本+合理收益"监管方式，避免电网公司以降低服务质量为代价提升效率，从而获得更高的准许收入。因此本文建议深入研究MCPO测算标准，优化输配电质量监管指标体系。根据欧美国家的实践经验，MCPO在制定输配电可靠性标准和目标、确定电力供应安全价格、制定容量市场最高限价、实施电网工程投资决策的成本收益分析等方面都有应用价值。MCPO的测算有多个角度，每个角度又含有不同的方法，虽然监管政策的制定应当因地制宜，但标准的、可操作的指标测算体系必不可少。我国目前有部分地区对供电质量进行监管并提出了奖惩措施，但目前监管政策的制定缺乏科学依据，难以有效制约企业行为，因此优化质量指标体系，形成规范、统一的MCPO测算方法有助于提升监管政策的有效性。

附表1　　　　　　　　　　　供电可靠性评价指标

指标名称	指标含义	测算公式
系统平均停电时间（System Average Interruption Duration Index，SAIDI）	用户[①]在统计期间内的平均停电小时数	$SAIDI = \dfrac{\sum 每次停电时间 \times 每次停电用户数}{总用户数}$
平均供电可靠率（Average Service Availability Index，ASAI）	统计期间内，用户有效供电小时数与统计期间小时数的比值	$ASAI = \left(1 - \dfrac{系统平均停电时间}{统计期间时间}\right) \times 100\%$
系统平均停电频率（System Average Interruption Frequency Index，SAIFI）	统计期间内平均停电次数	$SAIFI = \dfrac{\sum 每次停电户数}{总用户数}$
系统平均短时停电[②]频率（Momentary Average Interruption Frequency Index，MAIFI）	统计期间内平均短时停电次数	$MAIFI = \dfrac{\sum 每次短时停电户数}{总用户数}$

指标名称	指标含义	测算公式
平均系统等效停电时间（Average System Interruption Duration Index，ASIDI）	统计期间内，因系统对用户停电的影响折成全系统停电的等效小时数	$ASIDI = \dfrac{\sum 每次停电容量 \times 每次停电时间}{系统供电总容量}$
平均系统等效停电频率（Average System Interruption Frequency Index，ASIFI）	统计期间内，因系统对用户停电的影响折成全系统停电的等效次数	$ASIFI = \dfrac{\sum 每次停电容量}{系统供电总容量}$

资料来源：《中华人民共和国电力行业标准》（DL/T836.1-2016）供电系统供电可靠性评价规程：①用户指供电企业在一个固定地点建立的计量收费账户；②停电持续时间≤3分钟。

附表2　　　　　　　　　　我国部分地区供电可靠性管制办法

城市/地区	衡量标准	奖惩措施	资料来源及发布时间
北京	ASAI>99%（含），且高于上年0.002%以上	增加准许收入100万元	《北京电网供电可靠性管制工作细则（试行）》（京管发〔2020〕10号），2020年4月
	ASAI>99%（含），且较上年变化率在-0.002%~0.002%之间（含）	不作奖惩	
	ASAI低于上年0.002%~0.004%（含0.004%）	处罚5万元	
	ASAI低于上年0.004%~0.006%（含0.006%）	处罚20万元	
	ASAI低于99%，或低于上年0.006%以上	处罚50万元	
上海	ASAI高于上年	增加准许收入100万元	《上海电网供电可靠性管制计划（试行）》（沪经信运〔2020〕14号），2020年1月
	ASAI等于上年	不作奖惩	
	ASAI低于上年	扣减准许收入100万元	
天津市滨海新区	SAIDI低于上年	全区通报表彰	天津市滨海新区工业和信息化局《关于加强我区电网供电可靠性管制工作的通知》，2020年7月
	SAIDI等于上年	不作奖惩	
	SAIDI高于上年	全区通报批评	

续表

城市/地区	衡量标准	奖惩措施	资料来源及发布时间
浙江省杭州市	SAIDI低于国家能源部门监管值，且低于前三年平均值5%以上	增加准许收入100万元	《杭州电网供电可靠性管制工作细则（试行）》（杭发改能源〔2020〕164号），2020年6月
	SAIDI低于国家能源部门监管值，且低于前三年平均值5%以内（含）	不作奖惩	
	SAIDI高于国家能源部门监管值	扣减准许收入200万元	
广东省广州市	0.8<SAIDI<1	奖励10万元	《广州市供电可靠性管制计划实施办法》（穗工信函〔2020〕14号），2020年3月
	0.5<SAIDI≤0.8	奖励50万元	
	SAIDI≤0.5	奖励100万元	
	1<SAIDI≤1.2	赔偿10万元	
	1.2<SAIDI≤1.5	赔偿50万元	
	1.5<SAIDI	赔偿100万元	
重庆市	ASAI高于上年	增加准许收入100万元	《重庆电网供电可靠性管理计划（试行）》（渝经信电力〔2020〕5号），2020年2月
	ASAI等于上年	不作奖惩	
	ASAI低于上年	扣减准许收入120万元	
福建省龙岩市	城区ASAI低于99%，但高于98%（含），农村ASAI低于98%，但高于97%（含）	处罚10万元	《龙岩电网供电可靠性管制计划（试行）》（龙工信能源〔2020〕33号），2020年9月
	城区ASAI低于98%，但高于97%（含），农村ASAI低于97%，但高于96%（含）	处罚50万元	
	城区ASAI低于97%，农村ASAI低于96%	处罚100万元	
内蒙古呼伦贝尔市	综合年度ASAI高于99%（含）	不作奖惩	关于《呼伦贝尔电网供电可靠性管制工作细则（试行）》的起草说明，2022年8月
	城市电网年ASAI高于99%（含）	不作奖惩	
	城市电网年ASAI低于99%	处罚5万元	
	农村电网年ASAI高于99%（含）	不作奖惩	
	农村电网年ASAI低于99%	处罚5万元	

续表

城市/地区	衡量标准	奖惩措施	资料来源及发布时间
山西省朔州市	ASAI高于上年	通报表扬	《朔州市供电可靠性管制工作实施细则》（朔能源发〔2021〕130号），2021年7月
	ASAI等于上年	不作奖惩	
	ASAI低于上年	通报批评	
山东省德州市	ASAI高于上年	增加准许收入100万元	山东省德州市《关于印发〈德州电网供电可靠性管制工作细则（试行）〉的通知》（德发改基础〔2021〕361号），2021年10月
	ASAI等于上年	不作奖惩	
	ASAI低于上年	扣减准许收入100万元	

参考文献

[1] 何永秀，黄文杰，谭忠富. 基于投入-产出法的电力失负荷价值研究 [J]. 电网技术，2006（1）：44-49.

[2] 李宏舟，耿慧，白青峰. 电力失负荷价值测算研究：方法述评与实证应用 [J]. 政府监管评论，2023（2）：1-31.

[3] 刘世宇，刘思远. 把握社会主要矛盾变化推动新时代电力工业高质量发展 [N]. 中国能源报，2020-06-06.

[4] 施泉生，李士动. 基于失负荷价值的可中断负荷定价研究 [J]. 华东电力，2013（8）：1722-1727.

[5] 孙华东，许涛，郭强，等. 英国"8·9"大停电事故分析及对中国电网的启示 [J]. 中国电机工程学报，2019（11）：6183-6192.

[6] 谭显东，胡兆光. 基于投入产出法的电力失负荷价值研究拓展 [J]. 电网技术，2008（1）：51-55.

[7] 叶泽，邹颖. 电力现货市场价格上下限的形成机理与测算方法研究 [A]. 第九届政府管制论坛论文集. 2020：268-281.

[8] 朱成章. 美国加州电力危机和美加大停电对世界电力的影响 [J]. 中国电力，2003（11）：1-6.

[9] CHEN H, CHEN X, NIU J, et al. Estimating the Marginal Cost of Reducing Power Outage Durations in China: A Parametric Distance Function Approach [J]. Energy Policy, 2021（155）：112-366.

[10] COELLI T J, GAUTIER A, PERELMAN S, et al. Estimating the Cost of Improving Quality in Electricity Distribution: A Parametric Distance Function Approach [J]. Energy Policy, 2013（53）：287-297.

[11] DE NOOIJ M, KOOPMANS C, BIJBOET C. The Value of Supply Security: The

Costs of Power Interruptions [J]. Energy Economics, 2007, 29 (2): 277-295.

[12] FAN Y, LI Q, WEERSINK A.Semiparametric Estimation of Stochastic Production Frontier Models [J]. Journal of Business & Economic Statistics, 1996, 14 (4): 460-468.

[13] Färe R, GROSSKOPF S, NOH D W, et al. Characteristics of A Polluting Technology: Theory and Practice [J]. Journal of Econometrics, 2005, 126 (2): 469-492.

[14] HAILU A, VEEMAN T S. Environmentally Sensitive Productivity Analysis of the Canadian Pulp and Paper Industry: An Input Distance Function Approach [J]. Journal of Environmental Economics and Management, 2000, 40 (3): 251-274.

[15] JOHNSON A L, KUOSMANEN T. One-Stage Estimation of The Effects of Operational Conditions and Practices on Productive Performance: Asymptotically Normal and Efficient, Root-n Consistent StoNEZD Method [J]. Journal of Productivity Analysis, 2011, 36 (2): 219-230.

[16] JOHNSON A L, KUOSMANEN T.An Introduction to CNLS and StoNED Methods for Efficiency Analysis: Economic Insights and Computational Aspects [J]. Springer Books, 2015.

[17] JONDROW J, LOVELL C A K, MATEROV I S, et al. On The Estimation of Technical Inefficiency In The Stochastic Frontier Production Function Model [J]. Journal of Econometrics, 1982 (19): 233-238.

[18] Küfeoğlu S, Gündüz N, CHEN H, et al.Shadow Pricing of Electric Power Interruptions for Distribution System Operators in Finland [J]. Energies, 2018, 11 (7): 18-31.

[19] Küfeoğlu S, LEHTONEN M. Interruption Costs of Service Sector Electricity Customers, A Hybrid Approach [J]. International Journal of Electrical Power & Energy Systems, 2015 (64): 588-595.

[20] KUOSMANEN T, JOHNSON A.Data Envelopment Analysis as Nonparametric Least Square Regression [J]. Operations Research, 2010, 58 (1): 149-160.

[21] KUOSMANEN T, JOHNSON A. Modeling Joint Production of Multiple Outputs in StoNED: Directional Distance Function Approach [J]. European Journal of Operational Research, 2017, 262 (2): 792-801.

[22] KUOSMANEN T, JOHNSON A L. Conditional Yardstick Competition in Energy Regulation [J]. The Energy Journal, 2020, 42: 1-26.

[23] KUOSMANEN T, KORTELAINEN M.Stochastic Non-Smooth Envelopment of Data: Semi-Parametric Frontier Estimation Subject to Shape Constraints [J]. Journal of Productivity Analysis, 2010, 38 (1): 11-28.

[24] KUOSMANEN T, ZHOU X.Shadow Prices and Marginal Abatement Costs: Convex Quantile Regression Approach [J]. European Journal of Operational Research, 2021, 289 (2): 666-675.

[25] LEAHY E, TOL R S J.An Estimate of the Value of Lost Load for Ireland [J]. Energy Policy, 2011, 39 (3): 1514-1520.

[26] LEE J D, PARK J B, KIM T Y.Estimation of The Shadow Prices of Pollutants With Production/Environment Inefficiency Taken Into Account: A Nonparametric Directional Distance Function Approach [J]. Journal of Environmental Management, 2002, 64 (4): 365-375.

［27］ MATIN R K, KUOSMANEN T. Theory of Integer-Valued Data Envelopment Analysis Under Alternative Returns to Scale Axioms ［J］. Omega, 2009, 37 (5): 988-995.

［28］ MEKAROONREUNG M, JOHNSON A L.Estimating the shadow prices of SO2 and NOx for U.S.coal power plants: a convex nonparametric least squares approach ［J］. Energy Econ, 2012, 34 (3), 723-732.

［29］ SAPPINGTON D E M. Regulating Service Quality: A Survey ［J］. Journal of Regulatory Economics, 2005 (27): 123-154.

［30］ Schröder T, KUCKSHINRICHS W. Value of Lost Load: An Efficient Economic Indicator for Power Supply Security? A Literature Review ［J］. Frontiers in Energy Research, 2015 (3): 1-12.

［31］ WACKER G, WOJCZYNSKI E, BILLINTON R.Interruption Cost Methodology and Results-A Canadian Residential Survey ［J］. IEEE Transactions on Power Apparatus and Systems, 1983, 102 (10): 3385-3392.

［32］ WANG Y, WANGS, DANG C, et al.Nonparametric Quantile Frontier Estimation Under Shape Restriction ［J］. European Journal of Operational Research, 2014, 232 (3): 671-678.

［33］ YUAN P, PU Y, LIUC.Improving Electricity Supply Reliability in China: Cost and Incentive Regulation ［J］. Energy, 2021 (237), 12158.

Estimation of Power Supply Reliability Cost of China's Power Grid Companies: An Exploratory Study

WANG Huixian[1]   LI Shu[2]

（1.School of Japanese Studies, Dalian University of Foreign Languages, Liaoning, Dalian, 116044;

2.Center for Industrial and Business Organization, Dongbei University of Finance and Economics, Liaoning, Dalian, 116025）

Abstract: The reliability of power supply reflects the service quality of power grid companies, and an accurate estimation of the marginal cost of power outage （MCPO） can effectively affect the behavior of power grid companies and promote them to improve service quality. Based on this, this paper uses semi-parametric, non-parametric and parametric methods to measure the MCPO of 24 power grid companies in China from 2010 to 2021, and conducts an exploratory study on its application in the quality regulation of power grid companies. The results from the semi-parametric convex quantile regression method show that: (1) the MCPO of power grid companies in each province during the sample period is between RMB1.0961~ 1 839.7636 million per hour, of which economically developed provinces demonstrate higher values than these in counterpart provinces. (2) Compared with increasing capital investment, increasing human capital is a more economical option to reduce MCPO. Drawing on the practical experience of Finland, this paper adds MCPO as a quality index to the efficiency estimation model, but the results among provinces are quite similar, so how to select quality variables is worthy of further discussion. This paper also analyzes the effectiveness of the current regulation regime for power supply reliability in some parts of China based on the estimated MCPO, and the results show that the current regulatory methods are relatively conservative, and it is difficult to effectively motivate power grid companies to take the initiative to improve the stability of power supply.

Key Words: quality regulation of power grid companies; marginal cost of power outage; shadow prices; convex quantile regression

JEL Classification: L32, L43, C14

"营改增"如何影响制造业企业加成率？

谷宏伟 郭 芳

（东北财经大学经济学院，辽宁 大连 116025）

[内容提要] 税收政策是激发市场主体活力、增强企业竞争力的重要手段，对推动经济高质量发展具有重要影响。本文以"营改增"为研究对象，利用2009—2014年全国税收调查数据，采用双重差分法考察了"营改增"对制造业企业加成率的影响。研究发现：①"营改增"政策的实施显著提升了制造业企业的加成率，增强了企业在市场上的定价能力。②影响机制检验表明，减税效应和生产率提升效应是"营改增"提高制造业企业加成率的主要渠道。③异质性分析表明，"营改增"对制造业企业加成率的提升作用在资本密集型行业、高服务中间投入行业以及明星企业中更为明显。本研究不仅为"营改增"在企业微观层面的经济影响提供了新证据，而且为深化税收体制改革助推实体经济发展提供了政策启示。

[关键词] "营改增"；企业加成率；双重差分法

一、引 言

党的二十大报告中明确指出，建设现代化产业体系，要坚持把发展经济的着力点放在实体经济上。制造业作为实体经济的主体，其高质量发展需要减轻企业税收负担，推动企业转变发展方式，增强企业市场竞争力。营业税改增值税（以下简称"营改增"）作为中国近年来一项重要的税制改革，结束了中国自1994年分税制改革以来增值税和营业税两税分设的局面。"营改增"尽管是一项直接针对服务业的改革，但基于税制设计以及制造业与服务业之间的投入产出关系，亦会对制造业产生影响。就直接影响而言，"营改增"实施后，服务业由缴纳营业税改为缴纳增值税，使得制造业企业与上游

[基金项目] 国家自然科学基金面上项目"知识溢出下的研发补贴政策设计：基于创新网络的研究"（72274031）；辽宁省社会科学规划基金重大委托项目"提高人口整体素质，以人口高质量发展支撑辽宁全面振兴"（L23AWT057）。

[作者简介] 谷宏伟，男，1975年出生，黑龙江穆棱人，博士，东北财经大学经济学院副教授；郭芳（通讯作者），女，1995年出生，山西天镇人，东北财经大学经济学院博士研究生。

服务业企业进行交易时能够获得进项抵扣，减轻了制造业企业的税收负担。就间接影响而言，"营改增"后，制造业服务中间投入品的进项税额抵扣使产业分工的税收成本得以下降，促使制造业将自营的中间投入品外包给服务业，促进了专业化分工。制造业企业将更多的精力集中于发展核心业务将有利于提高其生产率。这也符合"营改增"促进产业间的分工与协作，提升专业化生产水平，实现制造业转型升级的政策目标（陈钊、王旸，2016；李永友、严岑，2018；孙晓华等，2020）。

考虑到制造业企业受到的直接影响和间接影响，"营改增"在理论上将能够降低制造业企业生产产品的边际成本。那么，制造业企业的加成率是否会有所改变？企业加成率是企业将价格维持在边际成本之上的能力，反映了企业的市场定价能力，与企业的获利能力和市场竞争力密切相关（任曙明和张静，2013）。对这一问题的探究有助于评估"营改增"政策是否会提高制造业企业的定价能力和竞争力。制造业企业定价能力的提高将有利于其突破低价竞争模式，向高质量发展模式转变，增强产业竞争优势，加快建设制造强国。据此，本文将利用制造业企业微观层面数据和政策评估方法，研究"营改增"政策的实施对制造业企业加成率的影响及作用机制。

与本文相关的第一类文献是关于"营改增"政策效果的评估。已有文献从宏观和微观两个层面对"营改增"的政策效果展开研究。在宏观层面，田志伟和胡怡建（2014）基于CGE模型分析了"营改增"对中国整体财政和经济产生的影响；倪红福等（2016）测算了"营改增"对中国居民福利、税收负担以及收入分配产生的影响。在微观层面，已有文献主要关注"营改增"对企业税负（王玉兰、李雅坤，2014）、专业化分工（陈钊、王旸，2016；范子英、彭飞，2017）、企业投资（袁从帅等，2015；王蕴等，2018）、企业创新（张璇等，2019；林小玲等，2021）以及企业生产率（李永友、严岑，2018；黄策等，2020）的影响。其中，陈钊和王旸（2016）研究发现，"营改增"促进了制造业和服务业的专业化分工。李永友和严岑（2018）研究证实，服务业"营改增"带动了制造业以生产率为标识的升级。但上述文献都未能说明专业化分工以及制造业生产率提升带来的进一步结果。作为经济学中的重要概念之一，企业专业化分工对生产率的提升能够降低企业生产的边际成本进而改变企业加成率。本文通过分析"营改增"政策对制造业企业加成率的影响，为"营改增"在企业微观层面的影响补充了经验证据。

关于企业加成率影响因素的研究是与本文相关的第二类文献。企业加成率为企业产品价格与边际生产成本之比，是衡量企业定价能力的有效指标。目前关于企业加成率影响因素的研究主要从企业出口状态（De Loecker and Warzynski，2012；盛丹、王永进，2012）、贸易自由化（Brandt et al.，2017；毛其淋、许家云，2017）、最低工资制度（赵瑞丽等，2018；许明、李逸飞，2020）、企业创新（刘啟仁、黄建忠，2016；诸竹君等，2017）以及数字化转型（戴翔等，2023）等方面进行探讨。税收作为影响企业经营的重要因素，税制变革将通过改变企业的生产成本和发展模式进而对企业加成率产生影响。然而，现有国内关于企业加成率影响因素的研究对于税制这一关键要素的考虑仍然较少。盛丹等（2021）以2004年东北地区增值税转型改革为准自然实验，考察了税收激励对企业加成定价能力的影响，发现税收激励的研发创新效应大于行业竞争效应，最终提高了企业加成率。然而，"营改增"作为近年来中国一项重要的税制改革，其会对企业加成率产生何种影响尚不清楚。

据此，本文利用2009—2014年全国税收调查数据，通过构建双重差分模型考察"营改增"对制造业企业加成率的影响及作用机制。实证结果显示，"营改增"显著提高了制造业企业的加成率，在进行一系列稳健性检验后，结论仍然成立。进一步的机制检验发现，减税效应和生产率提升效应是主要的作用渠道。"营改增"通过打通增值税抵扣链条，一方面减轻了制造业企业的税收成本，另一方面促进了专业化分工，提升了制造业企业的生产率，进一步降低了企业的边际成本，由于成本的不完全传递，最终企业加成率上升。从影响的异质性来看，"营改增"对于企业加成率的正向影响在资本密集型行业、高服务中间投入行业和明星企业中更为明显。

本文可能的贡献主要有以下两点：首先，本文将"营改增"政策与企业加成率相关联，利用制造业企业微观数据考察"营改增"政策对制造业企业定价能力的影响，为更深入理解"营改增"政策在企业微观层面的影响提供了新的证据。其次，本文从"减税效应"和"生产率提升效应"两方面分析了"营改增"影响制造业企业加成率的具体机制，为完善税收制度以带动企业高质量发展提供了实证证据和经验参考。

本文剩余部分安排如下：第二部分为制度背景和研究假说；第三部分为模型、数据和变量；第四部分对实证结果进行分析；第五部分为机制检验和异质性分析；第六部分为本文的研究结论与政策建议。

二、制度背景和研究假说

（一）制度背景

自1994年分税制改革以来，中国形成了增值税和营业税两税并存的局面，对制造业征收增值税，对服务业征收营业税。增值税是针对商品和劳务中的新增价值部分征税，应纳税额为销项税额抵扣进项税额后的余额。营业税是针对全部营业额进行征税，应纳税额为营业额乘以税率。此时的增值税为生产型增值税，企业外购固定资产的价款无法在当期一次性扣除。随着经济的快速发展和技术的进步，生产型增值税逐渐无法适应中国经济的发展需求。鉴于此，2004年中国开始在东北地区部分行业进行增值税转型改革试点，允许购买固定资产的价款在当期一次性扣除，将生产型增值税转变为消费型增值税。2009年起，消费型增值税推广至全国范围。此次增值税转型改革激发了制造业企业的固定资产投资，促进了制造业的转型升级。然而，由于制造业和服务业需要缴纳的税种不同，制造业企业在与上游服务业企业进行交易时，服务业企业需要按照营业额缴纳营业税，同时，制造业企业需要按照增值部分缴纳增值税，造成重复征税，不仅加重了企业的税收负担，而且阻碍了制造业与服务业之间的商品流通以及专业化分工的实现。

为了解决制造业和服务业之间由于税制设计而造成的阻碍，财政部和国家税务总局自2012年1月1日起首先在上海市的交通运输业和6个现代服务业（以下简称"1+6"行业）进行"营改增"试点①。2012年9月至12月"营改增"试点陆续在北京、江苏、安徽、福建、广东、天津、湖北、浙江8个省市的"1+6"行业展开。2013年8月"营改增"扩展到全国的"1+6"行业，并一次性覆盖了全国的广播影视服务业。2014年1月起，铁路运输业、邮政业、电信业相继在全国范围内统一实施"营改增"。2016年5月，建筑业、房地产业、金融业和生活服务业也被纳入"营改增"范围。至此，"营改增"覆盖了全国所有地区所有行业。

（二）研究假说

在"营改增"之前，制造业企业在购买上游服务业企业提供的中间投入品时不可抵扣进项税额，部分制造业企业为了避免被二次征税，选择自营中间投入品。"营改增"后，服务业由缴纳营业税转变为缴纳增值税，制造业企业与上游服务业企业进行交易时可以取得增值税发票进行进项抵扣，重复征税的问题得到解决，促进了服务要素在制造业与服务业之间的自由流动。"营改增"一方面有利于降低制造业企业的税收负担，另一方面有利于促进产业间的专业化分工，提高制造业企业生产率。这两方面的影响都可能通过降低企业的边际成本从而对企业加成率产生影响。

首先，"营改增"可能通过减轻制造业企业税负的途径影响企业加成率，即"减税效应"。"营改增"打通了增值税的抵扣链条，使得制造业企业购买上游服务业企业提供的服务中间投入时可以抵扣进项税额，从而减轻了企业的增值税税负，而税负的下降意味着生产成本的降低。根据梅利兹和奥塔维亚诺（Melitz and Ottaviano，2008）的研究，当企业的成本下降时，企业不会通过降低价格将成本的变动完全转移给消费者，而是会通过

---

① 进行"营改增"试点的6个现代服务业包括：研发与技术服务、信息技术服务、文化创意服务、物流辅助服务、有形动产租赁服务、鉴证咨询服务。

提高加成率，提高自身利润水平。因此，"营改增"后制造业企业的税负下降所引起的成本的降低不会通过降价的形式完全转移给消费者，而是通过适当调整产品价格由企业和消费者共同分摊，这种成本的不完全传递效应使得制造业企业的加成率上升。

其次，"营改增"还可能通过生产率提升的途径影响制造业企业的加成率，即"生产率提升效应"。在"营改增"之前，制造业企业的服务中间投入品无法获得进项抵扣，为了降低税收成本，企业倾向于选择自营中间品的经营模式，这分散了制造业企业的精力和有限的生产资源，使得企业的核心竞争力难以提升。"营改增"政策的实施促进了制造业和服务业的专业化分工，一方面，制造业企业不必再自营中间投入品，而是选择外购服务业提供的中间投入品，将有限的生产资源集中到核心产品的生产环节中来，有利于自身生产效率的提升。另一方面，制造业服务中间投入需求的增加也使服务业获得了更多来自制造业的外包，推动了服务业的专业化分工，扩大了服务要素供给的种类并促进服务投入质量提升。服务中间投入品的种类和质量的提升将通过投入产出关系影响下游制造业企业，从而提升制造业企业的生产效率。通常而言，生产效率又会影响企业的边际生产成本（Bernard et al.，2003；Melitz and Ottaviano，2008），即生产效率越高的企业，其边际生产成本越低。同样，由生产率提升所引致的边际成本的下降，也会通过成本不完全传递提高企业加成率。

根据上述分析，本文提出如下两个待检验的研究假说：

假说1："营改增"有利于提升制造业企业加成率。

假说2："营改增"会通过减税效应和生产率提升效应影响制造业企业加成率。

三、模型、数据和变量

（一）模型

本文通过构建双重差分模型来评估"营改增"对制造业企业加成率的影响，首先需要明确处理组和控制组的选择。根据"营改增"政策在时间和空间上逐步展开的特征，本文将"1+6"行业的"营改增"试点作为准自然实验，将2012年进行试点的上海市以及其他8个省市的制造业企业作为处理组，将未进行"1+6"行业试点地区的制造业企业作为控制组。具体模型构建如下：

$$\ln markup_{it} = \alpha_0 + \alpha_1 treat_i \times post_t + X\gamma + \theta_t + \delta_i + \varepsilon_{it} \qquad (1)$$

其中，i表示企业，t表示年份。被解释变量$\ln markup_{it}$表示企业加成率的对数值。$treat_i$ 表示处理组和控制组的虚拟变量，若为"营改增"试点地区的制造业企业则取 1，若为非试点地区的制造业企业则取 0。$post_t$ 表示政策时间的虚拟变量，2012 年及其之后的年份取 1，2012 年之前的年份取 0。X 表示一系列企业和行业层面的控制变量，主要包括：企业规模、企业年龄、企业资本产出比、是否是国有企业、是否是外资企业、企业出口状态、二位码行业市场规模、二位码行业竞争程度、二位码行业赫芬达尔指数。θ_t 和 δ_i 分别表示年份固定效应和企业固定效应。ε_{it} 为残差项。

（二）数据

本文使用的数据为全国税收调查数据，是由中国国家税务总局和中国财政部基于分层随机抽样方法共同收集的，覆盖了全国所有地区所有行业，包含了丰富的企业层面的信息，如企业总产值、销售额、职工人数、固定资产净值、行业类别、开业年份、外购非固定资产货物和劳务等指标。已有关于"营改增"政策效果评估的文献大多使用中国上市公司数据作为研究样本（范子英、彭飞，2017；李永友、严岑，2018；孙晓华等，2020）。本文所使用的全国税收调查数据与中国上市公司数据相比有以下优点：第一，数据覆盖范围更广，样本更具代表性。全国税收调查数据不仅包括大中型企业，还涵盖了各类小微企业，大大增强了数据的代表性，为更全面地评估"营改增"的政策效果提供了丰富的样本。第二，数据质量更高。全国税收调查数据采用网上填报的方式进行信息收集，并由地方税务机构将企业填报的内容与企业纳税申报中的信息进行核对，因此数据误报的可能性较小，数据准确性更高（Liu and Mao，2019）。

本文选取 2009—2014 年的制造业企业作为研究样本，在此期间"1+6"行业的"营改增"由上海首批试点逐渐扩展到全国。本研究未包含 2009 年之前以及 2014 年之后的样本，原因在于：2009 年之前的数据中用于计算企业加成率的变量缺失严重，并且中国在 2009 年实施了增值税转型改革，为避免其他政策可能对估计结果产生的影响，故未包含 2009 年之前的样本。2014 年"1+6"行业的"营改增"政策已经扩展到全国范围，2014 年之后处理组和控制组的划分不再清晰，因此本文最终的样本区间选择为 2009—2014 年。

此外，依据相关文献，本文还对数据进行了如下处理：①参考布兰特等（Brandt et al.，2012）的做法，剔除职工人数少于 8 人或为缺失值的样本，剔除中间投入大于总产出的样本，剔除销售额、总产出、固定资产净值、中间投入为缺失值或负数的样本。②为避免行业代码不一致，统一将行业代码调整为国民经济行业分类标准（GB/T 4754—2011）。③按照刘和马（Liu and Ma，2021）的做法，仅保留了存在三年及以上的企业，并删除了企业加成率最高和最低的1%的样本。

（三）变量

1.企业加成率

企业加成率是企业产品销售价格与边际生产成本之比。但由于无法直接获得企业产品的销售价格和边际成本的数据，本文采用德洛克尔和瓦尔津斯基（De Loecker and Warzynski，2012）的方法，基于成本最小化的假定，通过估计生产函数得到可变投入要素的产出弹性，将其与要素支出份额相比，得到企业加成率。由于中间投入品的调整相较于资本和劳动更加灵活，因此，本文用中间投入品的产出弹性与其支出份额之比来衡量企业加成率。弗林等（Flynn et al.，2019）指出，使用德洛克尔和瓦尔津斯基的方法估计企业加成率时需要加入规模报酬不变的条件才能够得到准确的估计结果，否则会使企业加成率的估计产生严重偏误。鉴于此，本文在估计企业加成率时对生产函数施加了规模报酬不变的假定。企业加成率的具体计算过程如下：

假定企业 i 在 t 期的生产函数为：

$$Q_{it} = Q_{it}(X_{it}^1, \cdots, X_{it}^V, K_{it}, \omega_{it}) \tag{2}$$

其中，Q_{it} 表示企业 i 在 t 期的产出，X_{it}^V 表示可变要素投入，K_{it} 表示资本投入，ω_{it} 表示企业的生产率，生产函数 $Q_{it}(\cdot)$ 连续且二阶可微。根据成本最小化原则构建拉格朗日函数如下：

$$L(X_{it}^1, \cdots, X_{it}^V, K_{it}, \lambda_{it}) = \sum_{v=1}^V P_{it}^{X^v} X_{it}^v + r_{it}K_{it} + \lambda_{it}(Q_{it} - Q_{it}(\cdot)) \tag{3}$$

其中，$P_{it}^{X^v}$ 表示可变要素的价格，r_{it} 表示资本的使用成本。对可变要素进行求导，可得成本最小化的一阶条件：

$$\frac{\partial L_{it}}{\partial X_{it}^v} = P_{it}^{X^v} - \lambda_{it}\frac{\partial Q_{it}(\cdot)}{\partial X_{it}^v} = 0 \tag{4}$$

假定企业的可变要素的调整成本为0，则在给定的产出水平下企业的边际成本为 λ_{it}，$\lambda_{it} = \partial L_{it}/\partial Q_{it}$。对式（4）两边同时乘以 X_{it}^v/Q_{it}，整理后可得：

$$\frac{\partial Q_{it}(\cdot)}{\partial X_{it}^v}\frac{X_{it}^v}{Q_{it}} = \frac{1}{\lambda_{it}}\frac{P_{it}^{X^v}X_{it}^v}{Q_{it}} \tag{5}$$

定义企业加成率为 $\varphi_{it} = P_{it}/\lambda_{it}$，将其带入式（5）可得：

$$\theta_{it}^{X^v} = \varphi_{it}\alpha_{it}^{X^v} \tag{6}$$

其中，$\theta_{it}^{X^v}$ 表示可变要素 X^v 的产出弹性，$\alpha_{it}^{X^v}$ 表示可变要素 X^v 的支出份额，即可变要素 X^v 的支出（$P_{it}^{X^v}X_{it}^v$）占企业总销售额（$P_{it}Q_{it}$）的比重。对式

（6）进行整理可得企业加成率的表达式：

$$\varphi_{it} = \theta_{it}^{X^v}(\alpha_{it}^{X^v})^{-1} \tag{7}$$

由式（7）可知，企业加成率的计算需要可变要素的产出弹性和该要素的支出份额。接下来，需要估计生产函数得到要素的产出弹性。设定超越对数形式的生产函数（translog production function）如下：

$$
\begin{aligned}
y_{it} &= \beta_l l_{it} + \beta_k k_{it} + \beta_m m_{it} + \beta_{ll}(l_{it})^2 + \beta_{kk}(k_{it})^2 + \beta_{mm}(m_{it})^2 + \beta_{lk}(l_{it}k_{it}) + \\
&\quad \beta_{lm}(l_{it}m_{it}) + \beta_{km}(k_{it}m_{it}) + \beta_{lkm}(l_{it}k_{it}m_{it}) + \omega_{it} + \xi_{it}
\end{aligned} \tag{8}
$$

其中，y_{it} 表示企业实际产出的对数值，l_{it} 表示企业劳动的对数值，k_{it} 表示企业实际资本存量的对数值，m_{it} 表示企业中间要素投入的对数值，ξ_{it} 表示残差项。在估计生产函数时，需要企业实际产出和要素投入的数量。本文使用的数据中包含雇佣人数，可以直接衡量劳动的数量，而产出、资本和中间投入均包含价格因素。由于缺少企业层面产出和投入的价格，本文参考布兰特等（Brandt et al., 2017）的做法，采用价格指数对企业产出和投入的价值量进行平减作为产出和投入的代理变量，具体做法为：用《中国统计年鉴》中的工业品出厂价格指数对产出的价值量进行平减，来衡量产出；用固定资产投资价格指数对固定资产净值进行平减，来衡量资本；用2012年中国投入产出表来构建中间投入价格指数，对中间投入进行平减。由于数据中并未直接给出中间投入这一指标，本文用企业外购非固定资产货物和劳务中的中间投入部分来计算企业中间投入。

本文参考德洛克尔和瓦尔津斯基的研究，采用两步法对生产函数进行估计。第一步，采用LP方法，构造中间投入品的需求函数：

$$m_{it} = m(l_{it}, \ k_{it}, \ \omega_{it}, \ z_{it}) \tag{9}$$

其中，z_{it} 表示其他可能影响中间投入需求的变量。用中间投入 m_{it} 来表示生产率 ω_{it}：

$$\omega_{it} = h(m_{it}, \ l_{it}, \ k_{it}, \ z_{it}) \tag{10}$$

第二步，依靠生产率的动态方程来估计生产函数中的系数：

$$\omega_{it} = g(\omega_{it-1}) + \xi_{it} \tag{11}$$

假设企业生产率服从一阶马尔科夫过程，使用GMM方法进行估计可以得到中间投入的产出弹性 θ_{it}^m。

为了计算企业加成率，还需要计算中间投入的支出份额 α_{it}^m。然而，从数据中无法直接获得 Q_{it}，而只能获得 $\hat{Q}_{it}$，对中间投入的支出份额进行调整可得：

$$\alpha_{it}^{m} = \frac{P_{it}^{m} m_{it}}{P_{it} \hat{Q}_{it} / \exp(\hat{\xi}_{it})} \tag{12}$$

据此,对式(13)进行计算可得到企业加成率:

$$\varphi_{it} = \theta_{it}^{m} (\alpha_{it}^{m})^{-1} \tag{13}$$

2.控制变量

已有文献提出多种影响企业加成率的因素(Konings et al., 2005; De Loecker and Warzynski, 2012; 盛丹、王永进, 2012; 毛其淋、许家云, 2016),本文在构建计量模型时尽可能地控制这些变量,以提高估计的准确性。本文的控制变量包括:①企业规模,用企业雇佣人数的对数值来衡量。②企业年龄,用当年年份减去企业开业年份来衡量。③企业资本产出比,用企业固定资产净值与总产值之比来衡量。④是否是国有企业,是则取1,否则取0。⑤是否是外资企业,是则取1,否则取0。⑥企业出口状态,当年出口取1,反之取0。⑦二位码行业市场规模,用二位码行业内企业总销售额取对数来衡量。⑧二位码行业竞争程度,用二位码行业内企业数量取对数来衡量。⑨二位码行业赫芬达尔指数。表1为主要变量的描述性统计。

表1 主要变量的描述性统计

变量名称	变量符号	样本数	均值	标准差	最小值	最大值
企业加成率	*ln markup*	648 749	0.0817	0.4904	−1.1756	4.7171
企业规模	*size*	648 749	4.7194	1.2200	2.1401	16.2337
企业年龄	*age*	647 942	9.9093	5.7720	0	95
资本产出比	*cap*	648 749	0.3807	2.9753	0	1 427.1300
是否是国有企业	*soe*	648 749	0.0148	0.1206	0	1
是否是外资企业	*foe*	648 749	0.1056	0.3073	0	1
企业出口状态	*exp*	524 425	0.4511	0.4976	0	1
二位码行业市场规模	*scale*	648 749	20.2177	0.8736	16.2871	21.5877
二位码行业竞争程度	*fnum*	648 749	8.4755	0.6543	3.6376	9.3092
二位码行业赫芬达尔指数	*hhi*	648 749	84.2234	282.2615	5.6084	2 344.5570

资料来源:统计结果来自作者计算。

四、实证结果

（一）基本估计结果

表2报告了"营改增"对企业加成率影响的基本估计结果。第（1）列只加入本文的关键解释变量 $treat \times post$；第（2）列加入了企业层面的控制变量；第（3）列进一步加入了行业层面的控制变量；所有回归均控制了年份和企业固定效应。结果显示，关键解释变量的系数均在1%的水平上显著为正，说明"营改增"显著增加了制造业企业的加成率，验证了本文提出的假说1。以第（3）列的估计结果为例，"营改增"政策的实施使得处理组的企业加成率与控制组相比增加了1.72%。"营改增"使得制造业企业的服务中间投入可抵扣，这不仅降低了制造业企业的税收成本，还通过促进专业化分工提高了企业生产效率，进一步降低了企业的边际成本。由于成本的不完全传递，企业不会通过降低价格将成本的下降完全传递给消费者，而是提高了其成本加成率。企业加成率的提高意味着企业获得了更强的市场定价能力，拥有了更强的市场竞争力。

表2   "营改增"对企业加成率的影响

变量	（1） ln markup	（2） ln markup	（3） ln markup
$treat \times post$	0.0249*** （0.0021）	0.0189*** （0.0026）	0.0172*** （0.0026）
size	—	−0.0443*** （0.0032）	−0.0447*** （0.0032）
age	—	0.0003 （0.0004）	0.0003 （0.0004）
cap	—	0.0203*** （0.0058）	0.0203*** （0.0058）
soe	—	0.0072 （0.0139）	0.0069 （0.0139）
foe	—	−0.0029 （0.0057）	−0.0027 （0.0057）

续表

变量	（1） *ln markup*	（2） *ln markup*	（3） *ln markup*
exp	—	−0.0123*** （0.0033）	−0.0128*** （0.0033）
scale	—	—	0.0687*** （0.0093）
fnum	—	—	0.0256* （0.0152）
hhi	—	—	−0.0000*** （0.0000）
年份固定效应	是	是	是
企业固定效应	是	是	是
观测值	648 749	524 057	524 057
调整后 R^2	0.0472	0.0543	0.0546

注：*、**、***分别表示10%、5%、和1%的显著性水平，括号内为企业层面的聚类稳健标准误，下表同。

资料来源：表中结果来自作者计算。

（二）平行趋势检验

本文通过构建双重差分模型检验"营改增"对制造业企业加成率的影响，而运用双重差分法的前提条件是处理组和控制组具有共同的时间趋势。为此，本文运用事件研究法对平行趋势的假设进行检验，具体做法为：将政策虚拟变量与年份虚拟变量的交互项作为解释变量进行回归，将2009年作为基期，回归中控制了企业固定效应、年份固定效应以及企业和行业的特征变量。在图1中，政策实施当年的年份设定为0，实施前一年和前两年的年份分别设定为-1和-2，实施后一年和实施后两年的年份分别设定为1和2。如图1所示，"营改增"政策实施前处理组和控制组企业的加成率差异甚小，回归系数接近0，基本满足平行趋势假设。但在"营改增"政策实施后，处理组和控制组加成率的差异出现明显的变化，处理组的加成率提高，与控制组之间的差距增大。这说明"营改增"政策对企业加成率的影响并非来自于处理组和控制组本身存在的差异，而是政策实施的效果。

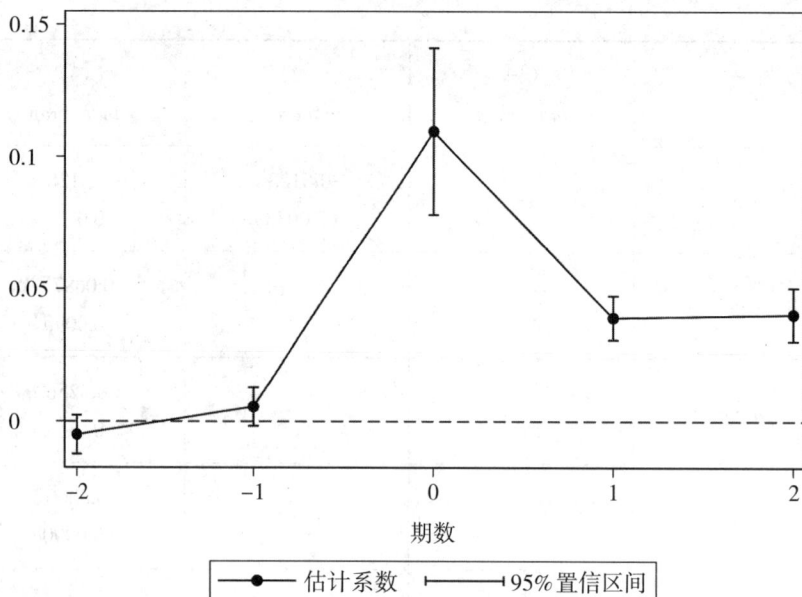

图1　平行趋势检验

（三）稳健性检验

1.更换企业加成率的指标

本文的企业加成率主要采用中间投入品的产出弹性与其调整后的支出份额的比值来衡量。为避免回归结果受到特定的企业加成率衡量方式的影响，在此更换为用劳动投入计算的企业加成率（ln markup2），即用劳动的产出弹性与其调整后的支出份额的比值来作为企业加成率的替代指标重新进行回归。回归结果如表3第（1）列所示，在更换了企业加成率的衡量指标后，"营改增"政策对制造业企业加成率的影响仍显著为正，验证了本文结果的稳健性。

2.更改政策的实施时间

"营改增"政策的实施是分地区分时间进行的，上海作为首批试点在2012年1月1日开始实施，第二批试点的8个省市在2012年9月到12月实施。由于第二批试点的实施时间为当年较晚月份，其政策效果可能无法在当年完全显现。考虑到政策时间设定可能对估计结果造成的影响，本文将第二批试点的8个省市改革时间统一为政策实施后一年（即2013年）进行稳健性检验。结果如表3第（2）列所示，"营改增"政策的实施对制造业企业的加成率仍有显著正向提升作用，与基本回归的结论一致。

3.构造虚拟政策时点

本文通过构造虚拟政策时点进行安慰剂检验，具体做法为：只保留2012年之前的样本，将2010年作为虚拟政策实施年份进行双重差分回归。如果政策与虚拟政策时点的交互项系数不显著，则说明制造业企业加成率的变动是由"营改增"政策的实施造成的，而不是受其他因素的影响。回归结果如表3第（3）列所示，以2010年为虚拟政策时点的回归结果不显著，说明制造业企业加成率的变动确实是由"营改增"政策的实施造成的，再次验证了本文结果的稳健性。

4.更改样本

本文采用2009—2014年全国税收调查数据中的制造业企业作为样本，为避免样本的选择可能对回归结果造成的干扰，本文从以下两方面调整所选择的样本，以保证回归结果的稳健性。第一，考虑到增值税纳税人按照缴纳方式不同分为一般纳税人和小规模纳税人，一般纳税人通过取得增值税专用发票进行抵扣的办法缴纳增值税，其应纳税额为当期销项税额抵扣当期进项税额后的余额；小规模纳税人则按照销售额和征收率计算应纳税额的办法缴纳增值税，且不可抵扣进项税额。"营改增"政策是通过打通增值税抵扣链条的方式来对制造业企业产生影响的，即制造业企业通过购买上游服务业企业提供的中间投入并取得服务业企业提供的增值税专用发票进行抵扣，受"营改增"政策影响的主要是增值税一般纳税人。因此，本文删除小规模纳税人样本再次进行回归。结果如表3的第（4）列所示，删除小规模纳税人样本的回归结果与基本估计结果一致。第二，"营改增"试点从2013年8月1日开始在全国的"1+6"行业实施，控制组地区的制造业企业在此之后也会受到"营改增"政策的影响，为保证估计结果的准确性，本文剔除2014年的样本后再次回归。结果如表3第（5）列所示，剔除2014年的样本后，回归结果依然显著为正，与基本估计结果大致相同。

表3　　　　　　　　　　　稳健性检验的回归结果

变量	（1）更换企业加成率指标	（2）更改政策实施时间	（3）构造虚拟政策试点	（4）删除小规模纳税人样本	（5）删除2014年样本
$treat×post$	0.0368***(0.0036)	0.0199***(0.0027)	0.0005(0.0039)	0.0172***(0.0026)	0.0170***(0.0027)
企业特征变量	是	是	是	是	是
行业特征变量	是	是	是	是	是

续表

变量	(1) 更换企业加成率指标	(2) 更改政策实施时间	(3) 构造虚拟政策试点	(4) 删除小规模纳税人样本	(5) 删除2014年样本
年份固定效应	是	是	是	是	是
企业固定效应	是	是	是	是	是
观测值	606 585	524 057	304 141	523 333	473 684
调整后 R^2	0.0369	0.0547	0.0314	0.0546	0.0413

资料来源：回归结果来自作者计算。

五、机制检验和异质性分析

（一）机制检验

前文验证了"营改增"政策的实施对制造业企业的加成率有显著的提升作用，然而对于"营改增"如何影响制造业企业加成率的问题仍有待检验。如本文研究假设部分所述，"营改增"政策的实施一方面会通过减轻制造业企业增值税税负的方式降低企业的生产成本，由于成本的不完全传递效应使企业的加成率显著提升，即"减税效应"；另一方面会通过专业化分工的方式提高制造业企业生产率，生产率的提升进一步降低了企业的边际生产成本，从而对企业加成率产生正向影响，即"生产率提升效应"。据此，本部分进一步对"营改增"政策的减税效应和生产率提升效应进行验证，探讨其背后的微观传导机制。

1.减税效应

税收作为国家宏观调控的有效工具，会对企业的生产活动和经营方式产生重要影响。"营改增"政策的初衷就是为了规范税收中的不合理现象，减轻企业税收负担，为企业"降成本"。在"营改增"政策实施后，当制造业企业购买"营改增"试点地区行业的企业提供的中间投入品，并取得增值税专用发票时，才能够进行进项抵扣并获得减税。因此，本文用企业增值税额与销售额的比值作为衡量企业增值税税负的指标，对制造业企业的增值税税负进行回归。结果如表4所示，回归系数虽然较小但显著为负，说明"营改增"政策的实施确实减轻了制造业企业的增值税税负，使得企业的生产成本有所降低，从而对企业加成率产生提升作用。

表4   **"营改增"对增值税税负的影响**

变量	(1) 增值税税负	(2) 增值税税负	(3) 增值税税负
$treat \times post$	-0.0012*** (0.0002)	-0.0011*** (0.0003)	-0.0010*** (0.0003)
企业特征变量	否	是	是
行业特征变量	否	否	是
年份固定效应	是	是	是
企业固定效应	是	是	是
观测值	597 448	484 207	484 207
调整后 R^2	0.0026	0.0034	0.0035

资料来源：表中结果来自作者计算。

2.生产率提升效应

"营改增"政策的实施打通了制造业和服务业的增值税抵扣链条，制造业企业在购买上游服务业企业提供的中间品时可以获得进项抵扣，降低了服务中间投入品的购买成本。制造业企业由服务中间品自营转向从外部购买，这种专业化分工一方面使得制造业企业更加专注于其核心生产业务，提高自身生产效率，另一方面，服务业内部的专业化使得其产品种类更加丰富、质量更高，从而通过投入产出关系提高下游制造业企业的生产率。由上述分析可知，制造业企业生产率的提升与企业外购服务中间投入品相关，因此，本文从外购服务中间投入和生产率两方面来考察"营改增"的生产率提升效应。

对于外购服务中间投入的考察，本文用制造业企业使用"1+6"行业的服务中间投入与劳动的比值取对数来衡量，原因在于：本文选取"1+6"行业的"营改增"作为自然实验，如果制造业企业确实受到"营改增"政策的影响，其使用"1+6"行业提供的中间投入品应该明显增加。表5显示了"营改增"对企业外购服务中间投入的估计结果，交互项 $treat \times post$ 的系数均在1%的水平上显著为正，说明"营改增"政策实施后，制造业企业使用"1+6"行业的服务中间投入增加，企业将更多的服务中间投入品外包给服务业，其专业化生产水平得到提升。那么，这种专业化分工是否会对制造业企业的生产率产生正向影响？本文参考布兰特等（Brandt et al.，2017）的研究利用生产函数的残差来估算企业生产率，进一步利用企业生产率作为被解释变量，重新进行回归。表6显示了"营改增"对制造业企业生产率的回归结果，核心解释变量 *treat×post* 的系数均显著为正，表明"营改增"政策的实施确实提高了制造业企业的生产率。生产率越高的企业面临的边际生产成本越低，从而对企业加成率产生了正向的提升作用。

表5   "营改增"对外购服务中间投入的影响

变量	(1) 外购服务中间投入	(2) 外购服务中间投入	(3) 外购服务中间投入
treat×post	0.1438*** (0.0118)	0.1646*** (0.0145)	0.1630*** (0.0146)
企业特征变量	否	是	是
行业特征变量	否	否	是
年份固定效应	是	是	是
企业固定效应	是	是	是
观测值	335 736	273 207	273 207
调整后 R^2	0.0159	0.0332	0.0335

注：由于2009年的数据未区分使用"1+6"行业的服务中间投入，因此回归中不包含2009年的样本。

资料来源：表中结果来自作者计算。

表6   "营改增"对企业生产率的影响

变量	(1) 企业生产率	(2) 企业生产率	(3) 企业生产率
treat×post	0.0205*** (0.0010)	0.0164*** (0.0012)	0.0143*** (0.0012)
企业特征变量	否	是	是
行业特征变量	否	否	是
年份固定效应	是	是	是
企业固定效应	是	是	是
观测值	648 749	524 057	524 057
调整后 R^2	0.2192	0.2296	0.2311

资料来源：表中结果来自作者计算。

综上所述，减税效应和生产率提升效应是"营改增"提高制造业企业加成率的两个主要渠道，由此验证了假说2。就减税效应而言，"营改增"降低了制造业企业的增值税税负，达到了为企业减负的政策目标。然而，减税并不是最终目的，"营改增"通过减轻制造业企业税负进一步提高了制造业企业的加成率，增强了制造业企业的定价能力。就生产率提升效应而言，"营改增"使得制造业企业增加了由生产性服务业提供的中间投入品的使用，促进了专业化分工，提升了制造业企业的生产率，进一步提高了企业的加成率。企业加成率的提高意味着企业市场竞争力的提升，有利于企业转变发展方式，促进制造业的高质量发展。

（二）异质性分析

前文从总体上研究了"营改增"对制造业企业加成率的影响，而没有区分企业的异质性。要全面了解"营改增"对制造业企业加成率的影响，需要进一步探究"营改增"对不同类型企业的影响差异，这不仅有助于更深入理解"营改增"政策发挥作用的机制，还可以为研究者和政策制定者提供更加丰富的经验证据。"营改增"之所以会对制造业企业产生影响，主要是由于制造业企业与上游服务业企业进行交易时可以获得进项抵扣，受"营改增"影响的大小与制造业企业外购可抵扣中间品的多少有关。考虑到不同行业对服务中间投入需求的差异，本部分将基于行业要素密集度和服务中间投入程度考察"营改增"对企业加成率影响的异质性。此外，由于企业规模与企业加成率相关（Autor et al., 2020; De Loecker et al., 2020），本文还考察了"营改增"对不同规模企业加成率影响的异质性。

1.行业要素密集度

本文参考彭等（Peng et al., 2021）的研究将制造业行业分为资本密集型行业和劳动密集型行业，使用变量 kl 表示，kl 等于1代表资本密集型行业，kl 等于0代表劳动密集型行业。表7显示了"营改增"对不同要素密集度行业企业加成率影响的回归结果，可以看出，交互项 $treat \times post \times kl$ 的系数均显著为正，说明"营改增"政策对资本密集型行业加成率的提升作用要大于劳动密集型行业。这可能是因为资本密集型行业的服务水平高于劳动密集型行业（刘斌等，2016），"营改增"后资本密集型行业的服务中间投入需求更大，通过外购服务中间投入品的进项抵扣获得了更多的减税，同时将服务中间投入品外包给服务业也使专业化水平得到更多提升，最终与劳动密集型行业相比，资本密集型行业的加成率得到了更大的提升。

表7　　　　　　　　　　　　　行业要素密集度的异质性回归结果

变量	(1) ln markup	(2) ln markup	(3) ln markup
treat×post×kl	0.0237*** (0.0044)	0.0193*** (0.0053)	0.0171*** (0.0053)
treat×post	0.0071** (0.0036)	0.0050 (0.0042)	0.0047 (0.0042)
企业特征变量	否	是	是
行业特征变量	否	否	是
年份固定效应	是	是	是
企业固定效应	是	是	是
观测值	648 749	524 057	524 057
调整后 R^2	0.0474	0.0543	0.0548

注：回归中均控制了 treat×kl、post×kl 以及 kl，限于篇幅，估计系数未报告。
资料来源：回归结果来自作者计算。

2.服务中间投入程度

本文根据2012年中国投入产出表计算出各制造业行业使用"1+6"行业服务中间投入的直接消耗系数，以此来衡量服务中间投入程度，用变量 dcc 表示。表8报告了服务中间投入程度的异质性回归结果，容易看出，交互项 treat×post×dcc 的系数均显著为正，说明"营改增"政策对企业加成率的促进作用随着服务中间投入程度的增加而显著增加。这是由于服务中间投入程度越高的行业与上游服务业的关联度越强，在"营改增"后会获得更多的进项抵扣，进而通过减税效应和生产率提升效应使企业加成率上升更多。

表8　　　　　　　　　　　　服务中间投入程度的异质性回归结果

变量	(1) ln markup	(2) ln markup	(3) ln markup
treat×post×dcc	0.5637*** (0.1367)	0.3406** (0.1720)	0.3097* (0.1723)
treat×post	−0.0084 (0.0077)	−0.0010 (0.0097)	−0.0010 (0.0097)

变量	（1） ln markup	（2） ln markup	（3） ln markup
企业特征变量	否	是	是
行业特征变量	否	否	是
年份固定效应	是	是	是
企业固定效应	是	是	是
观测值	648 749	524 057	524 057
调整后 R^2	0.0473	0.0543	0.0547

注：回归中均控制了 treat×dcc、post×dcc 以及 dcc，限于篇幅，估计系数未报告。
资料来源：回归结果来自作者计算。

3. 明星企业

大企业在产品市场上拥有更强的市场力量，因而能获得更高的价格加成（Autor et al.，2020）。这可能导致不同规模的企业受"营改增"影响的程度有所不同。因此，本文借鉴奥托尔（Autor et al.，2020）的分类方法将企业分为明星企业与普通企业进行异质性分析。具体而言，本文按4位码行业筛选出当年销售额排在前三的企业，使用变量 star 表示，star 等于1代表明星企业，star 等于0代表普通企业，通过构建 star 与 treat×post 的交互项进行检验。回归结果如表9所示，treat×post×star 的系数显著为正，说明与普通企业相比，明星企业的加成率在"营改增"后提高更多。这可能是由于明星企业拥有更强的市场力量，边际成本下降带来的价格变动较小，因此企业加成率增加的幅度较大；而对于普通企业而言，由于市场力量较弱，边际成本的下降更多地传递到价格上，企业加成率增加幅度较小。

表9　　　　　　　　　　　**明星企业的异质性回归结果**

变量	（1） ln markup	（2） ln markup	（3） ln markup
treat×post×star	0.0518** (0.0216)	0.0493** (0.0243)	0.0499** (0.0243)
treat×post	0.0245*** (0.0022)	0.0183*** (0.0026)	0.0167*** (0.0026)
企业特征变量	否	是	是

变量	(1) ln markup	(2) ln markup	(3) ln markup
行业特征变量	否	否	是
年份固定效应	是	是	是
企业固定效应	是	是	是
观测值	648 749	524 057	524 057
调整后 R^2	0.0473	0.0543	0.0547

注：回归中均控制了 treat×star、post×star 以及 star，限于篇幅，估计系数未报告。
资料来源：回归结果来自作者计算。

六、研究结论与政策建议

当前中国经济已经进入高质量发展阶段，制造业是国民经济的支柱产业，推动制造业的高质量发展需要切实减轻企业税收负担，转变发展方式，提高产业竞争力。"营改增"作为中国税制改革的重要举措，减税并非其最终目的，更重要的是通过税制调整促进产业分工与协作，带动产业转型升级，增强产业竞争力。本文基于2009—2014年全国税收调查数据，采用双重差分法考察了"营改增"对制造业企业加成率的影响，为税制改革如何影响实体经济的发展提供了有益启示。本文主要的研究结论如下：首先，"营改增"政策的实施从总体上提升了制造业企业的加成率，增强了企业的盈利能力与市场竞争力。其次，进一步的机制检验发现减税效应和生产率提升效应是主要的作用渠道。具体而言，"营改增"通过打通增值税抵扣链条，一方面减轻了制造业企业的税收成本，另一方面促进了专业化分工，提升了制造业企业的生产率，进一步降低了企业的边际成本，由于成本的不完全传递，最终企业加成率上升。最后，"营改增"对制造业企业加成率的正向影响具有异质性，资本密集型行业显著高于劳动密集型行业，高服务中间投入行业显著高于低服务中间投入行业，明星企业显著高于普通企业。由于资本密集型和高服务中间投入行业的服务要素投入更多，在"营改增"后能够获得更多的进项抵扣，并通过提高制造业的服务化水平促进企业生产率的提升，因此受"营改增"的影响更大。而明星企业具有更强的市场力量，在"营改增"后企业加成率的上升更为明显。

根据研究结论，本文提出如下三点政策建议：第一，进一步完善增值税抵扣链条，充分发挥"营改增"的减税效应。结合不同行业的要素投入特征，加大增值税进项抵扣范围，由于劳动密集型行业受"营改增"政策的影响相对较小，应考虑将劳动要素纳入进项抵扣，以实现全行业税收成本的降低。第二，鼓励制造业增加现代服务要素投入，提高制造业的服务化水平。本文研究表明，"营改增"促使制造业企业增加服务要素投入，提升了企业生产率，从而对企业加成率产生了正向影响。因此，应增加服务要素在制造业投入和产出中的比重；同时，增强研发和信息技术等现代服务业的税收激励，鼓励生产性服务业提供更多优质产品；将服务要素中内含的技术、信息等资源与制造业的生产充分结合，促进制造业与现代服务业的融合发展，推动制造业企业的转型升级和高质量发展。第三，强化政策的针对性，矫正资源配置扭曲。考虑到"营改增"对不同类型企业影响的差异，行业内的明星企业凭借其强大的市场力量在"营改增"后获得了更高的价格加成，但普通企业由于市场力量较弱，成本的下降更多地传递到价格上，这将导致企业间加成率出现两极分化，不利于资源的合理配置。因此，政策制定者应有针对性地对中小企业提供更多的政策支持，增强其市场竞争力，矫正企业加成率分化导致的资源配置扭曲。

参考文献

[1] 陈钊，王旸."营改增"是否促进了分工：来自中国上市公司的证据 [J]. 管理世界，2016（3）：36-45.

[2] 戴翔，马皓巍，张二震. 数字化转型一定能提升企业加成率吗？[J]. 金融研究，2023，(5)：134-151.

[3] 范子英，彭飞."营改增"的减税效应和分工效应：基于产业互联的视角 [J]. 经济研究，2017，52（2）：82-95.

[4] 黄策，张书瑶，李光武. 营业税改征增值税提升了中国上市公司的全要素生产率吗？[J]. 世界经济文汇，2020（6）：1-15.

[5] 李永友，严岑. 服务业"营改增"能带动制造业升级吗？[J]. 经济研究，2018，53（4）：18-31.

[6] 林小玲，唐荣，陈明."营改增"政策、现代服务外购与企业创新：理论机制与实证检验 [J]. 产业组织评论，2021，15（2）：47-63.

[7] 刘斌，魏倩，吕越，等. 制造业服务化与价值链升级 [J]. 经济研究，2016，51（3）：151-162.

[8] 刘啟仁，黄建忠. 产品创新如何影响企业加成率 [J]. 世界经济，2016，39（11）：28-53.

[9] 毛其淋，许家云. 跨国公司进入与中国本土企业成本加成——基于水平溢出与产业关联的实证研究 [J]. 管理世界，2016（9）：12-32.

[10] 毛其淋，许家云. 中间品贸易自由化提高了企业加成率吗？——来自中国的证据 [J]. 经济学（季刊），2017，16（2）：485-524.

[11] 倪红福，龚六堂，王茜萌."营改增"的价格效应和收入分配效应 [J]. 中国

工业经济, 2016 (12): 23-39.

[12] 任曙明, 张静. 补贴、寻租成本与加成率——基于中国装备制造企业的实证研究 [J]. 管理世界, 2013 (10): 118-129.

[13] 盛丹, 王永进. 中国企业低价出口之谜——基于企业加成率的视角 [J]. 管理世界, 2012, (5): 8-23.

[14] 盛丹, 张慧玲, 王永进. 税收激励与企业的市场定价能力 [J]. 世界经济, 2021, 44 (7): 104-131.

[15] 孙晓华, 张竣喃, 郑辉. "营改增"促进了制造业与服务业融合发展吗? [J]. 中国工业经济, 2020 (8): 5-23.

[16] 田志伟, 胡怡建. "营改增"对财政经济的动态影响: 基于CGE模型的分析 [J]. 财经研究, 2014, 40 (2): 4-18.

[17] 王玉兰, 李雅坤. "营改增"对交通运输业税负及盈利水平影响研究——以沪市上市公司为例 [J]. 财政研究, 2014 (5): 41-45.

[18] 王蕴, 卢阳, 刘峰. "营改增"对现代服务业和房地产业投资行为的影响 [J]. 产业组织评论, 2018, 12 (4): 83-98.

[19] 许明, 李逸飞. 最低工资政策、成本不完全传递与多产品加成率调整 [J]. 经济研究, 2020, 55 (4): 167-183.

[20] 袁从帅, 刘晔, 王治华, 等. "营改增"对企业投资、研发及劳动雇佣的影响——基于中国上市公司双重差分模型的分析 [J]. 中国经济问题, 2015 (4): 3-13.

[21] 张璇, 张计宝, 闫续文, 等. "营改增"与企业创新——基于企业税负的视角 [J]. 财政研究, 2019 (3): 63-78.

[22] 赵瑞丽, 孙楚仁, 陈勇兵. 最低工资与企业价格加成 [J]. 世界经济, 2018, 41 (2): 121-144.

[23] 诸竹君, 黄先海, 宋学印, 等. 劳动力成本上升、倒逼式创新与中国企业加成率动态 [J]. 世界经济, 2017, 40 (8): 53-77.

[24] AUTOR D, DORN D, KATZ L F, et al.The Fall of the Labor Share and the Rise of Superstar Firms [J]. The Quarterly Journal of Economics, 2020, 135 (2): 645-709.

[25] BERNARD A B, EATON J, JENSEN J B, et al. Plants and Productivity in International Trade [J]. American Economic Review, 2003, 93 (4): 1268-1290.

[26] BRANDT L, VAN BIESEBROECK J, WANG L, et al. WTO Accession and Performance of Chinese Manufacturing Firms [J]. American Economic Review, 2017, 107 (9): 2784-2820.

[27] BRANDT L, VAN BIESEBROECK J, ZHANG Y.Creative Accounting or Creative Destruction? Firm-level Productivity Growth in Chinese Manufacturing [J]. Journal of Development Economics, 2012, 97 (2): 339-351.

[28] DE LOECKER J, EECKHOUT J, UNGER G.The Rise of Market Power and the Macroeconomic Implications [J]. The Quarterly Journal of Economics, 2020, 135 (2): 561-644.

[29] DE LOECKER J, WARZYNSKI F.Markups and Firm-level Export Status [J]. American Economic Review, 2012, 102 (6): 2437-2471.

[30] FLYNN Z, TRAINA J, GANDHI A. Measuring Markups with Production Data [R]. Working Paper, 2019.

[31] KONINGS J, CAYSEELE P V, WARZYNSKI F. The Effects of Privatization and Competitive Pressure on Firms' Price-Cost Margins: Micro Evidence from Emerging Economies [J]. Review of Economics and Statistics, 2005, 87 (1): 124-134.

[32] LIU Y, MAO J. How Do Tax Incentives Affect Investment and Productivity? Firm-level Evidence from China [J]. American Economic Journal: Economic Policy, 2019, 11 (3): 261-291.

[33] LIU Z, MA H. Input Trade Liberalization and Markup Distribution: Evidence from China [J]. Economic Inquiry, 2021, 59 (1): 344-360.

[34] MELITZ M J, OTTAVIANO G I. Market Size, Trade, and Productivity [J]. The Review of Economic Studies, 2008, 75 (1): 295-316.

[35] PENG F, PENG L, WANG Z. How Do VAT Reforms in the Service Sectors Impact TFP in the Manufacturing Sector: Firm-level Evidence from China [J]. Economic Modelling, 2021 (99): 105483.

How Does Replacing BT with VAT Impact Markup in the Manufacturing Sector?

GU Hongwei   GUO Fang

(School of Economics, Dongbei University of Finance and Economics, Liaoning, Dalian, 116025)

Abstract: Tax policy is an important means to stimulate the vitality of market players and enhance the competitiveness of enterprises, and has an important impact on promoting high-quality economic development. Based on difference-in-difference (DID) method, this paper uses the data of the National Tax Survey Database from 2009 to 2014 to examine the impact of the VAT reform on firms' markup in the manufacturing sector. The results show that the VAT reform has a significant positive effect on manufacturing firms' markup and thus improves their pricing power in the market. Further mechanism analysis finds that tax burden reduction and production efficiency improvement are the two channels through which the VAT reform raises manufacturing firms' markup. The heterogeneity analysis shows that the effect of the VAT reform on the markup of manufacturing enterprises is more obvious in capital-intensive industries, high-service intermediate input industries and star enterprises. The research in this paper not only provides new evidence for the economic impact of the VAT reform at the micro level of enterprises, but also provides policy inspiration for deepening tax system reform to promote the development of the real economy.

Key Words: replacing BT with VAT; firms' markup; DID

JEL Classification: D22, H20